U0797520

本书出版受2022年度浙江省哲学社会科学规划年度课题“数字金融背景下金融诈骗犯罪的实证研究”（22NDQN240YB）和浙江工商大学法学学科建设的资助。

网络犯罪的刑法原理

Criminal Law Principles of Cybercrime

汪恭政　著

法律出版社
LAW PRESS · CHINA
—— 北京 ——

图书在版编目(CIP)数据

网络犯罪的刑法原理 / 汪恭政著. -- 北京 : 法律出版社, 2024
ISBN 978-7-5197-8752-3

Ⅰ. ①网… Ⅱ. ①汪… Ⅲ. ①计算机犯罪-刑法-研究-中国 Ⅳ. ①D924.399.4

中国国家版本馆 CIP 数据核字(2024)第 023118 号

网络犯罪的刑法原理
WANGLUO FANZUI DE XINGFA YUANLI

汪恭政 著

策划编辑 蒋 橙
责任编辑 蒋 橙 聂 颖
装帧设计 李 瞻

出版发行 法律出版社
编辑统筹 法律应用出版分社
责任校对 晁明慧
责任印制 刘晓伟
经　　销 新华书店

开本 710 毫米×1000 毫米 1/16
印张 23.75 **字数** 288 千
版本 2024 年 3 月第 1 版
印次 2024 年 3 月第 1 次印刷
印刷 永清县金鑫印刷有限公司

地址:北京市丰台区莲花池西里 7 号(100073)
网址:www.lawpress.com.cn
投稿邮箱:info@lawpress.com.cn
举报盗版邮箱:jbwq@lawpress.com.cn
销售电话:010-83938349
客服电话:010-83938350
咨询电话:010-63939796
版权所有 · 侵权必究

书号:ISBN 978-7-5197-8752-3
定价:98.00 元

凡购买本社图书,如有印装错误,我社负责退换。电话:010-83938349

序　一

刘仁文*

网络技术的快速发展,深刻影响着国内外社会结构的变迁和人们的工作与生活,与之如影随形,网络犯罪也在急剧增加。据 2023 年 3 月时任最高人民检察院检察长张军在全国人大所作的工作报告,2018 年至 2022 年间,全国检察机关起诉利用网络实施诈骗、赌博、传播淫秽物品等犯罪 71.9 万人,犯罪人数年均上升率 43.3%。

网络犯罪最初来源于计算机犯罪。计算机出现初期,并无互联网,当时涉及计算机的犯罪就是以计算机为犯罪对象的犯罪,简称计算机犯罪或电脑犯罪。计算机实现联网后,涉及计算机的犯罪也相应向网络化发展,网络犯罪或互联网犯罪的提法取代了原来的计算机犯罪或电脑犯罪。回顾网络犯罪的演变历程,该类犯罪至少经历了四个阶段:第一个阶段,以网络为对象。这个阶段的犯罪,主要指针对计算机信息系统、计算机信息系统数据实施的犯罪。1997 年《刑法》规定的非法侵入计算机信息系统罪、破坏计算机信息系统罪和 2009 年颁行的《刑法修正案(七)》规定的非法获取计算机信息系统数据、非法控制计算机信息系统罪就是应对这个阶段网络犯罪的典型罪名。第二个阶段,以网

---

* 中国社会科学院法学研究所二级研究员、刑法研究室主任、博士生导师,中国刑法学研究会副会长,中国犯罪学学会副会长,最高人民法院特邀咨询员,最高人民检察院专家咨询委员会委员。

络为工具。这时的犯罪主要是利用计算机、网络来实施的，如利用计算机、网络实施金融诈骗、盗窃、贪污、挪用公款、窃取国家秘密的犯罪，或为了实施非法侵入计算机信息系统或者非法控制计算机信息系统的犯罪而提供程序、工具等。第三个阶段，以网络为平台。网络平台的存在，使某些传统意义上只能发生在现实空间的犯罪，也可以发生在网络空间，甚至越来越多地发生在网络空间。以破坏生产经营的犯罪为例，行为人既可以在现实空间实施破坏生产经营的犯罪，也可以基于网络平台上新的生产经营要素和资料的出现而延伸到平台上大肆实施该类犯罪。而且，随着网络技术的发展和运营模式的更新，在网络平台上实施犯罪的链条化、产业化、跨境化趋势愈发明显。第四个阶段则是朝着更加智能化的方向发展。伴随着大数据、云计算、区块链、物联网、人工智能等新技术的发展，特别是智能技术和仿真技术的快速发展，网络犯罪的表现形式必然会进一步地发生改变，在传统犯罪更加智能化的同时，将会出现更多的有关人工智能犯罪与元宇宙空间犯罪等新的犯罪形态。

在眼花缭乱的网络犯罪发展进程中，有关网络犯罪研究的论文和著作也如雨后春笋般地涌现出来。我本人也在早期几乎同步参与了与中国网络犯罪发展相关的研究，如我在27年前就写过《科技进步与刑法发展》一文（载杨春洗等主编：《我国当前经济犯罪研究》，北京大学出版社1996年版），其中就包含计算机犯罪的内容；后来又专门写过《计算机犯罪及其法律对策》的论文（载高铭暄等主编：《21世纪刑法学新问题研讨》，中国人民公安大学出版社2001年版）；近年来，也陆续产出过一些成果，如在《法律科学》等发表过《帮助行为正犯化的网络语境》等论文，在《光明日报》等发表过《构筑防治网络犯罪的严密法网》等理论文章，主编过《网络时代的刑法面孔》（社会科学文献出版社2017年版）、《网络犯罪的司法面孔》（中国社会科学出版社2021年版）等著作。但由于网络犯罪的发展速度及其伴生的法学研究成果变化节奏太快,受精力和知识所限,自己在这一领域也产生了许多困惑。我在给刘品新教授的《网络法:原理、案例与规则》一书所写的书评(载《人民检察》2023 年第 5 期)中,曾就网络法的名称列举过网络法、网络信息法、信息网络法、信息法、数据法、数字法、计算法、互联网法、人工智能法、机器人法等多种表达,它们之间是什么关系?这样一个基础性的问题似乎也并未得到很好的解决。我最近参加过一次较高级别的关于数据法治的研讨会,有位中科院的院士说到数据与信息的关系时说"没有信息安全就没有数据安全",我当时觉得醍醐灌顶,大赞其一语道破信息与数据的关系。但近日又看到一个文献,说英美倾向于使用 personal information(个人信息),欧陆倾向于使用 personal data(个人数据),可见这里是把信息和数据放在同等含义上使用的。所以,我在 2022 年刘艳红教授主持的国家社科基金重大项目"数字经济的刑事安全风险防范体系建构研究"开题报告会上提出过一个观点,为什么突然一下子大家都用数字或数据来取代网络或网络信息了?这里可能需要还原到以 0 和 1 为符号的计算机二进制代码,这应当是"数字"或"数据"的初心。循此思路,我自己也对一直不太明白的比特币有了一种顿悟,因为所谓"比特"(Bit),不就是"二进制数字"(Binary digit)的缩写吗?

本着这样一种好奇和困惑的心理,我认真拜读了汪恭政博士后的《网络犯罪的刑法原理》一书,学到不少东西,得到不少启发。我的粗浅学习体会是,该书有如下三个特色或亮点:

一是关于网络犯罪的刑法任务,应从形式和实质上分别去明确。作者指出,网络犯罪的刑法任务有立法任务和解释任务之分。对于网络犯罪的刑法立法任务,其主要考虑的是能否将某一网络行为纳入刑法规制的范围,具体在对其是否进行刑法立法时,既要在形式上考虑能否有利于法秩序的统一,也要在实质上判断是否有利于人的生活利益的保护。为了从形式上确保法秩序的统一，在将某一网络行为纳入刑法规制之前，需要考虑的是前置法上是否有调整某一网络行为的法规范。为了从实质上保护好人的生活利益，需要区分两类情况：一是人的生活利益受到了现有法规范的保护，而是否要进行刑法立法的关键在于现有法规范的保护程度是否充分，若保护程度是不充分的，则应在刑法上针对某一网络行为所侵害的人的生活利益进行单独立法；二是出现了新的人的生活利益，对于这种情况，应优先从前置法上增设保护这一人的生活利益的法规范，当前置法难以做到有效保护时，方可在刑法上针对这一人的生活利益增设新的法规范。对于网络犯罪的刑法解释任务，依照有关网络犯罪的刑法规定，先要遵循形式解释而后再考虑实质解释。其中，形式解释在解释网络犯罪的刑法规定时发挥的是前提性解释的作用，而实质解释发挥的则是限定性解释的作用。若某一网络行为没有违反刑法中的行为规范，即从形式上解释其不构成犯罪的，无论这一行为如何侵害法益，也不能基于实质解释进而认定为犯罪；而当从形式上能解释某一网络行为构成犯罪，但从实质上无法解释出这一行为侵害法益的，也不能就此认定这一行为最终就构成了犯罪。

二是关于网络犯罪的构成要件要素，应根据网络犯罪的特点来理解。网络犯罪的构成要件要素是表明某一网络行为成立犯罪所需具备的要素，相比其他犯罪的构成要件要素，其在表明犯罪的成立上往往具有网络犯罪的自身特点。以行为主体为例，网络犯罪的行为主体除了有通常类型的自然人和单位外，更有特殊类型的网络服务提供者；以行为为例，可以将网络犯罪行为划分成针对计算机信息系统的犯罪行为、不履行信息网络安全管理义务的犯罪行为以及利用信息网络实施的犯罪行为三类，对于这些行为的理解，有必要从这些行为分别对计算机信息系统安全、信息网络安全管理秩序、信息网络利用秩序的危害影响上加以考虑；以行为对象为例，行为主体利用网络技术或其属性所作用的行为对象大量存在，归纳起来有系统型行为对象、数据型行为对象和信息型行为对象三类，对于这些行为对象的理解，需要在明确具体类型的系统、数据、信息的属性或者特征上予以把握。

三是关于网络犯罪的法益，应在检视现有法益学说的基础上进行重塑。以拒不履行信息网络安全管理义务罪的法益为例，本罪的法益不是具备公共利益属性的特定信息专有权，也不是网络安全，更不包括信息网络这个“虚拟空间”本身，而是信息网络安全管理秩序。考虑到信息网络安全管理秩序的抽象性，作者指出，信息网络安全管理秩序有必要从信息网络内容、信息网络运行的合法性与安全性等角度具体地去理解。又以非法利用信息网络罪的法益为例，无论是将本罪的法益识别为信息网络安全管理秩序还是下游犯罪预备行为所侵犯的法益，都难以应对本罪在行为类型、情节严重、竞合条款上的适用分歧，毕竟这都是由单一法益观决定的。应对的关键在于由单一法益观转向层次法益观。层次法益观决定了本罪既有阻挡层法益也有背后层法益，其中，阻挡层法益为信息网络利用秩序，背后层法益为下游行为所侵犯的法益，二者存在前后置关系。

当然，在肯定本书的以上特色或亮点的同时，我也觉得，书中的有些内容还有待从广度和深度上加以强化。如书中谈到，随着计算机技术的进步和网络的发展，利用信息网络实施的犯罪逐渐增加，其中就包括传统犯罪网络化情形的增加，但本书对此情形并未在“利用信息网络实施的犯罪”一章中予以展开；又如，面对智能技术和仿真技术的快速发展，本书虽然对人工智能体在刑法中的定位以及具体类型的人工智能犯罪作了些回应，但对元宇宙空间犯罪及其应对等却未加研究。不过，瑕不掩瑜，总体而言，本书在不少地方能给人以启发和想象空间，开卷有益。

汪恭政博士后在武汉大学攻读博士学位时，就在其导师皮勇教授的指导下致力于网络犯罪的研究，博士生期间发表过不少有关网络犯罪研究的论文，撰写的博士论文《第三方支付平台犯罪刑事责任问题研究》曾荣获第五届“全国刑法学优秀博士学位论文奖”（二等奖）。他在2019年博士毕业后，曾有意申请攻读我的博士后，鉴于他当时已找到浙江工商大学法学院的教职，我鼓励他先参加工作。后来他又想申请在职博士后，但我所在的中国社会科学院法学研究所已经原则上不再招收在职博士后，好在中国社会科学院与贵州省社会科学院有联合培养博士后的合作，于是我推荐他申请该项目。随后，恭政按要求历经申请、面试、审核等一系列程序后，终于在2020年底顺利入站，正式在我和贵州省社会科学院党委书记吴大华教授的联合指导下从事博士后研究。在从事博士后研究工作期间，他不仅成功申获了中国博士后科学基金面上资助，也作为课题组核心成员参与了我所主持的全国人大常委会法制工作委员会委托的这方面国家高端智库课题、最高人民法院司法研究重大课题“网络信息保护及网络犯罪问题研究”、支付宝网络技术有限公司课题“互联网企业类型化刑事风险及刑事激励政策研究”等纵向和横向课题。我们还合作报送了相关的内部研究报告和发表了包括《网络犯罪帮助行为的刑法认定》在内的多篇论文、文章。今年7月，他的博士后研究报告也在评审会上获评为优秀，并在9月顺利出站。在从事博士后研究工作期间，他同时还被所在的工作单位浙江工商大学法学院聘为特聘副教授，并申获了与网络犯罪相关的国家社科基金青年项目等多项课题，可想而知这背后他的付出，真正应验了“天道酬勤”这句话。

通过这些年与汪恭政博士后的交往，我对他各方面有了更深入的了解。他为人诚恳，做事认真，工作极其有责任心。对于学术，他不仅抱有浓厚兴趣，而且颇有问题意识。作为他的博士后合作导师之一,我非常高兴应他的邀请,为他即将出版的《网络犯罪的刑法原理》一书作序。面对网络犯罪“道高一尺,魔高一丈”的发展态势,前面还有许多新课题和新挑战,研究未有穷期。我衷心希望恭政持之以恒,继续发扬脚踏实地、勤奋刻苦的优点,冲刺更多代表本领域最高水平的成果,为防治网络犯罪的制度构建和提升网络犯罪的研究水准做出自己的贡献。

是为序。

2023 年 10 月于北京

序　二

皮　勇*

汪恭政是我曾在武汉大学法学院指导的刑法学博士生。他在读博士期间，学习态度认真、积极钻研学术，尤其对网络犯罪研究富有浓厚的兴趣，写了不少网络犯罪相关学术论文，有些还获得奖项。获悉他独自撰写的《网络犯罪的刑法原理》一书即将在法律出版社出版，为他高兴并表示祝贺。

网络犯罪是伴随着计算机、互联网的产生和应用而出现的，带有信息时代的特征。信息时代是信息生产消费前所未有的、丰富的时代，是信息交流前所未有的、便利的时代，还是信息载体前所未有的、多样化的时代，这一切都建立在以计算机、网络为代表的信息技术基础之上。信息时代计算机、网络等信息技术在给人类生活带来便利的同时，也打开了"潘多拉魔盒"，滋生出网络犯罪这种新的犯罪类型，相比传统犯罪，网络犯罪不仅危害范围广、社会危害性严重，也具有很强的隐蔽性，而且技术性、专业性较强，给刑法应对带来了新的挑战。

面对网络犯罪的新挑战，刑法及其理论应该回应信息时代发展的需要进行创新和自我完善。网络刑法的理论研究应当置身于信息时代的现实生活，以防

* 同济大学上海国际知识产权学院教授、博士生导师，中国犯罪学学会副会长兼信息犯罪防控专业委员会主任。

治网络犯罪生态的全局视野,来分析和解决网络犯罪的刑法问题。汪恭政博士撰写《网络犯罪的刑法原理》一书,系统研究网络犯罪及其刑法应对,具有较高的理论和实践价值。该书具有以下特点:

第一,体现了规范维护和法益保护。网络犯罪立法要有利于法秩序的统一,坚守规范的维护,同时要有利于保护人的利益,体现法益保护。网络犯罪的司法解释要坚持形式违法和实质违法的统一,形式违法性强调的是对规范的维护,是出入罪的前提,实质违法性则体现法益保护,在判断出入罪时发挥着限定作用。

第二,内容全面。本书共有 14 章,总论部分 10 章,分论部分 4 章。在总论部分,以规范维护和法益保护为指导,围绕网络犯罪的行为主体、行为类型、行为对象、结果与法益、因果关系、故意与过失展开具体讨论,重点研究了网络犯罪的共同犯罪、犯罪竞合问题。在分论部分,重点研究了侵犯计算机信息系统安全犯罪、不履行信息网络安全管理义务犯罪、利用信息网络犯罪,还讨论了对象型、工具型和管理型人工智能犯罪的刑法治理方案。

第三,注重理论联系实践。网络犯罪的研究不能局限于单纯的理论研究,更要立足于实践。本书除了研究网络犯罪的刑法总论问题,对具体网络犯罪的司法适用问题进行深入分析。例如,对非法利用信息网络罪的行为类型、情节要件、犯罪竞合问题,分析了不同的观点,提出在转变该罪法益识别的基础上进行区别对待,体现了理论研究与问题分析的良好衔接。

该书体现汪恭政博士具有较为扎实的刑法理论功底和务实创新的研究能力,是一本值得向大家推荐的网络刑法学术著作。当然,本书有些内容值得进一步研究。例如,对于具有独立性、黑灰产化、微犯罪化、主体作用化等特性的新型网络犯罪,以保护法益为本位的网络犯罪治理体系难以适应,包括侵犯计算机信息系统安全犯罪、传统犯罪和侵犯个人信息犯罪立法在内的现行刑法遇到制度性困难。防控新型网络犯罪不应当只强调法益保护和以传统刑法理论解释适用刑法，而应当根据新型网络犯罪的特性，坚持犯罪生态治理和系统化治理原则，发展完善新型网络犯罪防治体系，以实现对网络犯罪的系统化防控。这些值得继续研究的部分不能掩盖汪恭政博士对网络犯罪刑法治理的独到见解，所谓瑕不掩瑜，希望汪恭政博士保持对网络犯罪新问题的分析研究，期待其研究成果为推进网络空间法治化、营造清朗网络空间做出积极贡献。

是为序。

2023 年 10 月于上海

目录

Contents

第一章　网络的发展历程与网络犯罪

网络犯罪，是伴随计算机技术和网络的产生、发展而滋生的。没有计算机技术和网络的存在，就不会有网络犯罪的发生。可以说，计算机技术和网络的存在为网络犯罪的滋生提供了外在条件。因此，本章拟在解读网络发展历程的基础上去认识网络犯罪。

第一节　计算机与网络的发展历程

关于网络的发展历程，如果从计算机的产生算起的话，至今已有 70 多年的历史。计算机与网络对人们的生产活动、社会交往产生了广泛而深远的影响。其无论是在科学技术领域还是在日常生活领域，都发挥着积极的作用。

一、外国计算机与网络的产生与发展

在外国，从计算机与网络的发展历程上看，两者的发展并不是同步的，实际上计算机的出现时间早于网络。因此，在介绍网络的产生与发展之前，有必要先从计算机的产生与发展说起。

(一)外国计算机的产生与发展

计算机,从广义上理解的话,指的是一种能够进行计算或者辅助计算的工具,其包括机械计算机和电子计算机两类。从狭义上理解的话,则是指电子计算机,具体指的是一种能够自动、高速、准确地完成各种信息存储、数据处理、数值计算、过程控制与数据传输的电子设备。在日常生活中,当人们谈到计算机时,通常指的是狭义上的计算机,即电子计算机,俗称电脑。

关于世界首台电子计算机,最早可以追溯至1946年2月由美国宾夕法尼亚大学莫尔学院约翰·莫奇利(John William Mauchly)和约翰·埃克特(John Presper Eckert)一起用真空管建造的电子数字积分计算机(Electronic Numerical Integrator And Calculator),也就是人们通常所称的“埃尼阿克”(ENIAC)。“埃尼阿克”的问世,标志着人类计算工具的历史性突破,推动了计算机时代的到来。[1]

自“埃尼阿克”问世以来,计算机的发展先后经历了五代。第一代为电子管计算机(1946—1958年)。这类计算机的主要特点在于采用电子管作为逻辑元件,以电子射线管作为主存储器,软件方面采用机器语言和汇编语言,应用领域主要局限于军事研究和科学计算等。通常而言,“埃尼阿克”被看成是第一代电子管计算机的开端之作。第二代为晶体管计算机(1958—1964年)。该类计算机以晶体管作为逻辑元件,以磁芯作为主存储器。同时,该类计算机有了外存储器(磁鼓、磁带),程序设计使用了更接近于人类自然语音的高级程序设计语言。相比电子管计算机,晶体管计算机的体积减小不少,运行变得更为可靠,硬件效率也得到了提升,其应用领域也从科学计算扩展到了事务处理、工程设计等多个方面。第三代为集成电路计算机(1964—1971年)。这种计算机以

[1] 参见聂军:《计算机导论》,北京理工大学出版社2021年版,第5页。

中小规模集成电路作为逻辑元件,并用半导体存储器淘汰了磁芯存储器,软件方面采用了操作系统、编辑系统和应用程序。这时的计算机也进入了产品标准化、模块化、系列化的发展时期,计算机的管理、使用方式也由手工操作改变为自动管理,使得计算机的使用效率大为提高。第四代为(超)大规模集成电路计算机(1971 年至今)。这一时期的计算机使用大规模和超大规模集成电路作为逻辑元件,并采用了集成度更高的半导体作为主存储器,主要的外存储器是磁带、磁盘、光盘,同时,出现了数据库、第四代程序设计语言等新型软件。这一时期的计算机体积普遍更小,计算机性能大幅度提高的同时,其价格也得到了普遍降低,计算机开始进入千家万户,应用于社会的各个领域。第五代为智能计算机(1981 年至今)。1981 年 10 月在日本东京召开了"第五代电子计算机国际会议",会上日方代表宣布计划在 20 世纪 90 年代初研制出第五代计算机。〔1〕这一时期计算机的研发目标在于突破 20 世纪 40 年代冯·诺依曼所提的计算机体系结构,〔2〕旨在研制出能将信息采集、存储、处理、通信与人工智能相结合的智能计算机系统。这一时期在智能计算机领域虽然完成了大量的基础性研究工作,促进了人工智能和机器人技术的发展,但至今还远未达到实际应用的程度。〔3〕

(二)外国网络的产生与发展

在网络出现以前,每台计算机都是独立工作的。只有当网络出现时,才使得人们能够借助通信线路完成计算机之间的信息交换。鉴于网络所带来的积

〔1〕 参见唐长钧、杜毅仁:《第五代电子计算机概说》,载《电子技术》1983 年第 4 期。

〔2〕 冯·诺依曼提出了计算机制造的三个基本原则(即采用二进制、程序存储、顺序执行的原则)以及计算机的五个组成部分(即运算器、控制器、存储器、输入设备、输出设备),这套理论被称为冯·诺依曼体系结构,根据这一原理制造的计算机被称为冯·诺依曼结构计算机。

〔3〕 参见罗琼:《计算机科学导论》,北京邮电大学出版社 2016 年版,第 6 页。

极作用,由此需要了解下外国网络产生与发展的历程。

网络,全称计算机网络(Computer Network),也称互联网(Internet),其定义往往随着网络技术的发展而不断变化。目前,主流观点认为,网络指的是利用通信设备和线路将地理位置不同的、功能独立的多个计算机系统连接起来并在网络软件的支持下实现资源共享和数据通信的系统。简单地说,网络就是连接多台计算机进行通信的系统。

关于网络的组成和功能。通常认为,网络由网络硬件和网络软件组成。其中,网络硬件乃网络的物质基础,一般包括网络服务器、网络工作站、传输介质和网络互联设备等;网络软件是实现网络功能的关键条件,一般包括网络协议软件、网络通信软件、网络操作系统、网络管理软件、网络应用软件等。同时,网络存在多种功能:一是资源共享的功能,即用户借助网络能够全部或者部分地共享网络中的硬件资源、软件资源、数据资源和信道资源等;二是数据通信的功能,该功能可用于快速传送计算机与终端、计算机与计算机之间的各种信息;三是分布处理的功能,即能将复杂的大问题分解成多个小问题,分别交由网络中的多个计算机共同处理。

最早的网络源自美国国防部高级研究计划署(Defence Advanced Research Projects Agency,DARPA)开发的"阿帕网"(Advanced Research Project Agency network,ARPAnet),其在1968年开始组建,1969年投入使用,当时只有4个节点,到了1981年,节点已扩展至94个。"ARPAnet是计算机网络最早和最典型的例子,是一个由美国国防部的研究人员和一些大学于60年代末共同开发的实验性网络。"[1]由此,ARPAnet的出现,标志着现代网络的诞生。

随着计算机技术的不断提高和应用需求的不断增加,网络的发展大致经历

---

〔1〕 郑海燕:《因特网的历史发展和现状》,载《国外社会科学》1999年第4期。

了以下四个阶段。

第一个为面向终端的计算机网络阶段。这一阶段主要出现在 20 世纪 50 年代,主要形成了以单台计算机为中心的远程联机系统的数据通信。具体来说,包括一台中心计算机和多台终端,所有终端共享中心计算机资源,通过面向终端的计算机网络完成中心计算机与终端的通信,且终端之间也是通过中心计算机进行通讯的。严格意义上讲,这一阶段的网络并不能称为现代意义上的计算机网络,而应称为远程终端联机。[1]

第二个为多台计算机互联的计算机网络阶段。从 20 世纪 60 年代中期开始,以通信网络为中心的真正意义上的计算机网络得以发展起来,多台计算机借助通信网络互联成一个系统,可以实现多台计算机彼此之间的通信。在这一阶段,每台计算机都有自主处理功能,通讯系统由主机(Host)和接口信息处理机(Interface Message Processer,IMP)组成。其中,主机运行用户程序,而接口信息处理机负责主机之间通信请求的处理。

第三个为标准化的计算机网络阶段。20 世纪 70 年代末至 20 世纪 80 年代初,由于缺乏统一的网络标准,不同厂商研发的计算机网络无法方便地互联,因而大大限制了计算机网络的发展。为了解决这一问题,国际标准化组织在 1984 年正式颁布了一个称为"开放系统互连基本参考模型"的国际标准 ISO7498。在此开放式网络中,所有的计算机和通信设备都应遵循共同认可的国际标准,以确保不同的网络产品可以在同一网络中顺利地进行通信。与此同时,在此阶段,以 ARPAnet 为基础也形成了以 TCP/IP 为核心的因特网。

第四个为面向全球互联的计算机网络阶段。20 世纪 90 年代后,随着计算机技术和网络技术的发展,网络开始朝着高速化、智能化、综合化和全球化的方

[1] 参见郭达伟、张胜兵、张隽:《计算机网络》,西北大学出版社 2019 年版,第 2 页。

向发展,全球范围内出现了大量的局域网、城域网和广域网,日渐形成了覆盖绝大多数国家的以因特网为代表的国际互联网。“因特网是在计算机网络的基础上建立和发展起来的,可以说是一个用相同语言传播信息的全球性计算机网络。”[1]为此,有论者基于这一阶段计算机技术和网络技术的大发展,甚至提出了“不进入网络的计算机,就不能称之为计算机,网络就是计算机”的新概念。[2]

二、我国计算机与网络的产生与发展

在我国,计算机与网络也并不是同步发展的,因此,在论述我国计算机与网络的产生与发展时,有必要针对计算机和网络分别予以讨论。

(一)我国计算机的产生与发展

自1953年华罗庚教授在中国科学院数学所成立我国第一个计算机科研小组以来,我国的计算机从产生到发展,先后经历了以下四个阶段。

第一个为电子管计算机研制阶段(1958—1964年)。1956年3月至6月,国务院成立科学规划小组,以中国科学院各学部为基础,集中全国600多位科研人员,编制出《1956—1967年科学技术发展远景规划纲要(草案)》。在此规划制定的过程中,科学规划委员会明确将计算技术、半导体技术、无线电电子学、自动学和远距离操纵技术列为“四大紧急措施”[3],提出了“任务带学科”的发展战略,并制定了计算机科研、生产、教育发展计划,我国的计算机事业由此起步。1957年下半年,国家决定由中国科学院计算所和北京有线电厂共同

[1] 郑海燕:《因特网的历史发展和现状》,载《国外社会科学》1999年第4期。
[2] 参见邓世昆:《计算机网络》,北京理工大学出版社2018年版,第5页。
[3] 吴明瑜、杨乐、曾国屏:《科技强国之梦不再遥远》,载《光明日报》2009年9月2日,第5版。

承担计算机的研制工作。1958 年 8 月 1 日，在苏联专家的帮助下，经过安装调试和进行短程序运行后，科研人员成功研制出了我国第一台基于电子管的小型通用数字计算机，起先称为八一型数字电子计算机，后改名为 103 型计算机。1959 年 10 月 1 日，我国第一台大型通用数字电子管计算机 104 机在中国科学院计算所研制成功。1960 年，中国科学院计算所成功研制我国第一台自行设计的小型通用电子计算机 107 机。从此我国的通用计算机研制进入自主设计阶段。1964 年，我国自主设计的第一台大型通用电子管计算机 119 机在中国科学院计算所研制成功。随后，1965 年，华东计算技术研究所又研制出大型电子管计算机 501 机。从 103 机到 501 机，在西方国家的技术封锁下，全国的科研工作人员同心协力，克服困难，为我国计算机事业的发展作出了贡献。

第二个为晶体管计算机研制阶段（1965—1972 年）。实际上，我国在研制电子管计算机时，就已开始对晶体管计算机展开研究。早在 1964 年，哈尔滨军事工程学院成功研制每秒 8000 次的 441B 小型晶体管计算机。1965 年，大型通用晶体管计算机 109 乙机在中国科学院计算所研制成功，之后又推出 109 丙机。1965 年，华北计算所成功研制 108 乙晶体管计算机。华东计算技术研究所也成功研制 X－2 晶体管计算机。截至 1971 年底，我国共生产数字计算机 250 台。

第三个为中小规模集成电路计算机研制阶段（1973 年—20 世纪 80 年代初）。进入 20 世纪 70 年代，中国科学院计算所、华东计算所和一些国防研究所等单位都开始研制集成电路计算机。1973 年北京大学与“738 厂”联合研制的集成电路计算机 150 机问世，使我国拥有了首台自行设计的百万次集成电路计算机，也是我国首台配有多道程序和自行设计的操作系统的计算机。该操作系统由北京大学教授杨芙清领衔研制，这是我国第一个自行设计的操作系统。

1974 年,清华大学等单位联合设计、研制成功采用集成电路的 DJS - 130 小型计算机。1977 年 4 月,安徽无线电厂、清华大学和四机部六所联合研制成功我国首台微型计算机 DJS - 050 机,从此揭开了我国微型计算机的发展史。1978 年 3 月,国家将研制亿次计算机的任务交给了长沙工学院计算机研究所(国防科技大学计算机研究所的前身),经过五年的奋战,该所于 1983 年 12 月成功研制出我国首台亿次巨型计算机“银河Ⅰ号”,填补了我国巨型计算机的空白。至此,我国进入了研制巨型计算机的行列,成为继美国、日本之后,第三个能独立设计和制造巨型计算机的国家。[1]

第四个为超大规模集成电路计算机研制阶段(20 世纪 80 年代中期至今)。与外国类似,我国对于超大规模集成电路计算机的研制也是从微型计算机开始的。1985 年电子工业部计算机管理局成功研制与 IBMPC 机兼容的长城 0520CH 微型计算机。这标志着我国微型计算机事业从科研迈入了产业化的进程,是我国计算机产业跨入市场的第一步。1984 年,联想集团的前身即新技术发展公司成立,中国出现第一次微机热。随后,在长城、联想的带动下,我国涌现出一大批计算机制造企业,如四通、方正、同创、实达、浪潮等。与此同时,我国高性能计算机也得到快速发展,1992 年国防科技大学成功研制“银河Ⅱ号”通用并行巨型机。从 20 世纪 90 年代初开始,国际上采用主流的微处理机芯片研制高性能并行计算机已成为趋势,国家智能计算机研发中心根据国家“863”计划的部署,采取符合技术发展趋势的路线,于 1993 年成功研制曙光一号全对称共享存储多处理机,这是我国首次以基于超大规模集成电路的通用微处理器芯片和标准 UNIX 操作系统设计开发的并行计算机。随后,我国自主设

---

〔1〕 参见《创新科技》编辑部:《1983 年中国第一台巨型计算机问世》,载《创新科技》2009 年第 10 期。

计的高性能计算机先后突破十亿、百亿、千亿、万亿、十万亿、百万亿次大关，与外国高性能计算机的差距逐渐在缩小。到了21世纪，我国高性能计算机研制和应用紧跟国际发展趋势，取得不少新的成绩。比如，国防科技大学研制的"天河"系列高性能计算机和江南计算所等单位研制的"神威·太湖之光"高性能计算机8年11次登上世界高性能计算机500强的榜首。[1]

（二）我国网络的产生与发展

我国网络的产生与发展，最早可以追溯至20世纪80年代。1980年3月，我国香港特别行政区建成了一个国际在线信息检索终端，随后向我国科研机构提供服务。1981年12月，北京市通过传真线建立了一个国际在线检索终端，通过租用卫星线路的方式，链接到美国的Tymnet或Telenet，并与"阿帕网"相连。1986年8月25日，时任中国科学院高能物理所ALEPH组组长的吴为民在北京信息控制研究所（又称710所）的一台IBM－PC机上，[2]通过卫星连接，远程登录位于日内瓦欧洲核子研究组织的一台机器，向斯坦伯格（Steinberger）教授发出了目前所知且从境内操作的第一封电子邮件。1987年9月20日，我国一封内容为"越过长城，走向世界"[3]的电子邮件从当时兵器工业部的应用技术研究所经德国学术机构的"中转"成功发出。1988年，清华大学校园网通过邮电部的X.25网实现了与德国研究网DFN的互联，并通过德国的DFN访问Internet。1990年11月28日，钱天白教授代表我国正式在斯坦福研究院的网络信息中心（Stanford Research Institute's Network Information Center，SRI－NIC）注册登记了我国的顶级域名CN，并开通了使用我国顶级域名CN的国际

〔1〕 参见苏诺雅：《中国超算技术赶超发展模式探析》，载《国防科技大学学报》2021年第3期。

〔2〕 ALEPH是在西欧核子中心高能电子对撞机LEP上进行高能物理实验的一个国际合作组，我国科研人员参加了ALEPH组，中国科学院高能物理所是该国际合作组的成员单位。

〔3〕 吕鸿：《跨越长城，走向世界》，载《人民日报》2007年9月22日，第3版。

电子邮件服务,从此我国的网络有了自己的身份标识。虽然当时尚未与国际互联网进行全功能连接,但 CN 域名的注册,让我国在网络领域占有一席之地。此外,自 1990 年开始,中国科学院高能物理所、华北计算所等科研单位先后将自己的网络与邮电部的 X. 25 网相连,同时,利用欧洲国家的计算机作为网关,使我国的 CNPAC 科技用户可以与 Internet 用户进行 Email 通信,形成了最初的中国科技网。1993 年 6 月,中国科学院钱华林研究员参加洲际研究网络协调委员会的会议(Coordinating Committee for Intercontinental Research Networking,CCIRN),讨论我国连入互联网问题时,得到了大部分与会人员的支持。1994 年 4 月初,我国向美国国家科学基金会(NSF)重申连入 Internet 的要求得到许可,4 月 20 日,我国通过美国 Sprint 公司的 64K 专线成功接入国际互联网,与其实现了全功能连接,被国际上正式承认为拥有全功能互联网的第 77 个国家,从此我国进入了网络互联时代。[1] 1994 年 5 月 15 日,中国科学院高能物理研究所建立了我国首个 Web 服务器,并推出首套网页,用于介绍高科技发展情况。1994 年 5 月 21 日,中国科学院计算机网络信息中心完成了我国顶级域名 CN 服务器的设置,改变之前顶级域名服务存放于外国的历史。同年 9 月,我国公用计算机互联网(CHINANET)的建设启动,并于 1996 年 1 月完成首期骨干网建设。1995 年 1 月,邮电部电信总局在北京、上海设立的通过美国 Sprint 公司接入美国的 64K 专线开通,并通过电话网、DDN 专线以及 X. 25 网等方式向社会公众提供 Internet 接入服务。1996 年 12 月,瀛海威信息通信有限责任公司的 8 个主要节点建成开通,形成了全国性初步主干网,为我国互联网商业化打下基础。我国网络进入应用平台建设和增值业务开发阶段,一大批

---

〔1〕 参见汪恭政:《论我国网络领域规范治理的法治化进程——以〈网络安全法〉的演变为视角》,载《西安电子科技大学学报(社会科学版)》2017 年第 4 期。

诸如网易(1997 年 6 月)、搜狐(1998 年 2 月)、腾讯(1998 年 11 月 11 日)、新浪(1998 年 12 月)、阿里巴巴(1999 年 9 月 9 日)、百度(2000 年 1 月)的互联网公司,也相继成立。自此以后,我国网络的应用呈现蓬勃发展之势,据中国互联网络信息中心统计,从 1997 年到 1999 年,我国的网站规模已从 1500 个发展至 15,000 多个。"截至 2022 年 12 月,我国网民规模达 10.67 亿人,互联网普及率达 75.6%,同比提升 2.6 个百分点,人均每周上网时长 26.7 个小时。"[1]

第二节　网络犯罪的基本界定

网络的产生与发展,使得犯罪模式呈现新的变化,开始出现网络犯罪并呈现持续高发的态势。诚如有论者所言,现代信息技术的更新除了带动网络发展的同时,也催生了网络犯罪。[2] 因此,为了弄清网络犯罪的真实面目,有必要对其概念、特征与类型作出解读。

一、网络犯罪的概念

网络犯罪由于涉及计算机的应用,所以在界定网络犯罪之前,往往离不开对计算机犯罪的探讨。

(一)何谓计算机犯罪

计算机犯罪(Computer Crime),又称电脑犯罪,[3]其是随着计算机技术的

---

〔1〕 中国互联网络信息中心:《第 51 次中国互联网络发展状况统计报告》,2023 年 3 月,第 1 页。

〔2〕 参见吴尚聪等:《我国网络犯罪发展及其立法、司法、理论应对的历史梳理》,载《政治与法律》2018 年第 1 期。

〔3〕 参见赵廷光:《信息时代的电脑犯罪与刑事立法》,载《法商研究》1997 年第 2 期。

发展而形成的一种新型犯罪。[1] 何谓计算机犯罪，理论上主要有以下三种观点。

第一种观点为最广义说。最广义说认为，所有与计算机相关的犯罪都是计算机犯罪。类似的观点包括：日本学者板仓宏认为，计算机犯罪是指“与计算机相关联的反社会行为”，或者是在自动数据处理过程中，任何非法的、违反职业道德的、未经批准的行为，[2]或如高石义一所言的是“把有关电子计算机的知识作为不可缺少要素的不正当行为”，[3]或说是与电子计算机有关的犯罪行为。[4]

第二种观点为广义说。广义说认为，计算机犯罪是指行为主体以计算机为犯罪工具或者以计算机信息系统为攻击对象的犯罪。例如，美国司法部将计算机犯罪界定为“在导致成功起诉的非法行为中，计算机技术和知识起了基本作用的非法行为”[5]。又如，德国学者认为，计算机犯罪是指所有与电子资料有关的故意而违法的财产破坏行为，[6]或者指的是以计算机信息系统为工具或者以计算机信息系统为侵害对象（物理性破坏除外）而实施的危害社会并应受刑罚处罚的行为，[7]或说是利用电子数据处理设备作为作案工具的犯罪行为或是把数据处理设备作为对象的犯罪行为。[8] 根据广义说，结合我国《刑法》的规定，计算机犯罪不仅包括我国《刑法》第 285 条和第 286 条规定的犯罪，也

---

[1] 参见孙铁成：《计算机犯罪的罪名及其完善》，载《中国法学》1998 年第 1 期。

[2] 参见公安部计算机管理监察司：《计算机安全必读》，群众出版社 1988 年版，第 15 页。

[3] [日]藤本哲也：《信息化社会和电子计算机的犯罪》，高作宾译，载《国外社会科学》1987 年第 3 期。

[4] 参见[日]西田修：《浅谈电子计算机犯罪》，何为译，群众出版社 1986 年版，第 2 页。

[5] 夏锦尧：《计算机犯罪问题的调查分析与防范》，中国人民公安大学出版社 2001 年版，第 1 页。

[6] Vgl. Ulrich Sieber, *Computerkriminalität und Strafrecht*, Carl Heymanns Verlag, 1977, S. 188.

[7] 参见廖瑜：《计算机犯罪概念析》，载《西南民族学院学报（哲学社会科学版）》2001 年第 4 期。

[8] 参见[德]埃里克·希尔根多夫：《德国刑法学：从传统到现代》，江溯、黄笑岩等译，北京大学出版社 2015 年版，第 373 页。

包括《刑法》第 287 条规定的利用计算机实施的犯罪。

第三种观点为狭义说。狭义说认为,计算机犯罪是指针对计算机信息系统或其数据实施的犯罪。相比广义说,狭义说将计算机犯罪的范围进行了限制,限缩为对计算机资产本身和计算机内存储的数据进行侵犯的犯罪。狭义说不包括以计算机为犯罪工具的犯罪。因而,诚如有论者所言,只有针对计算机及其数据的犯罪才是计算机犯罪,〔1〕或者只以计算机系统内的信息安全作为对象的犯罪才是计算机犯罪。〔2〕

综上所述,对于最广义说,笔者认为不合理,因为持此学说,不仅容易导致计算机犯罪的界定范围过于宽泛,也易模糊与其他犯罪的界限。正如有论者所强调的,若持此观点的话,则没有办法厘定其与传统犯罪的根本区别。〔3〕 特别是,难以揭示计算机犯罪行为的本质属性。例如,行为主体将计算机当作财物故意毁坏的,或者行为主体放火导致网吧的计算机烧毁的,尽管与计算机相关,但此时的计算机应被视为财物,而非利用了计算机的技术或其属性,故不宜界定为计算机犯罪。对于狭义说,犯罪行为指向的是计算机信息系统或其数据,毫无疑问,体现了对计算机系统或其数据的保护,但对利用计算机技术或其属性实施犯罪的行为却缺乏有效的规制。显然,狭义说界定的范围过窄,也不可取。因此,本书采取广义说,即计算机犯罪除了包括狭义说的计算机犯罪外,还包括利用计算机技术或其属性实施的犯罪。

(二)何谓网络犯罪

网络犯罪(Cybercrime)的产生,离不开计算机与网络的发展与应用。诚如

〔1〕 参见皮勇:《网络犯罪比较研究》,中国人民公安大学出版社 2005 年版,第 4 页。

〔2〕 参见董玉庭:《再论计算机犯罪概念》,载《当代法学》2005 年第 6 期。

〔3〕 参见董玉庭:《再论计算机犯罪概念》,载《当代法学》2005 年第 6 期。

有论者所言，信息技术的普及和发展把人类社会推向了网络时代，但网络也为犯罪提供了新的犯罪平台，催生了网络犯罪。[1] 而对于何谓网络犯罪，基于到底是从犯罪事实上去考虑还是从刑法规范去定义，学界产生了两类不同的界定方式。

一类是从犯罪学上去界定网络犯罪。犯罪学上的定义，更多的是从犯罪事实上把握网络犯罪的内涵。理论上，关于此种定义，有多种方式。一是从犯罪行为上把握。例如，欧盟《网络犯罪公约》(Convention on Cybercrime)在序言中就将网络犯罪界定为"对计算机系统，网络和计算机数据的机密性，完整性和可用性的阻碍行为，并且将这种滥用上述系统、网络、数据的行为犯罪化"[2]的情形。又如，网络犯罪是指在网络空间中实施的犯罪行为，在范畴上它可能包括真正意义上的电脑犯罪，也可能包括引起传统型犯罪。再如，网络犯罪就是危害网络空间的行为，[3]或说是行为主体针对或利用计算机及网络对存在于网络空间的电子信息故意或过失地实施侵犯的危害社会的犯罪行为。[4] 二是不仅从犯罪行为上把握，也关注其在事实上的危害性。比如，有论者将网络犯罪定义为"利用计算机、网络技术等信息技术或其特性，危害计算机、网络和数据安全，危害社会信息安全，社会危害性严重的行为"[5]。

另一类是从刑法学上去界定网络犯罪。刑法学上的定义，更多的是立足刑法规范来阐释何谓网络犯罪。不过，定义时除了强调对法律的违反外，也会说明网络犯罪在事实上面临的危害性。毕竟根据《刑法》第 13 条的规定，危害社

---

〔1〕 参见孙景仙、安永勇：《网络犯罪研究》，知识产权出版社 2006 年版，第 4 页。

〔2〕 See the preamble of Convention on Cybercrime in 2001.

〔3〕 参见吴桂静：《网络犯罪的实质特征与传统犯罪的界限》，载《辽宁经济》2003 年第 2 期。

〔4〕 参见许秀中：《网络犯罪概念及类型研究》，载《江淮论坛》2002 第 6 期。

〔5〕 皮勇：《网络犯罪比较研究》，中国人民公安大学出版社 2005 年版，第 12 页。

会的行为，依照法律应当受刑罚处罚的，都是犯罪。刑法上网络犯罪的概念比犯罪学上的概念多了两项限定词，即依法和应受惩罚。依法就是依据刑法规定，应受惩罚是对罪行轻微及行为主体不合格等社会危害行为的排除。[1] 为此，有论者将网络犯罪界定为："利用计算机、互联网通讯等技术手段，针对计算机信息系统实施的或者将计算机信息系统作为工具实施的严重危害社会、违反刑法规定的行为"[2]，或者认为，网络犯罪就是行为主体以计算机或计算机网络为犯罪工具或者攻击对象，故意实施的危害计算机网络安全进而违反法律规范的行为。[3]

诚然，从犯罪学上去界定网络犯罪与从刑法学上去界定存在区别，毕竟这是由犯罪学与刑法学的学科属性所决定的，"刑法学是一门规范学，它要以刑事法律的有关规定为依据展开研究，而犯罪学是一门事实学，它是以客观存在的社会危害事实为依据的，不管这种事实是否被刑法规定为犯罪"[4]。但是，本书认为有必要基于犯罪学与刑法学彼此之间的联系来认识网络犯罪，理由诚如有论者所言："没有犯罪学的刑法是盲目的，没有刑法的犯罪学是漫无边际的"[5]。换句话说，从犯罪学上看，能更好地把握网络犯罪的危害事实，而从刑法学上看，基于危害事实又能更好地看到网络犯罪的规范违反性。进一步而言，从危害事实上看，随着计算机技术的进步和网络的发展，网络犯罪的范围也在逐步扩大，从以网络（包括计算机）作为犯罪对象演变为以网络作为犯罪工具再到以网络作为犯罪空间的转变，而从规范上看，这些行为也逐步得到了刑

[1] 参见许秀中：《网络犯罪概念及类型研究》，载《江淮论坛》2002 年第 6 期。

[2] 陈奎、刘宇晖：《网络法十六讲》，对外经济贸易大学出版社 2014 年版，第 242 页。

[3] 参见严耕：《网络伦理》，北京出版社 1998 年版，第 77 页。

[4] 刘广三：《计算机犯罪论》，中国人民大学出版社 1999 年版，第 51 页。

[5] Jescheck & Weigend, *Lehrbuch des Strafrechts Allgemeiner Teil*, Duncker & Humblot, 1996, S. 41.

法的关注。基于此,在本书看来,网络犯罪是指利用了网络技术(包括计算机技术)或其属性,以网络(包括计算机)作为对象、以网络作为工具或者以网络作为空间所实施的值得刑法评价的行为。

(三)计算机犯罪与网络犯罪的关系

计算机犯罪与网络犯罪的关系密切,有论者认为,网络犯罪是对计算机犯罪的另一种称谓。[1] 但依本书之见,二者并非同一概念。根据前述,计算机犯罪乃利用计算机技术或其属性,针对计算机信息系统、数据,或者利用其作为工具实施的犯罪。相比计算机犯罪,网络犯罪的范围更广,这是因为网络犯罪是计算机犯罪在网络环境下演变而成的新犯罪类型。如前所言,网络乃计算机网络,所以网络犯罪不仅有可能涉及对计算机技术或其属性的利用,也有可能涉及对计算机通信网络的利用。诚如有论者所述,"网络"部分通常指实施由信息技术造成的新型犯罪或者将网络空间纳入传统的活动,[2]或者说网络指的是这种由特定的或者不特定的计算机在物理和逻辑层面上构成的整体。[3] 况且从前述有关网络的发展上也可以看出,从单个计算机到计算机局域网再到国际网络的互联互通,体现了网络发展的基本历程,也诠释了计算机犯罪与网络犯罪的密切关系,即先有计算机犯罪而后才有网络犯罪。或如有论者所言,计算机犯罪是网络犯罪的前身,网络犯罪则由计算机犯罪的概念发展而来。[4] 或者说,在网络发展的初期,计算机犯罪和网络犯罪的概念并存,但随着网络技术的快速升级,两者之间的地位悄然发生了改变,网络犯罪的概念越发重要,而计算机本身

---

〔1〕 参见刘守芬、孙晓芳:《论网络犯罪》,载《北京大学学报(哲学社会科学版)》2001 年第 3 期。

〔2〕 See Mohamed Chawki, Ashraf Darwish, et al, *Cybercrime, Digital Forensics and Jurisdiction*, Springer, 2015, p. 6.

〔3〕 参见卢尧:《计算机与网络犯罪含义的法律视角探析》,载《北京邮电大学学报(社会科学版)》2010 年第 1 期。

〔4〕 参见任彦君:《犯罪的网络异化与治理研究》,中国政法大学出版社 2017 年版,第 2 页。

则成为网络的物质载体，仅作为上网的工具而存在。[1] 因此，本书认为，网络犯罪由计算机犯罪发展而来，网络犯罪包括计算机犯罪。进一步地说，计算机犯罪已是网络犯罪的下位概念，属于网络犯罪的具体类型。

二、网络犯罪的特征

根据前述，网络犯罪是指利用了网络技术（包括计算机技术）或其属性，以网络（包括计算机）作为对象、以网络作为工具或者以网络作为空间所实施的值得刑法评价的行为。由此可见，网络犯罪至少有以下基本特征。

（一）网络技术或其属性的利用性

网络犯罪不同于其他犯罪的一大特征在于，行为主体在实施犯罪时利用了网络技术或其属性。"网络犯罪是与信息科学技术等高科技相关犯罪的一种，犯罪的技术性特征是这类犯罪的基本特征，即在犯罪过程中计算机、网络技术等信息技术对犯罪的实施、完成是必不可少的。"[2]或者说，网络犯罪之所以有不同于传统犯罪的诸多特征，根本原因在于其依附于以互联网为主的信息技术，可以说高技术性才是网络犯罪的根本特征。[3] 网络技术或其属性的利用，意味着发挥了网络应有的作用，不仅包括对计算机技术或其属性的利用，也包括对网络技术的利用和对接入互联网的信息系统及其存储、处理、传输信息的利用，还涉及对云计算、物联网、大数据、人工智能等新网络技术的利用。反过来说，若在犯罪中没有发挥网络应有的作用，如以单纯的物理方式毁损计算机、计算机信息系统、网络数据存储设备的，由于未发挥网络技术或其属性的利用

---

〔1〕 参见吴尚聪等：《我国网络犯罪发展及其立法、司法、理论应对的历史梳理》，载《政治与法律》2018 年第 1 期。

〔2〕 皮勇：《网络犯罪比较研究》，中国人民公安大学出版社 2005 年版，第 11 页。

〔3〕 参见杜磊：《网络犯罪的特征与刑法规制路径》，载《河北法学》2017 年第 7 期。

性,因而不能视为网络犯罪。而在同时,笔者认为,也不能对网络技术或其属性的利用作狭隘的理解,即不应将其局限于只能以网络罪名来认定的犯罪行为。因此,对于《刑法》第287条规定的利用计算机实施金融诈骗、盗窃、贪污、挪用公款、窃取国家秘密或者其他犯罪的,若是发挥了计算机应有作用的,虽然依照的是《刑法》有关规定定罪处罚,但仍然属于网络犯罪。也就是说,利用网络技术或其属性实施其他犯罪的,尽管需要依照《刑法》有关规定定罪处罚,但在本书看来,这依然是网络犯罪。

(二)人的生活利益的侵害性

网络犯罪的实施侵犯了人的生活利益,而从刑法学上来说,犯罪的本质乃违反规范地侵害法益的行为。而法益便是法所保护的、客观上可能受到实际损害或者威胁的人的生活利益。侵害法益,意味着侵害了人的生活利益。同时,要说明的是,这种人的生活利益既有可能是个人的生活利益,也有可能是建立在保护个人之上的超个人的生活利益。毕竟随着计算机技术和网络的发展,网络走进了生活,经由网络不仅给个人也给人们带来了生活利益。"网络建构了我们社会的新社会形态,而网络化逻辑的扩散实质地改变了生成、经验、权力与文化过程中的操作和结果。虽然社会组织的网络形式已经存在于其他时空中,新信息技术范式却为其渗透扩张遍及整个社会结构提供了物质基础。"[1]由此而言,违反规范地侵害法益的网络犯罪行为,实质上就是侵害了个人或者超个人的人的生活利益。

具体来说,这种生活利益的侵害性有两类表现:一类是侵害刑法已保护的人的生活利益。在网络犯罪出现以前,很多类型的人的生活利益就已得到了刑

〔1〕 [美]曼纽尔·卡斯特:《网络社会的崛起》,夏铸九等译,社会科学文献出版社2001年版,第569页。

法的保护，而在网络犯罪出现后，当行为主体利用网络技术或其属性实施犯罪行为时也能侵害这些利益，从一定程度上说，其会更容易地侵害刑法已保护的人的生活利益。比如，一类是现有刑法已对行为主体实施诈骗行为侵犯公民的财产利益作出了保护，相比通过面对面、接触等方式实施的诈骗行为，利用电信网络技术通过远程、非接触等方式实施的诈骗行为，往往则会更容易侵害这些利益。另一类是侵害刑法还未保护但值得保护的人的生活利益。计算机技术和网络的发展，不仅能改变人们的生活，更能给人们带来新的生活利益，网络犯罪的实施往往会对这种新的生活利益造成不利影响。比如，在计算机和网络出现之前，计算机信息系统并不存在，只有计算机和网络出现后，才发现计算机信息系统的重要性，其能满足人们的生活需要，逐渐成为新的生活利益。当行为主体非法利用网络技术或其属性侵入或者控制计算机信息系统时，势必会对计算机信息系统安全造成威胁，由此就需要得到刑法的保护。总之，不论是侵害刑法已保护的人的生活利益，还是侵害刑法还未保护但值得保护的人的生活利益，都能说明网络犯罪能对人的生活利益构成侵害性。

三、网络犯罪的类型

按照不同的标准，可以对网络犯罪划分不同的类型。目前来看，网络犯罪主要有“两类型”“三类型”“四类型”的不同划分。

（一）网络犯罪的“两类型”划分

在外国，网络犯罪“两类型”的划分经常出现。比如，法国学者达尼埃尔·马丁、弗雷德里克－保罗·马丁以信息技术作为犯罪对象还是作为实施犯罪的方法将网络犯罪分为两类：（1）以信息技术作为犯罪对象的犯罪。该类网络犯罪又称为纯正的信息犯罪，即《法国刑法典》第 3 章规定的“侵犯数据自动处理系统罪”。具体包括,第 323 – 1 条规定的采用欺诈手段,进入或不肯退出某一数据自动处理系统的全部或部分的行为;第 323 – 2 条规定的妨碍或扰乱数据自动处理系统运作的行为;第 323 – 3 条规定的采取不正当手段,将数据输入数据自动处理系统,或者取消、变更该系统储存资料的行为;第 323 – 4 条规定的为准备第 323 – 1 条至第 323 – 3 条所指一项或多项犯罪,并以一项或多项实际活动表明在进行此种准备,参加由此形成之小集团或参与为此目的达成旨意者的行为,以及第 323 – 7 条和第 323 – 1 条至第 323 – 3 条规定的未遂形态的行为。(2)以信息技术作为实施犯罪的方法的犯罪,即与信息和通信信息技术相关的犯罪,既包括《法国刑法典》规定的侵犯人身、财产的重罪和轻罪,也包括侵犯新闻、知识产权、密码、经营赌博、公共卫生等专门法领域的犯罪。[1] 又如,在英国,网络犯罪也有“两类型”的划分:一类是不局限于网络空间实施的利用型网络犯罪,具体指利用计算机、计算机网络或者其他信息通信技术实施的网络犯罪,如网络诈骗、网络盗窃、网络敲诈勒索等;另一类是需要在网络空间实施的依赖型网络犯罪,具体指只能通过计算机、计算机网络或者其他信息通信技术实施的犯罪,如传播病毒或者其他恶意软件、黑客攻击、拒绝服务攻击(Denial-of-Service Attack,简称 DoS 攻击)等。[2]

我国也有网络犯罪“两类型”划分的主张。比如,有论者以是否为犯罪对象、犯罪工具将网络犯罪分为互联网信息系统为侵犯对象的犯罪、以互联网信息为工具进行的犯罪。其中,前者犯罪包括非法侵入互联网信息系统罪、破坏互联网信息系统罪、擅自中断互联网信息系统罪以及制作、传播计算机病毒等

---

〔1〕 参见[法]达尼埃尔·马丁、弗雷德里克 – 保罗·马丁:《网络犯罪:危险、风险与反击》,卢建平译,中国大百科全书出版社 2002 年版,第 10 页。

〔2〕 参见叶良芳、马路瑶:《英国网络犯罪刑事立法的发展及其镜鉴》,载《国外社会科学》2020 年第 5 期。

破坏计算机程序罪四类；后者犯罪涉及利用互联网信息实施危害国家安全罪、利用互联网危害公共安全罪、利用互联网破坏市场经济秩序罪、利用互联网破坏社会管理秩序罪、用互联网实施侵犯公民人身权利、民主权利罪以及利用互联网实施侵犯财产罪六类。[1] 又如，有论者以网络是否为必要的犯罪构成要素可将网络犯罪分为纯正的网络犯罪和不纯正的网络犯罪。其中，针对计算机信息系统的犯罪、数据类犯罪以及计算机工具、程序类犯罪，由于多数依赖于网络，故而是纯正的网络犯罪，亦称典型的计算机犯罪。[2] 不依赖网络的，包括网络色情、知识产权犯罪以及所有可能利用网络实施的犯罪，如诈骗、盗窃、敲诈勒索、赌博、洗钱、恐怖主义等，都属于不纯正的网络犯罪，[3]亦称非典型的计算机犯罪或准计算机犯罪。[4]

（二）网络犯罪的“三类型”划分

在国际上，联合国经济及社会理事会附属的预防犯罪和刑事司法委员会在《关于预防和控制高技术犯罪和与计算机有关的犯罪的有效措施的研究报告的结论》中，将网络犯罪分为三类：(1)以技术及其用户作为攻击对象而实施的犯罪。具体涉及的犯罪行为有擅自进入计算机或计算机系统的行为，擅自使用计算机系统的行为，擅自阅读、复制或存录数据的行为，制作或传播有害程序的行为以及故意破坏他人计算机行为。(2)利用计算机或通信技术实施的常规犯罪。具体涉及冒犯内容的犯罪、与互联网有关的诱拐、诈骗、工商间谍活动、

[1] 参见王云斌：《网络犯罪》，经济管理出版社2002年版，第28～30页。
[2] 参见赵廷光、朱华池、皮勇：《计算机犯罪的定罪与量刑》，人民法院出版社2000年版，第40～41页。
[3] 参见苏青：《认识网络犯罪：基于类型思维的二元视角》，载《法学评论》2022年第2期。
[4] 参见赵廷光、朱华池、皮勇：《计算机犯罪的定罪与量刑》，人民法院出版社2000年版，第40～41页。

知识产权犯罪、赌博、洗钱7种犯罪行为。(3)利用技术支持其他犯罪活动。[1]

我国也有论者将网络犯罪分为三类,不过是从网络犯罪变迁的时间角度进行划分的,具体而言:(1)互联网1.0时代:"系统"作为"犯罪对象"。在此时期,网络作为犯罪对象时的网络犯罪,基本上是指利用计算机网络技术针对系统、数据、网络等进行攻击的犯罪。此时的网络犯罪实际上是指以数据、系统为犯罪对象的计算机犯罪。(2)互联网2.0时代:"网络的工具化"+"传统犯罪的网络异化"。互联网从1.0时代迈入2.0时代,直接导致了网络犯罪的类型发生改变,即由以网络、计算机信息系统为犯罪对象快速转变为以网络、系统为犯罪工具。在此阶段,以计算机为对象的犯罪和以计算机为工具的犯罪是计算机犯罪的主体部分,而且利用计算机实施的财产犯罪又占据绝大多数。(3)互联网3.0时代:网络作为"犯罪空间"的犯罪。在此阶段,网络作为一个犯罪空间,不同于第二阶段的犯罪现象,[2]网络空间成为一个犯罪的空间和全新的犯罪场域,[3]所有的犯罪都可以在网络空间实施,并且可以实现线上与线下的互动、现实空间与网络空间的过渡。

(三)网络犯罪的"四类型"划分

欧盟《网络犯罪公约》在第2章"国家层面采取的措施"中将网络犯罪分成四类:(1)针对计算机数据和系统保密性、完整性、可用性的犯罪。具体涉及五种犯罪行为。一是第2条规定的非法访问,即通过侵犯安全措施,以获取计算机数据或有不诚实意图的目的,或者涉及连接到另一计算机的信息系统;二是

---

〔1〕 参见预防犯罪和刑事司法委员会:《关于预防和控制高技术犯罪和与计算机有关的犯罪的有效措施的研究报告的结论》,2001年5月8日至17日,第6~8页。

〔2〕 参见郭旨龙等:《网络刑法的逻辑与经验》,中国法制出版社2015年版,第4~12页。

〔3〕 参见郭旨龙等:《"双层社会"与"公共秩序严重混乱"的认定标准》,载《华东政法大学学报》2014年第3期。

第3条规定的非法拦截，即非法拦截由技术手段制成的非公开传输的数据；三是第4条规定的数据干扰，即有损坏、删除、恶化、更改、阻止计算机数据的行为；四是第5条规定的系统干扰，即通过输入、传输、损坏、删除、恶化、改变或阻止计算机数据的方式，在没有正当权利时严重阻碍计算机信息系统的功能；五是第6条规定的设备的误用，即故意或无权生产、销售、采购使用、进口、分发或以其他方式提供主要为了实施第2条至第5条规定的犯罪而设计或改装的包括计算机程序的设备，或能全部或部分被访问的计算机密码、访问代码或类似数据。(2)计算机相关犯罪。主要有两种犯罪行为，一是第7条规定的与计算机相关的伪造行为，即有犯罪意图且未经授权输入、更改、删除或限制计算机数据，而产生看似真实的可被认为或符合合法目的的计算机数据；二是第8条规定的与计算机相关的诈骗行为，即故意或未经授权通过输入、修改、删除或限制计算机数据或者干扰计算机信息系统运行导致他人财产受到损失的行为。(3)内容相关犯罪。即第9条规定的有关儿童色情制品的犯罪行为，具体是将故意或无权以通过计算机信息系统分发的目的生成儿童色情制品、通过计算机信息系统提供或便利儿童色情制品获得、通过计算机信息系统分发或传送儿童色情制品、为自己或他人通过计算机信息系统获取儿童色情制品、在计算机信息系统或计算机数据存储介质中存有儿童色情制品的行为规定为犯罪。(4)与著作权及相关权利有关的侵权犯罪。根据第10条的规定，该类犯罪行为是指故意在商业领域通过计算机信息系统实施的违反《保护文学和艺术作品伯尔尼公约》《与贸易有关的知识产权协定》《世界知识产权组织版权条约》有关著作权规定或者违反《保护表演者、录音制品制作者和广播组织国际公约》《与贸易有关的知识产权协定》《世界知识产权组织表演和录音制品条约》有关著作权相关权利规定的行为。

我国有论者从经验类型的角度也对网络犯罪进行了“四类型”的划分：(1)针对计算机信息系统的犯罪，具体包括，一是利用计算机病毒、蠕虫、逻辑炸弹、木马、DDoS 攻击(Distributed Denial of Service Attack，简称 DDoS 攻击)对计算机信息系统的干扰；二是对计算机信息系统非法或者未经许可的访问。(2)数据犯罪，即针对数据、非法提供数据和非法利用数据的犯罪情形。(3)计算机工具、程序犯罪，即开发、提供、滥用计算机工具、程序的犯罪情形。(4)与网络内容高度关联的犯罪，如色情、赌博、虚假信息、诽谤、知识产权、隐私等。[1]

由上可见，网络犯罪的类型划分主要呈现两大趋势：一是主要立足犯罪事实的角度划分网络犯罪，如上述英国学者和我国学者有关“两类型”网络犯罪的划分、“三类型”网络犯罪的划分以及我国学者有关“四类型”网络犯罪的划分；二是主要立足法律规范的角度划分网络犯罪，如上述法国学者有关“两类型”网络犯罪的划分和欧盟《网络犯罪公约》有关“四类型”网络犯罪的划分。在本书看来，两种划分趋势都有一定的道理，但鉴于本书旨在关注网络犯罪的刑法原理，因而有必要从犯罪事实和法律规范相互结合的角度来确定网络犯罪的类型。具体而言，先应从犯罪事实特别是网络犯罪事实的角度观察该类犯罪，而后从法律规范尤其是刑法规范的角度确定出具体的犯罪类型。若刑法规范对网络犯罪的具体情形还未作出全面评价的，则宜根据网络犯罪的事实特征作出划分，并根据现有刑法的规定作出相应的评价。基于此，笔者认为，网络犯罪有必要分为针对计算机信息系统的犯罪、不履行信息网络安全管理义务的犯罪、利用信息网络实施的犯罪和面向人工智能时代的网络犯罪四类。其中，针对计算机信息系统的犯罪、不履行信息网络安全管理义务的犯罪、利用信息网

〔1〕 参见苏青：《认识网络犯罪：基于类型思维的二元视角》，载《法学评论》2022 年第 2 期。

络实施的犯罪主要是从网络犯罪事实的角度予以观察并从刑法规范评价的角度得以确定的犯罪类型,而面向人工智能时代的网络犯罪由于目前尚未全部被刑法予以全面评价,因而至少可以说其中一部分是从网络犯罪事实的角度予以观察而得出的犯罪类型。

第二章　网络犯罪的刑法任务

“人类社会发展经验表明,刑法存在的正当性,在于它对于保障社会团体和睦昌盛的共同生活有着无可争议的必要性。”[1] 刑法存在的正当性,无疑表明了刑法任务的存在,而网络犯罪作为刑法评价的对象,毫无疑问,也在刑法上存在对其规制的任务。

第一节　网络犯罪刑法任务的梳理

网络犯罪的刑法任务属于刑法任务的具体类型,而刑法任务在理论上主要有法益保护说和规范维护说两种不同的观点。对于网络犯罪的刑法任务而言,也不例外。

一、法益保护说

法益保护说强调,刑法任务在于保护法益。“刑法的首要任务是,保护现

---

〔1〕［德］约翰内斯·韦塞尔斯:《德国刑法总论》,李昌珂译,法律出版社2008年版,第5页。

实社会中重要的并且是最基本的价值或法益(保护法益)。”[1]而要清晰理解此种刑法任务,关键要弄清法益的概念以及法益种类的划分。

(一)法益概念的理解

自德国学者宾丁首次提出法益概念以来,法益至今已有150多年的历史,关于其界定,可谓众说纷纭。“法益的定义至今仍然没有得到成功而明确的说明,因而不能提供一个可以在法律上作为基础的和内容上令人满意的界限。”[2]

法益由“法”和“益”组成,如果要理解法益,便离不开对“法”和“益”的探讨。关于“法”的理解,理论上主要有三种观点:第一种观点认为“法”超越了实定法的意义,表明的是先法性或者前实定性;第二种观点认为“法”是宪法;第三种观点认为“法”指的仅是刑法。关于“益”的理解,理论上也有三种观点:第一种观点认为“益”属于“财”(Gut),如比恩鲍姆(Birnbaum)就认为刑法保护的就是各种“财”;第二种观点认为“益”指的是“权利”,如费尔巴哈认为犯罪是对权利的侵害;第三种观点强调“益”为生活利益,如李斯特就指出,法益是指法所保护的利益,且这种利益就是生活利益。[3] 随着法益保护说的不断发展,持该学说的大多数论者认同“益”属于生活利益的观点。之所以如此,在于生活利益来源于生活,独立于法律而存在,且又避免了“财”的具体性、“权利”无法解释所有犯罪本质的局限性,因而生活利益也就成为了“益”的典型表述。但是,由于上述有关“法”的不同观点,因而在法益保护说内部衍生出三类法益的概念,即先法性法益、宪法性法益和刑法性法益三种观点。“根据法益与实定法之间关系的不同,刑事法意义上的法益往往被区分为先法性法益、宪法性

---

〔1〕 [日]西田典之:《日本刑法总论》,王昭武、刘明祥译,法律出版社2013年版,第24~25页。

〔2〕 [德]克劳斯·罗克辛:《德国刑法学总论》(第1卷),王世洲译,法律出版社2005年,第14页。

〔3〕 参见[日]大冢仁:《刑法概説》,有斐阁2008年版,第91页。

法益和刑法性法益。"[1]其中,先法性法益强调法益是先于法律而存在的,宪法性法益体现的是法益是存在于宪法之后、刑法之前的,而刑法性法益才是受到刑法所保护的。目前来看,对于这三类法益之间的关系,学界并未予以很好地厘清。

(二)法益种类的划分

法益的种类,是根据法益主体进行的法益分类,理论上主要有以下三种不同的分类方法。

一是三元论,即法益分为国家法益、社会法益和个人法益。其中,国家法益是指以国家作为法律人格者所拥有的公法益;社会法益是指以社会整体作为法律人格者所拥有的社会共同生活的公共利益;个人法益是指自然人所拥有,并由刑法加以保护的重要生活利益。[2]

二是二元论,具体又细分三类,即超个人法益和个人法益、整体法益(公法益)和个人法益、集体法益(集合法益)和个人法益。如前所述,个人法益相对好理解,对于超个人法益,一般是国家法益和社会法益的统称,如张明楷教授认为,在可以区分的场合对国家法益和社会法益予以区分,在难以区分的场合,用超个人法益来表述其法益主体,也未尝不可。[3] 对于整体法益,与超个人法益类似,林山田教授就将国家法益和社会法益合称为整体法益(公法益)。[4] 对于集体法益(集合法益),德国学者洛塔尔·库伦认为,有必要将重要的共同体利益视作集体性的保护利益。[5] 这种情形特别是在关注累积犯时容易被讨

[1] 姜涛:《刑法总论入门笔记》,法律出版社2018年版,第122页。
[2] 参见林山田:《刑法特论》(上册),台北,三民书局1978年版,第8~9页。
[3] 参见张明楷:《刑法学》(上册),法律出版社2021年版,第81~82页。
[4] 参见林山田:《刑法特论》(上册),台北,三民书局1978年版,第9页。
[5] 参见[德]洛塔尔·库伦:《法益理论与新形式犯罪类型》,载《苏州大学学报(法学版)》2021年第2期。

论,正如有论者所言,累积犯在现行法中扮演重要的角色,在保护集体法益上甚至成为刑法构成要件真正的模板原型。

三是一元论,即所有的法益都是个人法益。理论上,又分为早期一元论和缓和一元论。其中,早期一元论的首倡者米歇尔·马克思就指出,法益是个人为了自由的自我实现所需要的对象,立法者只有在某种对象服务于个人的自我实现时,才能被确认为法益。〔1〕换言之,刑法没有直接保护个人法益的,就应从核心刑法中排除。〔2〕缓和一元论承认集体法益并主张将其纳入个人法益的范畴内。诚如罗克辛所言,法益是对个人自由发展、个人基本权利的实现以及建立在此目标之上的国家系统的正常运转所必不可少的现实存在或目标设定。〔3〕

二、规范维护说

规范维护说指出,刑法的任务在于维护规范的效力。"犯罪的本质是对刑法规范的否定,刑法的目的与任务是维护刑法规范的效力,而不是保护法益。"〔4〕而如何维护好规范的效力,有必要把握规范定位的历程以及规范种类的划分。

(一)规范维护说的发展历程

规范维护说的早期理论更多地强调对社会伦理规范的维护,此时的学说也可以称为旧规范维护说(或者是社会伦理规范维护说)。该说认为,犯罪的本

〔1〕 Vgl. Michael Marx, *Zur Definition des Begriffs Rechtsgut: Prolegomena einer materialen Verbrechenslehre*, Carl Heymann Verlag, 1972, S. 62 – 63.

〔2〕 Vgl. Olaf Hohmann, *Das Rechtsgut der Umweltdelikte: Grenzen des strafrechtlichen Umweltschutzes*, Peter Lang, 1991, S. 143.

〔3〕 Vgl. Claus Roxin, *Strafrecht Allgemeiner Teil*, Band Ⅰ, C. H. Beck, 2006, § 2, Rn. 7.

〔4〕 张明楷:《法益初论》(上册),商务印书馆2021年版,第435页。

质在于违反法规范背后的规范，而这种规范可以视为社会伦理规范。例如，团藤重光就指出："从实质上说，是对整体法秩序的违反，是对作为法秩序基础的社会伦理规范的违反。"〔1〕又如，曾根威彦也认为，刑法的任务在于维护社会伦理秩序，只要有必要，就可以仅以行为的不道德性为理由而将其规定为犯罪并进行处罚。〔2〕再如，前田雅英也主张，其实质的特色在于用违反道义秩序、缺乏社会的相当性来说明法规范违反的内容。〔3〕或者说，刑法的任务是对国民的现实的反道义行为进行惩罚报应，以彰显、证明道义。〔4〕也如迈耶所言，犯罪是难以忍受地侵害了伦理秩序。〔5〕

随着规范维护说的发展，"尽量淡化其伦理特征的趋势"〔6〕的新规范维护说（或说是法规范维护说）得以产生。新规范维护说，旨在重视对法规范效力的维护，犯罪的实质在于对法规范的否认。比如，冯军教授就指出："法规范维护说认为，不法是对法规范的否认，是用法规范共同体成员会认真对待的方式宣称法规范的无效力。"〔7〕又如，雅克布斯就强调："犯罪，就是一个具有理性和人格之人所为的，在一个现实的国家团体秩序中对规范的否认，破坏以及攻击规范效力的行为。"〔8〕再如，川口浩一认为刑法的任务不在于保护法益，而是规范的自我维护，即通过积极的一般预防实现对规范妥当性的保护。〔9〕还如，金

〔1〕［日］团藤重光：《刑法綱要総論》，创文社1990年版，第188页。

〔2〕参见［日］曾根威彦：《刑法総論》，弘文堂2008年版，第7页。

〔3〕参见［日］前田雅英：《刑法総論講義》，東京大学出版会2019年版，第38页。

〔4〕参见［日］小野清一郎：《新訂刑法講義總論》，有斐阁1952年版，第18页。

〔5〕转引自［德］卡尔·恩吉斯：《法律思维导论》，郑永流译，法律出版社2004年版，第120页。

〔6〕［日］曾根威彦：《刑法学基础》，黎宏译，法律出版社2005年版，第93页。

〔7〕冯军：《刑法教义学的立场和方法》，载《中外法学》2014年第1期，第187页。

〔8〕吴情树：《京特·雅克布斯的刑法思想介评》，载赵秉志主编：《刑法论丛》第21卷，法律出版社2010年版，第463页。

〔9〕参见川口浩一：《ドイツにおける法益保護主義批判とそれに対する反論》，载《刑法雑誌》2007年第1号。

德霍伊泽尔指出:“刑罚的目的在于,保障这种行为规范得到遵守。故刑罚的目的是对(事实上的)规范效力的维护。”〔1〕

(二)规范种类的划分

按照新规范维护说的理解,规范一般分为行为规范(或称举止规范)和裁判规范(或称制裁规范)。其中,行为规范是以社会一般人为约束对象的,是指引社会一般人禁止从事或者应当从事一定行为的规范;裁判规范是以裁判者为约束对象的,是指导裁判者判断行为主体的行为是否构成犯罪以及对犯罪如何科处刑罚的规范。诚如有论者所总结的那样,针对一般人的命令、禁止,是一般人的行动指南;而裁判规范针对司法工作人员的命令、禁止,是法官等在定罪量刑时的指南。〔2〕

而在行为规范内部,又有不同类别的划分。一方面,存在禁止规范与命令规范之分。其中,禁止一般人实施一定行为为内容的规范是禁止规范,说明其在行为规范中承载着“禁止或不得如何行为”的内容;命令一般人实施一定行为为内容的规范是命令规范,表明其在行为规范中承载着“应当或必须如何行为”的内容。另一方面,与禁止规范与命令规范相对应的是容许规范与豁免规范之分。其中,容许规范指的是特定情况下实施禁止的行为可以排除禁止规范适用的规范;豁免规范则是特定情况下不按照命令行事的行为可以排除命令规范适用的规范。对于以上不同类别规范的划分,诚如有论者所总结的,禁止规范禁止人们实现法律上规定的事实,即要求人们不作为,命令规范要求人们阻止法律上规定的事实的实现,即要求人们积极地作为;容许规范排除的是禁止

---

〔1〕 [德]乌尔斯·金德霍伊泽尔:《法益保护与规范效力的保障:论刑法的目的》,陈璇译,载《中外法学》2015年第2期。

〔2〕 参见黎宏:《刑法学总论》,法律出版社2016年版,第8页。

规范,而豁免规范排除的是命令规范。[1]

三、双重任务说的提倡

根据前述,刑法任务有法益保护说和规范维护说的不同观点。法益保护说,重在强调刑法的任务在于保护法益,而规范维护说,意在指出刑法的任务在于维护规范的效力。理论上两类学说的对立,一度成为常态。例如,德国学者雅克布斯就认为,刑法的任务不是保护法益,而是证明规范的有效性,刑罚的意义在于宣告“行为人的主张是不足为据的,并且规范一如既往地继续有效”[2]。而我国的张明楷教授却指出:“事实上《刑法》第 2 条与第 13 条都说明了刑法的任务是保护法益,《宪法》第 28 条的规定也意味着制裁和惩办犯罪行为是为了保护法益。”[3]

但在本书看来,法益保护说与规范维护说并非相互对立,诚如德国学者金德霍伊泽尔认为:“将法益保护和规范效力的保障看成是相互对立,甚至是相互排斥的刑法目的,这种观点从第一眼看上去就极其令人惊讶。”[4]更进一步地从法益保护说与规范维护说背后所倡导的结果无价值和行为无价值的立场上来说,不可能无视结果无价值来讨论刑法中的违法性,行为无价值以结果无价值为前提,同时使作为结果无价值的事态的刑法上的意义更为明确,故应将二者并合起来考虑。因此,笔者认为,有必要提倡法益保护说与规范维护说相

---

〔1〕 参见[德]乌尔斯·金德霍伊泽尔:《刑法总论教科书》,蔡桂生译,北京大学出版社 2015 年版,第 22 页。

〔2〕 [德]雅克布斯:《刑法保护什么:法益还是规范效力?》,载渥美东洋等编:《刑事法学的现实和发展:齐藤诚二先生古稀纪念文集》,信山社 2003 年版。

〔3〕 张明楷:《刑法学(上)》,法律出版社 2021 年版,第 78 页。

〔4〕 [德]乌尔斯·金德霍伊泽尔:《法益保护与规范效力的保障:论刑法的目的》,陈璇译,载《中外法学》2015 年第 2 期。

结合的双重任务说。也即,刑法的任务在于维护规范的效力,只有维护好了规范的效力,才能更好地保护法益。“刑罚只能以通过维护行为规范的效力、强化国民对规范之信赖的方法,间接实现法益保护。”[1]而网络犯罪属于犯罪的具体类型,对其进行刑法评价时也肩负着双重任务的履行。也即,既要重视对规范效力的维护,也要重视对法益的保护。

与此同时,在本书所主张的双重任务说下,前文有关法益保护说和规范维护说的争议应作如下理解。

就法益保护说而言,法益的“益”指的是生活利益,“所有的法益,无论是个人的利益,还是集体的利益,都是生活利益,这些利益的存在并非法制的产物,而是生活本身的产物”[2]。更准确地讲,其是人的生活利益。对于先法性法益、宪法性法益、刑法性法益的关系,在笔者看来,三者并不是相互冲突的,认可先法性法益,意味着先于实定法关注到了人的生活利益;主张宪法性法益,旨在说明人的生活利益受到了宪法关注,即受到了宪法所确立的法秩序的承认或者保护,但在进入刑法保护之前,无疑给立法者是否以刑法来保护提供了立法考量的空间;坚持刑法性法益,则说明了现行刑法保护了哪些生活利益。进一步来说,三者并非呈现彼此割裂的关系。由于先法性法益完全弱化了“法”的作用,因而其所指的就是人的生活利益。这利于从犯罪学上对其进行关注,毕竟犯罪学乃事实学,重在从事实上识别生活利益的存在与否或重要程度。[3] 考虑到宪法性法益是在宪法确立的法秩序下关注人的生活利益,因而谈论法益时

〔1〕[德]乌尔斯·金德霍伊泽尔:《法益保护与规范效力的保障:论刑法的目的》,陈璇译,载《中外法学》2015 年第 2 期。

〔2〕陈兴良:《刑法教义学中的规范评价》,载《法律科学》2023 年第 2 期。

〔3〕需要澄清的是,事实上识别的并非仅限于先法性法益的生活利益,对于宪法性法益和刑法性法益的生活利益仍然可以识别。

通常指的是宪法性法益,同时鉴于法益既有“法”也有“益”,由此有必要将法益界定为,根据宪法由法所保护的人的生活利益。换言之,法益首先是宪法性法益,若现有刑法已对其进行保护了,那就是刑法性法益了。对于先法性法益,考虑到实定法的有无,并不影响人的生活利益的客观存在,因此本书直接以人的生活利益指代先法性法益。而对于网络犯罪所侵害的法益而言,亦不例外。其中,若由宪法所确立的法秩序未对某网络行为所侵害的人的生活利益作出保护的,则是先法性法益;若在现有刑法规定之前得到法秩序承认或者保护的,则为宪法性法益;若现有刑法已经作出保护的,那么就是刑法性法益了。就法益的种类划分而言,本书承认这种划分的作用。根据前述论证,毕竟法益乃法所保护的人的生活利益,人的生活利益不仅包括个人的生活利益,而且涉及人们的生活利益,由此而言,无论是三元论,还是二元论,都有其划分的合理性。对于一元论,也有其道理,毕竟人们生活利益的保护最终还是保护了社会生活下个人的生活利益。不过,需要说明的是,仅从刑法上看,区分个人法益和其他法益(包括国家法益、社会法益、超个人法益、整体法益、公法益或集体法益)很有必要。如果非要将所有其他法益都还原为个人法益并直至这些被还原的个人法益遭受侵害时才介入刑法的话,恐怕为时已晚,尤其在网络技术飞速发展的今天,若刑法等到某网络行为只有侵害个人法益时才考虑介入怕是造成的危害后果难以估量。因此,刑法有必要关注人们的生活利益,即应重视对其他法益给予及时的刑法保护。不过,为了避免这些法益的精神化、空泛化,刑法的介入最终要考虑到能否满足人们的生活需要,完全与人们的生活需要没有关联的其他法益,也应摈弃。

就规范维护说而言,本书倾向于新规范维护说,即刑法的任务是维护法规范的效力,而非旧规范维护说所主张的维护社会伦理规范的效力。这是因为,一方面,随着社会的发展,所要规制的犯罪越来越呈现出去社会伦理化的特征,其中，所要规制的网络犯罪就是适例，毕竟绝大多数网络犯罪行为并非具有反伦理道德性。另一方面，坚持社会伦理规范维护说，也容易导致刑法的道德化，而受制于伦理道德的影响，势必会影响刑法的有效适用。正如井田良在反对运用刑罚处罚单纯违反伦理道德行为时所指出的那样，之所以反对，是因为伦理道德因人因地而异，从历史上看也是一个不断变化的范畴，并不适合成为用刑罚予以保护的对象，而且伦理道德是个人基于内心自发地遵守，不应由国家来强制。[1] 不过，由此面临的问题在于，行为规范、裁判规范是否仅表现在刑法上？笔者认为，不能仅作此理解。这是因为，在前置法上也存在行为规范和裁判规范之分。比如，民法学者黄茂荣就曾在民法上对行为规范和裁判规范作了界定："法律或法律规定之意旨，若在要求受规范之人取向于它们而为行为，则它们便是行为规范；法条或法律规定之意旨，若在要求裁判法律上争端之人或者机关，以它们为裁判之标准进行裁判，则它们便是裁判规范。"[2]

第二节　网络犯罪的刑法立法任务

网络犯罪的刑法立法是一项有自觉目的的活动，其中，目的集中体现在明确刑法立法的任务，而在明确刑法立法任务之前，有必要了解我国网络犯罪刑法立法的各个阶段。

一、网络犯罪刑法立法的阶段

网络发展与刑法立法有着密切的联系。自 1997 年《刑法》规定计算机犯

---

〔1〕 参见[日]井田良：《講義刑法学・総論》，有斐阁 2008 年版，第 21 页。

〔2〕 黄茂荣：《法学方法与现代民法》，中国政法大学出版社 2001 年版，第 110～111 页。

罪的罪名以来,有关网络犯罪的刑法立法,先后历经了起步、扩充和发展三个阶段。

(一)网络犯罪刑法立法的起步阶段

网络犯罪刑法立法的起步阶段,始于1997年《刑法》的施行。在此阶段,主要在刑法分则第6章“妨害社会管理秩序罪”的第1节“扰乱公共秩序罪”里规定了2个计算机犯罪的罪名和1项利用计算机实施犯罪定罪处罚的规定。具体而言:一是在《刑法》第285条规定了非法侵入计算机信息系统罪,即对违反国家规定,侵入国家事务、国防建设、尖端科学技术领域的计算机信息系统的情形作出刑罚处罚的规定。二是在《刑法》第286条规定了破坏计算机信息系统罪。此罪名的设立,不仅能打击非法对计算机信息系统功能进行删除、修改、增加、干扰,造成计算机信息系统不能正常运行的行为,也能打击非法对计算机信息系统中存储、处理或者传输的数据和应用程序进行删除、修改、增加的操作的行为,还能打击故意制作、传播计算机病毒等破坏性程序,影响计算机系统正常运行的行为。三是在《刑法》第287条对利用计算机实施犯罪作出定罪处罚的规定,即对利用计算机实施金融诈骗、盗窃、贪污、挪用公款、窃取国家秘密或者其他犯罪的行为,作出依照刑法有关规定定罪处罚的规定。总之,诚如时任全国人民代表大会常务委员会副委员长王汉斌所总结的那样:“针对计算机犯罪日趋严重的情况,增加了对违反国家规定,侵入国家事务、国防建设、尖端科学技术等重要领域的计算机信息系统,故意制作、传播计算机病毒等破坏性程序等犯罪的规定。同时规定,利用计算机实施金融诈骗、盗窃、贪污、挪用公款、窃取国家秘密或者其他犯罪的,依照本法有关规定定罪处罚。”[1]

由此可见,计算机信息系统已正式成为刑法保护的对象,尤其是国家事务、

---

〔1〕 高铭暄:《新中国刑法立法文献资料总览》,中国人民公安大学出版社2015年版,第776页。

国防建设、尖端科学技术领域的计算机信息系统,受到更为严格的保护。与此同时,立法者也注意到了利用计算机实施犯罪的危害,尽管对此未增设新的罪名,但毕竟作出了提示裁判者依照刑法有关规定进行定罪处罚的规定。据此可以说,保护计算机信息系统免受非法侵入,其功能免受非法删除,其存储、处理或传输的数据和应用程序免受删除、修改、增加的操作以及计算机信息系统的运行免受制作、传播计算机病毒等破坏性程序的影响,是此阶段网络犯罪刑法立法的最大特点。

(二)网络犯罪刑法立法的扩充阶段

自2009年施行《刑法修正案(七)》以来,网络犯罪的刑法立法便进入了扩充阶段。在此阶段,《刑法修正案(七)》第9条在《刑法》第285条中新增了两款规定。详言之:一是在《刑法》第285条中新增了第2款,规定了非法获取计算机信息系统数据、非法控制计算机信息系统罪。也即,对于违反国家规定,侵入《刑法》第285条第1款规定以外的计算机信息系统或者采取其他技术手段,获取该计算机信息系统中存储、处理或者传输的数据,或者对该计算机信息系统实施非法控制的情形,作出明确的处罚。二是在《刑法》第285条中新增了第3款,规定了提供侵入、非法控制计算机信息系统程序、工具罪。进一步而言,该条第3款的规定,不仅能打击提供专门用于侵入、非法控制计算机信息系统的程序、工具的行为,也能对明知他人实施侵入、非法控制计算机信息系统的违法犯罪行为而为其提供程序、工具的行为进行规制。

相比起步阶段,此阶段刑法立法的特点表现在:其一,扩大了计算机信息系统保护的范围,即从保护国家事务、国防建设、尖端科学技术这一特定领域的计算机信息系统转向了保护所有领域的计算机信息系统。其二,重视对计算机信息系统中存储、处理或者传输数据的保护,即丰富了计算机信息系统中数据的保护。毕竟在起步阶段,更多的是对计算机信息系统中存储、处理或者传输的数据进行删除、修改、增加操作行为的打击,却未明确规定对其中存储、处理或者传输的数据进行保护的条款。其三,对防止计算机信息系统被非法控制作出了规定,与起步阶段只打击破坏计算机信息系统的行为相比,此阶段显然增加了打击侵犯计算机信息系统的行为类型。其四,明确将提供专门用于侵入、非法控制计算机信息系统的程序、工具这一帮助行为予以正犯化。恰如有论者所言,这一规定将典型的网络犯罪帮助行为予以正犯化处置,加强了刑法对于网络犯罪上游帮助行为的打击,使刑法的打击半径予以扩张和延伸。〔1〕 总之,相比起步阶段,此阶段计算机信息系统保护的范围,其中要保护的数据,要打击的行为类型明显扩大、丰富、增加了。不过,要指出的是,这些变化在本书看来,仍然是围绕计算机信息系统安全展开的,此乃扩充阶段网络犯罪刑法立法的典型特点。正如有论者所强调的,为了加强对计算机信息系统安全的保护,本次刑法修订往前迈了一大步,不仅将本罪对象扩大到特定领域的计算机信息系统之外的所有计算机信息系统,也对明知他人实施侵入、非法控制计算机信息系统的违法犯罪行为而为其提供程序、工具的行为也予以专门规定。〔2〕

(三)网络犯罪刑法立法的发展阶段

2015 年《刑法修正案(九)》的通过,意味着网络犯罪的刑法立法进入了发展阶段。在此阶段,《刑法修正案(九)》涉及网络犯罪的立法规定共有 4 条。其中,《刑法修正案(九)》第 26 条、第 27 条分别在《刑法》第 285 条、第 286 条中增加了单位犯罪的条款,《刑法修正案(九)》第 28 条在《刑法》第 286 条后新

---

〔1〕 参见于冲:《网络犯罪罪名体系的立法完善与发展思路——从 97 年刑法到〈刑法修正案(九)草案〉》,载《中国政法大学学报》2015 年第 4 期。

〔2〕 参见葛磊:《〈刑法修正案(七)〉深度解读与实务》,中国法制出版社 2009 年版,第 174 ~ 175 页。

增了 1 个罪名的规定,《刑法修正案(九)》第 29 条在《刑法》第 287 条后新增了 2 个罪名的规定。具体来说:一是在《刑法》第 285 条和第 286 条中,对之前的非法侵入计算机信息系统罪、非法获取计算机信息系统数据、非法控制计算机信息系统罪、提供侵入、非法控制计算机信息系统程序、工具罪以及破坏计算机信息系统罪规定了单位犯罪。也即,单位犯罪的,对单位判处罚金,并对其直接负责的主管人员和其他直接责任人员,依照各罪名的规定处罚。二是在《刑法》第 286 条后增加了第 286 条之一,规定了拒不履行信息网络安全管理义务罪。根据该条的规定,网络服务提供者不履行法律、行政法规规定的信息网络安全管理义务,经监管部门责令采取改正措施而拒不改正,致使违法信息大量传播、用户信息泄露且造成严重后果、刑事案件证据灭失且情节严重或者有其他严重情节的,要承担刑事责任。三是在《刑法》第 287 条后分别增加了第 287 条之一、第 287 条之二,规定了非法利用信息网络罪和帮助信息网络犯罪活动罪。对于前者,旨在惩治的是三类利用信息网络实施的行为,即设立用于实施诈骗、传授犯罪方法、制作或者销售违禁物品、管制物品等违法犯罪活动的网站、通讯群组的行为,发布有关制作或者销售毒品、枪支、淫秽物品等违禁物品、管制物品或者其他违法犯罪信息的行为,以及为实施诈骗等违法犯罪活动发布信息的行为。对于后者,意在对明知他人利用信息网络实施犯罪,为其犯罪提供互联网接入、服务器托管、网络存储、通信传输等技术支持,或者提供广告推广、支付结算等帮助的行为进行规制。

相比网络犯罪刑法立法的起步阶段、扩充阶段,此阶段的刑法立法有两方面表现:一方面,从对计算机信息系统安全的重视转向了对信息网络安全的重视,特别是重视对网络服务提供者不履行信息网络安全管理义务行为的刑法调整。另一方面,从对利用计算机技术实施犯罪行为的打击转向了重视对利用信息网络实施犯罪行为的打击。其实,这从非法利用信息网络罪、帮助信息网络犯罪活动罪的设立就能看出。实际上,对于后一表现,即对利用信息网络实施犯罪行为的打击,体现的也是对信息网络安全的重视,毕竟非法利用信息网络罪、帮助信息网络犯罪活动罪的设立就能看出立法者重视对信息网络安全管理秩序的维护。由此,如果要说此阶段刑法立法的最大特点的话,本书认为,其所体现的是对信息网络安全的重视。为此,也有论者早就总结道,为了维护信息网络安全,《刑法修正案(九)》才完善了惩处网络犯罪的法律规定。[1]

二、网络犯罪刑法立法的任务与进路

根据前述论证,本书所主张的刑法任务既有法益保护说也有规范维护说,而网络犯罪刑法立法的任务属于刑法任务的具体类型,因此,本书认为网络犯罪刑法立法的任务也应坚守法益的保护和规范的维护。

(一)网络犯罪刑法立法的任务

由前述网络犯罪刑法立法的阶段可知,网络犯罪的刑法立法主要考虑的是能否将某一网络行为纳入刑法规制的范围,因而在本书看来,为了确保法益保护说和规范维护说的实现,有必要落实以下任务。

首先来看,网络犯罪的刑法立法在形式上要有利于法秩序的统一,此乃坚守规范维护说的表现。众所周知,法秩序是在宪法的根据下具体由法规范所构建并维系的,为了确保法秩序的统一,关键在于保持待立的法规范与现有的法规范之间的协调。而这种协调,就网络犯罪的刑法立法而言,具体体现在两个方面:一方面是保持刑法上待立的法规范与前置法上现有的法规范之间的协

〔1〕 参见付晓雅:《〈中华人民共和国刑法修正案(九)〉专题研究》,载《法学杂志》2015年第11期。

调;另一方面是保持刑法上待立的法规范与刑法上现有的法规范之间的协调。

而后来看,网络犯罪的刑法立法在实质上要有利于人的生活利益的保护,此举意在贯彻法益保护说。如前所述,网络犯罪的刑法立法旨在刑法上增设新的法规范,而在增设新的法规范之前,需要考虑的是,前置法上和刑法上现有的法规范能否充分保护人的生活利益,若能做到充分保护的,则在刑法上增设新的法规范的必要性欠缺,反之,才可以考虑通过在刑法上增设新的法规范来保护人的生活利益。

(二)网络犯罪刑法立法的进路

明确网络犯罪刑法立法的进路,旨在为从形式上确保法秩序的统一和从实质上保护好人的生活利益提供具体的刑法立法思路。

为从形式上确保法秩序的统一,具体将某一网络行为纳入刑法规制之前,需要考虑的是前置法上是否有调整某一网络行为的法规范。之所以如此,这是因为,网络是社会向前发展的产物,将实施网络行为侵犯生活利益的情形纳入刑法进而规定为犯罪的,更多的是法定犯,所以决定刑法立法与否时,应在前置法上判断是否有调整这一行为的法规范,特别要考虑是否有行为规范的存在。不过,要注意的是,前置法上是否有行为规范,只是决定网络犯罪刑法立法的前提条件,由此还要判断对此行为规范的违反是否有具体否定性的法律后果,同时要指出的是,前置法并非仅限于法律,而是应置入前置性规范(包括国家规定)的角度去理解。换言之,前置性规范有对某一网络行为侵犯生活利益的情形作出规定,且对其的违反有具体否定性法律后果的,才有考虑刑法立法的可能。例如,《网络安全法》第 14 条第 1 款规定:“任何个人和组织有权对危害网络安全的行为向网信、电信、公安等部门举报。”但该法对不予举报的行为,却未规定具体否定性的法律后果,此时这一不予举报的行为即使再严重,也不能进行刑法立法。反之,前置法上有行为规范,且对其的违反也规定了具体否定性法律后果的,当违反程度更严时,才有决定刑法立法的可能。

为从实质上保护好人的生活利益,本书认为,就网络犯罪的刑法立法而言,要分两类情况:一类情况是人的生活利益受到了现有法规范的保护,而要进行刑法立法的关键在于现有法规范的保护程度不充分。当前置法上现有的法规范不能对某一网络行为所侵害的人的生活利益起到充分保护作用的,则要判断刑法上现有的法规范能否起到进一步的保护作用,若不能的话,即原有保护法益的罪名不能有效规制的,则应在刑法上针对某一网络行为所侵害的人的生活利益进行单独立法。另一类情况是出现了新的人的生活利益,对于这种情况,本书认为,为了确保法秩序的统一,应优先从前置法上增设保护这一人的生活利益的法规范,当前置法(不限于法律层面)难以做到有效保护时,方可在刑法上针对这一人的生活利益增设新的法规范。总之,不论是人的生活利益受到了现有法规范的保护,还是出现了新的人的生活利益,就网络犯罪的刑法立法而言,诚如有论者所总结的那样:“刑法的使用应尽量慎重。在使用民事救济或者行政制裁等其他手段能够解决问题的时候,就应当使用其他制裁手段。只有在具有不得不使用刑罚进行处罚的法益侵害或者威胁的时候,才可以将该行为作为犯罪,动用刑罚手段进行制裁。”[1]

第三节　网络犯罪的刑法解释任务

美国学者罗斯科·庞德(Roscoe Pound)曾说过:“法律的生命在于其实施。”针对网络犯罪的刑法也不例外,其有效的实施就在于明确刑法解释的任

---

〔1〕 黎宏:《日本刑法精义》,法律出版社2008年版,第36页。

务，而在明确刑法解释任务之前，有必要回顾下我国网络犯罪司法解释的历程。

一、网络犯罪司法解释的历程

自1997年《刑法》规定计算机犯罪的罪名以来，我国网络犯罪的刑法立法是从重视计算机信息系统安全向维护信息网络安全的方向转变的，而在此立法转变的过程中，我国网络犯罪的司法解释也有此历程。

（一）涉及维护计算机信息系统安全的司法解释

从1997年《刑法》设立非法侵入计算机信息系统罪、破坏计算机信息系统罪以后，为了维护计算机信息系统安全，先后出台了以下司法解释。

2007年6月26日，为依法惩治危害军事通信的犯罪活动，维护国防利益和军事通信安全，最高人民法院出台了《关于审理危害军事通信刑事案件具体应用法律若干问题的解释》。其中，该解释第6条第3款就明确规定，违反国家规定，侵入国防建设、尖端科学技术领域的军事通信计算机信息系统，尚未对军事通信造成破坏的，依照《刑法》第285条的规定定罪处罚；对军事通信造成破坏，同时构成《刑法》第285条、第286条、第369条第1款规定的犯罪的，依照处罚较重的规定定罪处罚。

2011年8月1日，为依法惩治危害计算机信息系统安全的犯罪活动，最高人民法院、最高人民检察院颁布了《关于办理危害计算机信息系统安全刑事案件应用法律若干问题的解释》。该解释的颁布，可谓首次对非法侵入计算机信息系统罪、非法获取计算机信息系统数据、非法控制计算机信息系统罪、提供侵入、非法控制计算机信息系统程序、工具罪、破坏计算机信息系统罪适用所面临的问题做了较为全面的解释，尤其是对这些不同罪名的罪量要素、行为对象、单位犯罪、共同犯罪、犯罪竞合等问题做了较为完整的解释。

2016年12月23日，最高人民法院、最高人民检察院出台了《关于办理环境污染刑事案件适用法律若干问题的解释》。其中，第10条就强调了，应对违反国家规定，针对环境质量监测系统实施修改参数或监测数据、干扰采样致使监测数据严重失真、其他破坏环境质量监测系统的不法情形，或者强令、指使、授意他人实施这些行为的不法情形，以破坏计算机信息系统罪论处。

(二)涉及维护信息网络安全的司法解释

自《刑法修正案(九)》增设拒不履行信息网络安全管理义务罪、非法利用信息网络罪和帮助信息网络犯罪活动罪以来，为了能在司法实践中更好地维护信息网络安全，与之相关的司法解释也陆续予以出台。

2016年4月6日，最高人民法院出台了《关于审理毒品犯罪案件适用法律若干问题的解释》。其中，第14条就指出，对利用信息网络，设立用于实施传授制造毒品、非法生产制毒物品的方法，贩卖毒品，非法买卖制毒物品或者组织他人吸食、注射毒品等违法犯罪活动的网站、通讯群组，或者发布实施这些违法犯罪活动信息，情节严重的情形，应以非法利用信息网络罪定罪处罚。

2016年12月19日，为依法惩治电信网络诈骗等犯罪活动，保护公民、法人和其他组织的合法权益，维护社会秩序，最高人民法院、最高人民检察院、公安部公布了《关于办理电信网络诈骗等刑事案件适用法律若干问题的意见》。该意见规定，对于网络服务提供者不履行法律、行政法规规定的信息网络安全管理义务，经监管部门责令采取改正措施而拒不改正，致使诈骗信息大量传播，或者用户信息泄露造成严重后果的，以拒不履行信息网络安全管理义务罪追究刑事责任。同时构成诈骗罪的，依照处罚较重的规定定罪处罚。对于实施《刑法》第287条之一、第287条之二规定的行为，构成非法利用信息网络罪、帮助信息网络犯罪活动罪，同时构成诈骗罪的，依照处罚较重的规定定罪处罚。

2017 年 5 月 8 日，为依法惩治侵犯公民个人信息犯罪活动，保护公民个人信息安全和合法权益，最高人民法院、最高人民检察院公布了《关于办理侵犯公民个人信息刑事案件适用法律若干问题的解释》。其中，第 8 条规定，设立用于实施非法获取、出售或者提供公民个人信息违法犯罪活动的网站、通讯群组，情节严重的，应以非法利用信息网络罪定罪处罚。第 9 条规定，网络服务提供者拒不履行法律、行政法规规定的信息网络安全管理义务，经监管部门责令采取改正措施而拒不改正，致使用户的公民个人信息泄露，造成严重后果的，应以拒不履行信息网络安全管理义务罪处罚。

2017 年 7 月 21 日，为依法惩治组织、强迫、引诱、容留、介绍卖淫犯罪活动，最高人民法院、最高人民检察院颁布了《关于办理组织、强迫、引诱、容留、介绍卖淫刑事案件适用法律若干问题的解释》。其中，第 8 条第 2 款规定，利用信息网络发布招嫖违法信息，情节严重的，以非法利用信息网络罪定罪处罚。同时构成介绍卖淫罪的，依照处罚较重的规定定罪处罚。

2019 年 5 月 19 日，为依法严厉打击传播艾滋病病毒等违法犯罪行为，维护社会治安，最高人民法院、最高人民检察院、公安部、司法部公布了《关于依法严厉打击传播艾滋病病毒等违法犯罪行为的指导意见》。该意见规定，设立网站、通讯群组，用于销售谎称含有或者含有艾滋病病毒的血液等违法犯罪活动，情节严重的，以非法利用信息网络罪定罪处罚。

2019 年 9 月 2 日，最高人民法院、最高人民检察院出台了《关于办理组织考试作弊等刑事案件适用法律若干问题的解释》。其中，该解释第 11 条规定，设立用于实施考试作弊的网站、通讯群组或者发布有关考试作弊的信息，情节严重的，以非法利用信息网络罪定罪处罚；同时构成组织考试作弊罪、非法出售、提供试题、答案罪、非法获取国家秘密罪等其他犯罪的，依照处罚较重的规定定罪处罚。

2019 年 10 月 21 日，为依法惩治拒不履行信息网络安全管理义务、非法利用信息网络、帮助信息网络犯罪活动等犯罪，维护正常网络秩序，最高人民法院、最高人民检察院公布了《关于办理非法利用信息网络、帮助信息网络犯罪活动等刑事案件适用法律若干问题的解释》。该解释可以说，对拒不履行信息网络安全管理义务罪、非法利用信息网络罪、帮助信息网络犯罪活动罪适用所面临的主要问题作了较系统的阐释，特别是在各罪的罪量要素、部分构成要件要素（行为、行为对象）、单位犯罪、量刑情节上做了比较全面的解释。

2021 年 6 月 17 日，为了进一步依法严厉惩治电信网络诈骗犯罪，对其上下游关联犯罪实行全链条、全方位打击，最高人民法院、最高人民检察院、公安部公布了《关于办理电信网络诈骗等刑事案件适用法律若干问题的意见（二）》。该意见就明确了《刑法》第 287 条之二帮助信息网络犯罪活动罪中有关"帮助"行为、行为主体明知他人利用信息网络实施犯罪的认定。

综上，从网络犯罪司法解释的历程来看，涉及维护计算机信息系统安全的司法解释，总体较少。在涉及维护信息网络安全的司法解释上，专门针对拒不履行信息网络安全管理义务罪、非法利用信息网络罪、帮助信息网络犯罪活动罪的解释性规定目前只有一个，更多的是在出台办理其他刑事案件适用法律的若干问题时顺便对其中可能涉及以拒不履行信息网络安全管理义务罪、非法利用信息网络罪、帮助信息网络犯罪活动罪评价的情形作出了解释。

二、网络犯罪刑法解释的任务与进路

适用好有关网络犯罪的刑法规定，在本书看来，这需要在确立网络犯罪刑法解释任务的基础上明确解释的具体进路。

(一)网络犯罪刑法解释的任务

如前所述,刑法的任务,既有法益保护说,也有规范维护说,在对刑法进行解释时,这些学说也有充分的体现。从规范维护说来看,刑法的任务旨在维护规范的效力,由此表明了解释刑法的重心在于判断行为是否违反了规范。诚如雅克布斯所言:“刑法教义学的任务就是阐明那些人们所需要的原理,以便通过富有意义的行动与作为富有意义的犯行的犯罪相对抗。在犯行被实施之后,为了恢复被犯行人所否定的规范效力,就需要这种对抗。”〔1〕从法益保护说来看,刑法的任务意在保护法益,由此说明了解释刑法的重心在于行为是否侵犯了法益,〔2〕毕竟犯罪的实质在于行为侵犯了法益。主张规范维护说,是对形式违法性的坚守,恰如雅克布斯所言:“刑法保护的不是法益,而是规范效力。”〔3〕而认同法益保护说,则是对实质违法性的坚持,旨在“对构成要件的解释必须以法条的保护法益为指导,而不能仅停留在法条的字面含义上”〔4〕。

本书认为,在对刑法进行解释时,既要坚守形式违法性,也要认同实质违法性。之所以如此,有两个重要原因:一个是由刑法的双重任务决定的。一方面,行为主体的行为,给行为规范塑造的法秩序造成了冲击,由此刑法作出反映,施加以刑罚为核心载体的法律后果来证明行为规范的有效性;另一方面,行为规范背后存在要保护的法益,行为对于行为规范的违反,意味着对其背后所要保护的法益造成了侵犯。“只有当其违反规定共同生活目的之法秩序时,破坏或

---

〔1〕 冯军:《刑法教义学的立场和方法》,载《中外法学》2014年第1期。

〔2〕 本书在对“法益”使用“侵犯”一词时,一般包含了对法益的侵害以及造成侵害的危险,但由于“法益侵害”这一约定俗成提法的存在,因而“法益侵害”一词往往也包含着对法益造成侵害的危险。

〔3〕 Felix Herzog, Ulfrid Neumann, Winfried Hassemer, *Festschrift für Winfried Hassemer*, C. F. Müller, 2010, S. 593.

〔4〕 张明楷:《实质解释论的再提倡》,载《中国法学》2010年第4期。

危害法益才在实体上违法,对受法律保护的利益的侵害是实体上的违法,如果此等利益是与法秩序目的和人类共同生活目的相适应的。"〔1〕由此而言,刑法的任务既要维护行为规范的效力,也要保护法益。另一个是在司法适用上更利于坚守罪刑法定原则。刑法的生命在于实施,坚守形式违法性,可以说是坚持了罪刑法定原则的形式侧面,防止突破法秩序,保护不值得刑法保护的法益,毕竟"刑法并不禁止所有的法益侵害,仅仅禁止超出维持有秩序的社会生活所必需程度的法益侵害"〔2〕。认同实质违法性,可谓是坚守了罪刑法定原则的实质侧面,更利于法益的保护。综合两者,便能在司法适用上更好地限制司法权。诚如有论者所言:"在司法阶段则应考虑犯罪行为的刑事违法性,尤其是定罪量刑时,强调公民在法律面前人人平等,所以,有罪必罚,无罪不罚,同样行为应当依照刑法的规定受到同样处理,司法官员只能依照刑法的规定行事,则不能在刑法规范之外另立标准。"〔3〕针对网络犯罪进行刑法立法所形成的罪刑规范,由于属于刑法的必要组成部分,因而对其进行解释时,既要坚守形式违法性,也要认同实质违法性,如此才能更好地促使规范维护和法益保护双重任务的实现。

(二)网络犯罪刑法解释的进路

就网络犯罪的刑法解释而言,既要坚守形式违法性也要认同实质违法性,以更好地实现规范维护和法益保护的双重任务,本书认为,有必要遵循以下进路。

首先,应从形式上解释有关网络犯罪的刑法规定的犯罪构成,此乃坚守形

〔1〕[德]李斯特:《德国刑法教科书》,徐久生译,法律出版社2006年版,第201页。
〔2〕冯军:《刑法教义学的立场和方法》,载《中外法学》2014年第1期。
〔3〕周光权:《刑法总论》,中国人民大学出版社2011年版,第4页。

式违法性的表现。具体应根据有关网络犯罪的刑法条文及其概念、用语的字面含义来解释。当判断某一网络行为能否被有关网络犯罪的刑法规定所评价时，关键在于这一行为是否违反了该规定所蕴含的行为规范，只有违反行为规范的，才意味着这一行为的违法性。反之，若有关网络犯罪的刑法规定对某一网络行为没有规定的，那意味着这一行为没有违反该规定所蕴含的行为规范，如此则不能依照该规定作出入罪解释。概言之，诚如有论者所总结的，适用法律认定行为主体有罪的权力，终止于解释的边缘。[1]

其次，应从实质上解释有关网络犯罪的刑法规定的犯罪构成，这是认同实质违法性的表现。对此，更多的是从法益保护的立场解释有关网络犯罪的刑法规定。也即，解释该规定时重在识别其所保护的法益。之所以如此，诚如有论者所言："在刑法实质解释的方法选择中，在刑法实质解释的自我限度中，我们需要不断地重温和思索李斯特的著名论断：一切法律均是为了人的缘故而制定的。制定法律是为了保护人们的生存利益。"[2]当判断某一网络行为能否被该规定所评价时，关键在于这一行为能否对该规定所保护的法益构成侵害。若构成侵害，方能以该规定予以评价。

综上所述，网络犯罪的刑法解释先要遵循形式解释而后考虑实质解释，甚至可以说，形式解释在网络犯罪的刑法解释中发挥的是前提性解释的作用，而实质解释发挥的则是限定性解释的作用。如果某一网络行为没有违反刑法中的行为规范的，即从形式上解释其不构成犯罪的，无论行为如何侵害法益，也不能基于实质解释进而认定为犯罪。与之相应地，当从形式上能解释某一网络行

〔1〕参见［德］克劳斯·罗克辛：《德国刑法学总论》（第1卷），王世洲译，法律出版社2005年版，第79页。

〔2〕姜涛：《人之图像与刑法实质解释》，载《政法论坛》2013年第3期。

为构成犯罪,但从实质上无法解释这一行为侵害法益的,也不能就此认定这一行为最终就构成了犯罪。总之,面对网络犯罪,在根据刑法对其解释时,形式解释与实质解释呈现的并非对立、并列的关系,而是统一、递进的关系,在以形式解释为解释前提、实质解释为解释限定的情况下,方能根据刑法有效完成对网络犯罪的解释。

第三章　网络犯罪的行为主体

任何犯罪的实施都离不开行为主体的参与,而作为具体类型的网络犯罪也不例外。由我国刑法的规定可知,网络犯罪的行为主体,主要有两类。一类是通常类型的行为主体,即自然人和单位;另一类是特殊类型的行为主体,即网络服务提供者。

第一节　通常类型的行为主体

通常类型的行为主体,是在我国的刑法总则中就已明确规定的,其并非实施网络犯罪特有的行为主体,实际上也可以是实施其他犯罪的行为主体。

一、自然人

自然人,作为我国刑法中最具普遍意义的行为主体,也是网络犯罪行为主体的典型代表。

(一)自然人的界定

作为生物学意义上的自然人,传统观点认为,其所指的是具备刑事责任能力，实施危害社会的行为并且依法应负刑事责任的犯罪主体，[1]或说是实施刑法规定的危害社会行为、已达刑事责任年龄且具有刑事责任能力的人。[2] 但本书认为，这种观点是从四要件犯罪论的角度理解的，如果从阶层犯罪论角度理解的话，那么犯罪主体就是行为主体得出有罪结论后的提法。其实，在阶层犯罪论的不同阶层下，自然人有着不同的意义。从不法上说，自然人这一行为主体是必不可少的构成要件要素，缺少自然人，很多网络犯罪无从实施，有了自然人的存在，其所实施的行为才有侵害法益的可能；从罪责上说，自然人的法定年龄、精神状况则会影响罪责与否、罪责大小的判断。

（二）自然人的身份

在网络犯罪中，与自然人这一行为主体有关的主要是身份问题。也就是说，自然人的身份会影响定罪或者量刑，由此形成了身份犯。其中，以自然人的特殊身份作为构成要件要素的犯罪者乃真正身份犯；以自然人的特殊身份作为刑罚加重或减轻事由的犯罪者则为不真正身份犯。“前者指在欠缺身份的场合就一概不能肯定犯罪的成立，而后者指即便欠缺身份的场合也成立犯罪，但由于存在身份，刑罚被加重或者减轻。”[3]在网络犯罪中，无论是对于非法侵入计算机信息系统罪、非法获取计算机信息系统数据、非法控制计算机信息系统罪、提供侵入、非法控制计算机信息系统程序、工具罪、破坏计算机信息系统罪的实施，还是对于拒不履行信息网络安全管理义务罪、非法利用信息网络罪、帮助信息网络犯罪活动罪的实施，不要求自然人要有特殊的身份，但据此并不意味着网络犯罪里不存在身份犯。实际上，由《刑法》第 287 条有关利用计算机

---

〔1〕 参见高铭暄、马克昌：《刑法学》，北京大学出版社 2019 年版，第 79 页。

〔2〕 参见《刑法学》编写组：《刑法学》（上册 · 总论），高等教育出版社 2019 年版，第 138 页。

〔3〕 ［日］山口厚：《刑法总论》，付立庆译，中国人民大学出版社 2018 年版，第 36～37 页。

实施犯罪的定罪处罚的规定就可以看出，当具有特殊身份的自然人利用计算机实施有关犯罪时，便有成立身份犯的可能。

具体来说，一是以特定职务为内容的特殊身份，如利用网络技术或其属性私自开拆或者隐匿、毁弃电子邮件、电报的邮政工作人员；二是以特定职业为内容的特殊身份，如利用信息网络故意提供虚假信息诱骗投资者买卖证券、期货合约的证券交易所、期货交易所、证券公司、期货经纪公司的从业人员，证券业协会、期货业协会或者证券期货监督管理部门的工作人员；三是以特定义务为内容的特殊身份，如借助网络技术或其属性采取隐瞒手段进行虚假纳税申报或者不申报的纳税人、扣缴义务人；四是以特定地位为内容的特殊身份，如利用信息网络向社会公众提供虚假的财务会计报告严重损害他人利益的依法负有信息披露义务公司的自然人控股股东或者实际控制人；五是以特定组织为内容的特殊身份，如到我国境内利用信息网络发展黑社会性质组织成员的境外黑社会性质组织的人员；六是以欠缺特定资格为内容的特殊身份，如利用网络技术或其属性进行非法行医的未取得医生执业资格的人，等等。

二、单位

除自然人以外，利用网络技术或其属性实施值得刑法评价行为的单位往往也能成为网络犯罪的行为主体。

（一）单位的界定

自 1987 年 1 月 22 日通过的《海关法》第 47 条第 4 款规定“企业事业单位、国家机关、社会团体犯走私罪的，由司法机关对其主管人员和直接责任人员依法追究刑事责任”以来，单位就正式成为了行为主体。随后，历经《铁路法》和

10余部单行刑法的规定,[1]特别是在1997年《刑法》通过后,有关单位犯罪的条款在我国得到了进一步的完善。

通常认为,单位犯罪是指公司、企业、事业单位、机关、团体为单位谋取非法利益,或者以单位名义为本单位多数或者全体成员谋取非法利益,经单位决策机构决定,由直接责任人员实施的犯罪。在网络犯罪中,公司、企业、事业单位、机关、团体作为行为主体的情形也经常存在。相比自然人的网络犯罪,单位若要在网络犯罪中成为行为主体,需要有法律的规定。毕竟《刑法》第30条规定,法律规定为单位犯罪的,才负刑事责任。正如有论者所言:"依照我国刑法第30条的规定,成立单位犯罪,以该行为被'法律规定为单位犯罪'为前提。"[2]

(二)单位的类型

关于单位的类型,根据《刑法》第30条的规定,单位包括公司、企业、事业单位、机关、团体五类。就公司而言,其是指以营利为目的的法人组织,包括有限责任公司和股份有限公司。对于一人公司能否成为单位犯罪的行为主体,理论上有肯定说、否定说、折中说之分。本书主张肯定说,这是因为既然已将公司作为单位的具体类型,那么无论是一人公司也好,还是数人公司也罢,只要构成单位犯罪的,就不能基于刑罚执行的困难而否定其作为行为主体的存在。就企业而言,其是指具有一定的组织形式,以营利为目的从事商品、服务等经营活动的社会经济组织。就事业单位而言,指的是从事各种社会公益活动的组织,包括国有事业单位和集体事业单位。此外,就公司、企业、事业单位三者而言,根据1999年最高人民法院《关于审理单位犯罪案件具体应用法律有关问题的解

---

[1] 参见高铭暄、马克昌:《刑法学》,北京大学出版社2019年版,第98页。

[2] 黎宏:《刑法总论问题思考》,中国人民大学出版社2016年版,第204~205页。

释》第1条的规定,《刑法》第30条规定的公司、企业、事业单位,既包括国有、集体所有的公司、企业、事业单位,也包括依法设立的合资经营、合作经营企业和具有法人资格的独资、私营等公司、企业、事业单位。就机关而言,通常指的是履行国家的领导职能、管理职能、保卫职能的机构,包括政党、立法、司法、行政、军事等机关。关于机关能否成为单位犯罪的行为主体,理论上有肯定说、斟酌说之分。本书主张肯定说,对机关实施单位犯罪的,不能囿于刑罚执行困难、机关威信受损等原因而将其排除在单位犯罪的行为主体之外。就团体而言,其是社会团体的简称,指的是各种群众性团体组织,包括工会、共青团、妇联、学会、协会等。

无论何种类型的单位,要成为单位犯罪(包括网络犯罪在内)的行为主体,需要依法成立。若是非法成立的,则不是单位犯罪,而是个人犯罪。比如,《关于审理单位犯罪案件具体应用法律有关问题的解释》第2条就规定,个人为进行违法犯罪活动而设立的公司、企业、事业单位实施犯罪的,或者公司、企业、事业单位设立后,以实施犯罪为主要活动的,不以单位犯罪论处。2003年10月15日,最高人民法院研究室公布的《关于外国公司、企业、事业单位在我国领域内犯罪如何适用法律问题的答复》也规定,个人在我国领域内进行违法犯罪活动而设立的外国公司、企业、事业单位实施犯罪的,或者外国公司、企业、事业单位设立后在我国领域内以实施违法犯罪为主要活动的,不以单位犯罪论处。实际上,这在有关网络犯罪的司法解释性质文件上也得到了强调。例如,2017年6月1日,最高人民检察院印发的《关于办理涉互联网金融犯罪案件有关问题座谈会纪要》就规定,在涉互联网金融犯罪所涉罪名中,刑法规定应当追究单位刑事责任的,对同时具备三类情形且具有独立法人资格的单位,可以单位犯罪追究:第一类情形是犯罪活动经单位决策实施;第二类情形是单位的员工主要按照单位的决策实施具体犯罪活动；第三类情形是违法所得归单位所有，经单位决策使用，收益亦归单位所有。但是，单位设立后专门从事违法犯罪活动的，应当以自然人犯罪追究刑事责任。

对于单位的分支机构或者内设机构、部门能否成为单位犯罪的行为主体，2001年，最高人民法院《全国法院审理金融犯罪案件工作座谈会纪要》作出了解读，以单位的分支机构或者内设机构、部门的名义实施犯罪，违法所得亦归分支机构或者内设机构、部门所有的，应认定为单位犯罪。不能因为单位的分支机构或者内设机构、部门没有可供执行罚金的财产，就不将其认定为单位犯罪而按照个人犯罪来处理。在网络犯罪中，《关于办理涉互联网金融犯罪案件有关问题座谈会纪要》就进一步明确了，对参与涉互联网金融犯罪，但不具有独立法人资格的分支机构，如果全部或部分违法所得归分支机构所有并支配的，分支机构则作为单位犯罪的行为主体追究刑事责任；如果违法所得完全归分支机构上级单位所有并支配的，不能对分支机构作为单位犯罪的行为主体追究刑事责任，而是应当对分支机构的上级单位（符合单位犯罪主体资格）追究刑事责任。

（三）单位犯罪的分类

根据我国刑法的规定，单位犯罪可以分为真正的单位犯罪（或称纯正的单位犯罪）和不真正的单位犯罪（或称不纯正的单位犯罪）。其中，真正的单位犯罪是指只能由单位构成而不能由自然人构成的犯罪。比如，只有国家机关、国有公司、企业、事业单位、人民团体索取、非法收受他人财物，为他人谋取利益，情节严重的，才构成单位受贿罪。不真正的单位犯罪是指既可以由单位构成也可以由自然人构成的犯罪。

在网络犯罪中，相比真正的单位犯罪，不真正的单位犯罪占据绝大多数。

具体而言，在《刑法修正案（九）》生效后，《刑法》第285条的非法侵入计算机信息系统罪、非法获取计算机信息系统数据、非法控制计算机信息系统罪、提供侵入、非法控制计算机信息系统程序、工具罪和《刑法》第286条的破坏计算机信息系统罪都规定了单位犯罪。也即，这些犯罪既可以由自然人实施，也可以由单位实施。与之类似，《刑法》第286条之一的拒不履行信息网络安全管理义务罪、《刑法》第287条之一的非法利用信息网络罪和《刑法》第287条之二的帮助信息网络犯罪活动罪，由于都规定了单位犯罪，所以也属于不真正的单位犯罪。而在同时，根据《刑法》第287条的规定，利用计算机实施金融诈骗、盗窃、贪污、挪用公款、窃取国家秘密或者其他犯罪，如果既可以由单位构成也可以由自然人构成的，则是不真正的单位犯罪；若只能由单位构成而不能由自然人构成的，则为真正的单位犯罪。

第二节　特殊类型的行为主体

《刑法修正案（九）》第28条在《刑法》第286条后增加一条，作为《刑法》第286条之一，其中就规定了网络服务提供者（Internet Service Provider），尽管自然人、单位都可以成为网络服务提供者，但由于网络服务提供者被规定在有关网络犯罪的刑法规定之中，因而笔者将其视为特殊类型的行为主体。

一、网络服务提供者的界定

网络服务提供者，属于《刑法》第286条之一拒不履行信息网络安全管理义务罪的行为主体。关于其界定方式，归纳起来，主要有两类。一类是落脚于特殊主体的角度进行界定。比如，有观点认为，网络服务提供者是指不参与内容制作,也不以自己的名义发布内容的互联网服务提供者。[1] 或者认为,网络服务提供者是网络运营者的一种,因为《网络安全法》第 76 条第 3 项规定:“网络运营者,是指网络的所有者、管理者和网络服务提供者”。或者按照美国 1998 年颁布的《数字千年版权法》第 512 条的规定,将其界定为提供传输、路由或在用户指定的两点或多点之间,为该用户选择的材料提供数字网络通信连接,而不对发送或者接收的材料的内容进行任何更改的实体,甚至可以更广泛的定义为网上服务或者网络访问的提供商或相关设备的运营商。另一类是落脚于通常主体即单位、自然人的角度进行界定。比如,有论者就指出,网络服务提供者是指包括通过计算机互联网、广播电视网、固定通信网、移动通信网等信息网络向公众提供网络服务的机构和个人(自然人)。[2] 或说是通过信息网络为获取信息等目的提供服务或者为公众提供信息的单位或者自然人。[3]

对于以上两类界定的方式,笔者倾向于后者,即网络服务提供者的界定最终落脚于单位、自然人。由此而言,网络服务提供者指的便是提供网络服务的单位、自然人。

实际上,司法解释也认可了此点。根据最高人民法院、最高人民检察院《关于办理非法利用信息网络、帮助信息网络犯罪活动等刑事案件适用法律若干问题的解释》第 1 条的规定,[4] 网络服务提供者指的是提供信息网络接入、

---

〔1〕 参见刘文杰:《网络服务提供者的安全保障义务》,载《中外法学》2012 年第 2 期。

〔2〕 参见王爱立:《中华人民共和国刑法修正案(九)(十)解读》,中国法制出版社 2018 年版,第 193~194 页。

〔3〕 参见张新宝:《互联网上的侵权问题研究》,中国人民大学出版社 2003 年版,第 32 页。

〔4〕《关于办理非法利用信息网络、帮助信息网络犯罪活动等刑事案件适用法律若干问题的解释》第 1 条规定:“提供下列服务的单位和个人,应当认定为刑法第二百八十六条之一第一款规定的‘网络服务提供者’:(一)网络接入、域名注册解析等信息网络接入、计算、存储、传输服务;(二)信息发布、搜索引擎、即时通讯、网络支付、网络预约、网络购物、网络游戏、网络直播、网站建设、安全防护、广告推广、应用商店等信息网络应用服务;(三)利用信息网络提供的电子政务、通信、能源、交通、水利、金融、教育、医疗等公共服务。”

计算、存储、传输服务、提供信息网络应用服务或者利用信息网络提供公共服务的单位和个人(即自然人)。

二、网络服务提供者的分类

由于网络服务存在不同的种类,因而在不同的标准之下网络服务提供者有着不同的分类。

一是二分法的分类,即网络服务提供者分为为自己信息提供服务者和为他人信息提供服务者两类。具体而言,为自己信息提供服务者一般指的是内容服务提供者。为他人信息提供服务者也称为网络中间服务提供者,具体又细分为网络接入服务提供者、网络信息定位服务提供者、网络存储服务提供者和网络平台服务提供者。其中,网络接入服务提供者是指应他人要求为之提供网络服务的接入通道、设施或者对他人的信息提供传输服务者;网络信息定位服务提供者是指为网络用户提供搜索或者链接服务者;网络存储服务提供者是指以自己的服务器或者系统专门为网络用户提供临时或者长期信息存储空间的服务提供者;网络平台服务提供者是指作为中间服务提供者的平台,包括网络交易平台、社交平台、文件分享平台等。[1]

二是三分法的分类,即网络服务提供者分为中间服务提供者、互联网信息服务提供者和网络交易服务提供者三类。其中,中间服务提供者包括网络接入、服务器托管、网络存储、虚拟空间租用、通信传输等纯粹的网络技术服务提供者;互联网信息服务提供者是指在业务活动中更易于管理内容信息的网络服务提供者;网络交易服务提供者包括为网络商品交易、网络金融服务等市场交

〔1〕 参见杨彩霞:《网络服务提供者刑事责任的类型化思考》,载《法学》2018 年第 4 期。

易活动提供第三方交易平台的网络服务提供者。[1]

三是其他方法的分类。比如,以四分法的分类为例,有将网络服务提供者分为内容提供者、接入服务提供者、缓存服务提供者和存储服务提供者的情形,[2]也有将网络服务提供者分为信息接入/传输服务提供者、信息缓存服务提供者、信息存储服务提供者、信息定位(搜索、链接)服务提供者的情形。[3]又如,以五分法的分类为例,有将网络服务提供者分为信息接入和传输服务提供者、信息缓存服务提供者、信息存储服务提供者、信息定位服务提供者、网络平台服务提供者的情形,[4]也有将其分为网络接入服务提供者、网络平台服务提供者、缓存服务提供者、网络内容服务提供者、访问软件提供者的情形,[5]还有将其分为网络内容提供者、网络存储服务提供者、系统缓存服务提供者、网络接入服务提供者、信息定位服务提供者的情形。[6]

在本书看来,网络服务提供者类型的划分,有必要立足于《刑法修正案(九)》有关网络犯罪的条文特别是《刑法》第286条之一来确定,鉴于《刑法修正案(九)》有关网络犯罪的条文的共同特点在于都规定了“信息网络”。因此,本书认为网络服务提供者的划分有必要围绕信息网络来区分。具体而言,可将网络服务提供者分为信息网络内容服务提供者、信息网络中间服务提供者以及兼具两类服务的网络平台服务提供者。其中,就信息网络内容服务提供者而

---

〔1〕 参见皮勇:《论网络服务提供者的管理义务及刑事责任》,载《法商研究》2017年第5期。

〔2〕 参见王华伟:《网络服务提供者的刑法责任比较研究》,载《环球法律评论》2016年第4期。

〔3〕 参见陈洪兵:《论拒不履行信息网络安全管理义务罪的适用空间》,载《政治与法律》2017年第12期。

〔4〕 参见刘迎霜:《“使用即同意”规则与网络服务提供者的法律规制》,载《社会科学》2015年第7期。

〔5〕 参见涂龙科:《网络服务提供者的刑事责任模式及其关系辨析》,载《政治与法律》2016年第4期。

〔6〕 参见王莹:《网络信息犯罪归责模式研究》,载《中外法学》2018年第5期。

言,即上述所言的内容服务提供者,指的是提供信息网络内容服务的行为主体,其能主导信息网络内容服务的生成、发布、流转或者更改。就信息网络中间服务提供者而言,是指能为信息网络内容服务发挥中介作用的行为主体,实践中这一中介作用集中体现在技术层面,如发挥接入、缓存、存储或者信息定位的作用等。就网络平台服务提供者(网络平台)而言,对于有论者将其列为信息网络中间服务提供者的主张,[1]或者是将其列为信息发送方和信息接收方中介的观点,[2]笔者认为不妥,毕竟实践中网络平台服务提供者往往既提供信息网络内容服务也提供信息网络中间服务。比如,不少第三方支付平台在支付网络空间作为提供支付及其衍生业务的新型主体,往往能独自主导实施犯罪。[3]因此,笔者认为,不宜直接将网络平台服务提供者归入信息网络中间服务提供者的范畴,如果其既提供信息网络内容服务也提供信息网络中间服务的话,那么就宜将其作为独立类型的网络服务提供者来看待。

---

〔1〕 参见贾银生:《类型重塑与体系协调:网络服务提供者的刑事归责路径》,载《法律适用》2021年第6期。

〔2〕 参见童德华、马嘉阳:《拒不履行信息网络安全管理义务罪之"义务"的合理性论证及类型化分析》,载《法律适用》2020年第21期。

〔3〕 参见汪恭政、皮勇:《第三方支付平台犯罪及刑事责任研究》,中国社会科学出版社2020年版,第119页。

第四章　网络犯罪的行为类型

计算机技术的进步和网络的发展，在带给人们生活便利、推动社会发展的同时，也滋生了网络犯罪行为。诚如有论者所言："现在，网络几乎与公路网一样成为公共基础设施不可或缺的组成部分。毫不夸张地说，我们的生活世界因此跨入了一个全面的数字化时代。随着新型信息和通讯技术的发展，出现了新型的危害社会的和犯罪的行为方式。"〔1〕为了有效治理网络犯罪，弄清网络犯罪行为就很有必要。为此，本章拟在厘清网络犯罪行为的基础上重点解读其所存在的典型行为类型。

第一节　网络犯罪行为概述

任何犯罪离不开行为，"行为是刑法的基础，'无行为则无犯罪'这一法律格言广为流传，表明行为对于犯罪成立的决定意义"〔2〕。而作为犯罪类型之一

〔1〕［德］埃里克·希尔根多夫：《德国刑法学：从传统到现代》，江溯、黄笑岩等译，北京大学出版社2015年版，第422页。

〔2〕陈兴良：《"无行为则无犯罪"——为一条刑法格言辩护》，载《中外法学》1999年第5期。

的网络犯罪亦不例外,其实施也离不开网络犯罪行为。

一、网络犯罪行为的界定

为了更好地界定网络犯罪行为,在本书看来,需要把握网络犯罪行为的概念与特征。

(一)网络犯罪行为的概念

在界定网络犯罪行为之前,需要了解刑法上的行为。理论上,有关刑法上行为的界定,先后产生了多种理论。展开而言,因果行为论主张,将行为理解为一种因果事实,作为生理的、物理的过程来把握,具体又分自然行为论和有意行为论。其中,自然行为论认为,行为是相对于外部世界的身体活动,也可以说"是相对于外部世界的任意举止"〔1〕;有意行为论则认为,行为是基于意思的身体活动,即行为应由有体性、有意性组成。〔2〕 社会行为论强调,行为是具有社会意义的人的身体活动,也如有论者所言的"意思支配可能的具有某种社会意义的运动或者静止"〔3〕。目的行为论指出,行为是人实现一定目的的活动,即"把外在的因果事件引向目标的实现,从而使该事件处在目的性的决定之下"〔4〕。人格行为论主张,行为是人格主体的现实化。也即,人的身体活动,只有与其主体的人格态度相结合,并能认为是其人格主体的现实化时,才能认为是行为。〔5〕 本书认为,行为的界定,关键在于明确其所要界定的角度,如果不

---

〔1〕 [德]李斯特:《德国刑法教科书》,徐久生译,法律出版社2006年版,第176页。

〔2〕 参见[日]川端博:《現代刑法理論の現状と課題:川端博対談集》,成文堂2005年版,第66页。

〔3〕 [日]西原春夫:《刑法総論(上卷)》,成文堂1993年版,第105页。

〔4〕 [德]汉斯·韦尔策尔:《目的行为论导论:刑法理论的新图景》,陈璇译,中国人民大学出版社2015年版,第1页。

〔5〕 参见[日]团藤重光:《刑法綱要総論》,创文社1990年版,第67页。

立足构成要件而仅从犯罪事实的角度理解的话,则行为是人侵害人的生活利益的身体活动。如果认为行为属于客观构成要件要素的话,那么意味着其是行为主体实施的客观上侵害法益的身体活动。如果从不法上理解的话,特别是在承认不法的判断既要考虑客观构成要件符合性也要考虑主观构成要件符合性的情况下,则行为是基于行为主体的意思实施的客观上侵害法益的身体活动。如果从犯罪成立的最终意义上而言,行为则是不法且有罪责的身体活动。行为的界定,在本书看来,更多是从不法上去理解的,因而宜将其界定为基于行为主体的意思实施的客观上侵害法益的身体活动。

网络犯罪行为作为上述行为的具体类别,同时结合前文有关网络犯罪的两大特征,即网络技术或其属性的利用性、人的生活利益的侵害性,可以从不法上将网络犯罪行为界定为是基于行为主体的意思利用网络技术或其属性实施的客观上侵害法益的身体活动。

(二)网络犯罪行为的特征

基于以上有关网络犯罪行为的界定,在本书看来,网络犯罪行为具有以下基本特征。

1. 网络犯罪行为的有体性

网络犯罪行为的有体性,体现的是行为主体利用网络技术或其属性的身体活动性。相比刑法上的其他行为,这是网络犯罪行为的关键特征。“网络犯罪多指依靠互联网技术或者互联网平台对侵害目标或者犯罪对象进行利益侵害的行为。”[1]根据前述论证,对行为主体所利用的网络技术或其属性,有必要做广义理解。也即,既包括单纯利用计算机技术或其属性的情形,也涉及利用信息网络技术或其属性的情形。与此同时,需要强调的是,利用网络技术或其属

---

〔1〕 崔征:《论我国网络犯罪行为的刑法规制》,载《人民论坛》2016 年第 22 期。

性形成的思想活动,不是网络犯罪行为,只有利用网络技术或其属性表露于外的身体活动才能视为行为。此外,对于身体活动的判断,不是完全从生物学意义上考虑的,而是依据网络犯罪行为违反行为规范的角度去判断。身体活动既有积极的身体运动,也有消极的身体静止。“也就是说,就行为而言,不但包括属于身体的‘动’的作为,也包含属于身体的‘静’的不作为。”〔1〕对于前者,强调的是网络犯罪行为违反了禁止规范,而对于后者则是网络犯罪行为违反了命令规范。

2. 网络犯罪行为的有意性

从不法上看,特别是在承认主观构成要件要素的情况下,有意性体现的是行为是基于行为主体的意思而实施的,或说是行为主体意思的外在表现。毕竟行为概念是不法概念的一部分,而且是不法的所有形式中共同的一部分。〔2〕“没有意识的行动不可能是规范违反,没有意识行动的人也不可能成为规范违反者。”〔3〕就网络犯罪行为而言,由于其是刑法上行为的具体类型,所以其实施也是有意性的。坚持网络犯罪行为的有意性,就能很好地将不是基于行为主体意思的动作排除在网络犯罪行为之外,毕竟凡还未向外部开始其意志动作的,就是并未满足行为的特征。〔4〕

3. 网络犯罪行为的有害性

对于刑法上的行为,从不法上看,其之有害性体现的是行为的实施会侵害法益。“行为必须是客观上侵犯法益的行为(行为本身必须具备导致结果发生

---

〔1〕［日］山口厚:《刑法总论》,付立庆译,中国人民大学出版社 2018 年版,第 42 页。

〔2〕参见［德］雅克布斯:《行为 责任 刑法——机能性描述》,冯军译,中国政法大学出版社 1997 年版,第 66 页。

〔3〕［日］井田良:《刑法总论的理论构造》,秦一禾译,中国政法大学出版社 2021 年版,第 15 页。

〔4〕参见［德］约翰内斯·韦塞尔斯:《德国刑法总论》,李昌珂译,法律出版社 2008 年版,第 50 页。

的危险性)，这是行为的实质要素……由于法益侵犯性是行为的实质要素，故没有侵犯法益的行为被排除在行为之外，因而被排除在犯罪之外。”[1]而作为行为的具体类型，毫无疑问，网络犯罪行为的实施也会侵害法益。具体来说，这种侵害既有给法益造成实际损害(即实害)的情形，也有给法益造成危险的情况。换句话说，如果某一网络行为没有给法益造成实际损害或者造成危险的，则说明该行为并不是网络犯罪行为。

二、网络犯罪行为的表现形式

在不同的分类标准下，网络犯罪行为存在不同的表现形式。

(一)网络犯罪的实行行为与非实行行为

按照网络犯罪行为在刑法分则的具体罪名中是否被定型化、类型化，可以将其分为网络犯罪的实行行为与非实行行为。

1. 网络犯罪的实行行为

通常认为，实行行为属于在刑法分则的具体罪名中被定型化、类型化的行为，即刑法分则所规定的构成要件行为。网络犯罪的实行行为，从不法上看，是行为主体基于意思利用网络技术或其属性实施的客观上侵害法益的身体活动在刑法分则中实现了定型化、类型化的情形。对于行为主体是否实施了网络犯罪的实行行为，在本书看来，有必要从形式、实质两个方面去判断：从形式上看，网络犯罪实行行为的实施与否，取决于行为主体从外形上是否实施了刑法分则所规定的行为类型，即是否形式地符合构成要件，毕竟实行行为符合构成要件是由罪刑法定原则所决定的；从实质上看，行为主体所实施的网络犯罪行为是否有导致法益受侵害的现实危险，即是否实质地符合构成要件。

[1] 张明楷：《刑法学(下)》，法律出版社2021年版，第186页。

2. 网络犯罪的非实行行为

非实行行为，与实行行为相对，指的是并未在刑法分则的具体罪名中被定型化、类型化的行为。就网络犯罪的非实行行为而言，说明行为主体基于意思利用网络技术或其属性实施的客观上侵害法益的身体活动在刑法分则中并未被定型化、类型化。比如，行为主体利用网络技术教唆他人违反国家规定，侵入国家事务、国防建设、尖端科学技术领域的计算机信息系统的，这虽然成立非法侵入计算机信息系统罪，但并非因为行为主体利用网络技术教唆的这一行为被非法侵入计算机信息系统罪所独立评价，恰恰相反，这一行为并未被非法侵入计算机信息系统罪予以定型化、类型化，因而属于网络犯罪的非实行行为。由此可以说，网络犯罪的非实行行为体现的是网络犯罪行为在刑法分则中的非定型化、非类型化。换句话说，这一行为的实施为刑法上实行行为的实施起到了共犯作用（如起到了教唆作用或者帮助作用）且这一作用并未被刑法分则的具体罪名予以定型化、类型化。

（二）网络犯罪的作为行为与不作为行为

作为行为与不作为行为属于刑法上行为的两种基本表现形式，这在网络犯罪中也不例外。

1. 网络犯罪的作为行为

作为行为，按照传统观点的理解，指的是单纯违反禁止规范的行为。由此而言，网络犯罪的作为行为，可以理解为行为主体利用网络技术或其属性实施违反禁止规范的行为。在本书看来，仅以单纯违反禁止规范来界定作为行为还不够，毕竟实践中常存在表面上违反禁止规范而实际上却是违反命令规范的情形。因此，本书认为，对网络犯罪的作为行为的理解，应从两方面去判断。也即，先从形式上判断行为主体的网络犯罪行为是否违反禁止规范，而后从实质上判断违反禁止规范的网络犯罪行为给法益所造成的危害程度,(特别是在违反禁止规范与违反命令规范竞相存在的情况下)如果违反禁止规范造成法益侵害的危险程度更高的,则为网络犯罪的作为行为。与此同时,根据违反的禁止规范的不同,网络犯罪的作为行为又可以细分为两类:一类是违反了网络罪名所确定的禁止规范的作为行为,如以作为方式非法侵入计算机信息系统的情形;另一类是违反了其他罪名所确定的禁止规范的作为行为,如利用网络技术或其属性以作为方式盗窃公私财物的情形。

2. 网络犯罪的不作为行为

按照传统观点的理解,不作为行为指的是单纯违反命令规范的情形。由此可见,网络犯罪的不作为行为,可以理解为行为主体利用网络技术或其属性实施违反命令规范的行为。相比禁止规范,命令规范更多地强调行为主体应履行相应的作为义务。据此进一步地说,不作为行为指的是行为主体应当履行且能够履行却没有履行作为义务的行为。针对实践中存在表面上违反命令规范而实际上却是违反禁止规范的情形,本书认为,网络犯罪的不作为行为也应分别从形式和实质上进行判断。也即,先从形式上考虑行为主体的网络犯罪行为是否违反命令规范,而后从实质上考虑违反命令规范的网络犯罪行为给法益所造成的危害程度,(特别是在违反禁止规范与违反命令规范竞相存在的情况下)如果违反命令规范造成法益侵害的危险程度更高的,则为网络犯罪的不作为行为。不过,需要进一步讨论的是,对于包括网络犯罪的不作为行为在内的不作为行为是否被刑法明文规定,一般将其又分为真正不作为行为与不真正不作为行为,由此形成的犯罪也就是真正不作为犯(或说是纯正不作为犯)与不真正不作为犯(或说是不纯正不作为犯)了。为此,日本通说就指出:"真正不作为犯,是指构成要件从一开始就以不作为形式规定的犯罪……不真正不作为犯,是指以不作为形式实施通常以作为犯形式规定的构成要件的犯罪。”[1]我国通说也认为:“刑法明文将不作为规定为构成要件要素的犯罪,是真正不作为犯;刑法没有明文将不作为规定为构成要件要素,行为人以不作为实施了通常由作为实施的构成要件的,就是不真正不作为犯。”[2]对于真正不作为行为所违反的命令规范相对好判断,毕竟这种命令规范从刑法明文的规定中就能看出。而对于不真正不作为行为的判断,本书认为,就需要从所违反的行为规范中找出行为主体是否有作为义务的存在,如果有的话,则意味着有命令规范的存在。

第二节　针对计算机信息系统的犯罪行为

由我国刑法的规定可知,针对计算机信息系统的犯罪行为主要涉及三类,即直接针对计算机信息系统的犯罪行为、间接针对计算机信息系统的犯罪行为以及针对计算机信息系统数据的犯罪行为。

一、直接针对计算机信息系统的犯罪行为

根据我国刑法的规定,直接针对计算机信息系统的犯罪行为,一般有以下三类行为。

(一)非法侵入计算机信息系统的犯罪行为

我国《刑法》第285条第1款规定了非法侵入计算机信息系统罪,明确规定“违反国家规定,侵入国家事务、国防建设、尖端科学技术领域的计算机信息系统的”,这属于非法侵入计算机信息系统的犯罪行为。另外,为了获取计算机

[1] [日]浅田和茂:《刑法総論》,成文堂2007年版,第104页。
[2] 张明楷:《刑法学(下)》,法律出版社2021年版,第193页。

信息系统数据，也存在非法侵入计算机信息系统的犯罪行为，如《刑法》第285条第2款规定的违反国家规定侵入前款规定以外计算机信息系统的行为。

非法侵入计算机信息系统的犯罪行为，一般可以从两个方面理解：一方面属于无权侵入计算机信息系统的情形。也即，行为主体在未得到授权或者批准的情况下，利用网络技术或其属性擅自访问了计算机信息系统的犯罪行为。“未取得有关部门的合法授权与批准，通过计算机终端访问国家事务、国防建设、尖端科学技术领域的计算机信息系统或者进行数据截收的行为。”〔1〕或说是，“非法用户调取、访问计算机信息系统内的系统资源的行为”〔2〕。另一方面属于越权侵入计算机信息系统的情形。比如，用户本身有一定的访问权限，却超出合法的权限擅自访问计算机信息系统实施浏览资料、调取咨询的行为。〔3〕

（二）非法控制计算机信息系统的犯罪行为

对于非法控制计算机信息系统的犯罪行为，由《刑法》第285条第2款的规定可知，其所指的是违反国家规定，侵入前款规定以外的计算机信息系统或者采用其他技术手段，对该计算机信息系统实施非法控制的犯罪行为。诚如有论者所言，所谓非法控制，是指行为主体通过上述手段（技术手段）使他人计算机信息系统受其掌控、接收其发出的指令、完成相应操作的情形。〔4〕

非法控制计算机信息系统的犯罪行为，强调的是行为主体利用网络技术或其属性对计算机信息系统实施全部或者部分的控制，不要求再对控制的计算机信息系统实施其他不法行为。诚如有论者所言：“只要求行为人采用侵入等技

---

〔1〕 张明楷：《刑法学（下）》，法律出版社2021年版，第1372页。
〔2〕 赵秉志等：《论非法侵入计算机信息系统罪》，载《法学研究》1999年第2期。
〔3〕 参见谢望原、赫兴旺：《刑法分论》，中国人民大学出版社2016年版，第322页。
〔4〕 参见刘畅、吴倩：《非法控制计算机信息系统罪的构成》，载《人民司法》2021年第23期。

术手段对他人计算机进行了实际控制,行为人在对他人计算机信息系统加以控制的,即可构成犯罪,并不要求一定要实施进一步的侵害行为。"[1]由此进一步地说,行为主体没有利用网络技术或其属性而只是单纯地采用外力,如以抢劫的方式将计算机据为己有,进而控制计算机信息系统的,不能视为《刑法》第285条第2款规定的非法控制计算机信息系统的犯罪行为,符合抢劫罪构成要件的,直接以该罪认定即可。

(三)非法破坏计算机信息系统的犯罪行为

对于非法破坏计算机信息系统的犯罪行为,由《刑法》第286条的规定可知,具体有三类情形:一是违反国家规定,对计算机信息系统功能进行删除、修改、增加、干扰,造成计算机信息系统不能正常运行的行为;二是违反国家规定,对计算机信息系统中存储、处理或者传输的数据和应用程序进行删除、修改、增加操作的行为;三是故意制作、传播计算机病毒等破坏性程序,影响计算机系统正常运行的行为。而且,要指出的是,这三类情形的共同特点都在于行为主体利用了网络技术或其属性对计算机信息系统实施了破坏行为。

二、间接针对计算机信息系统的犯罪行为

间接针对计算机信息系统的犯罪行为,主要涉及的是提供用于侵入、非法控制计算机信息系统程序的犯罪行为和提供用于侵入、非法控制计算机信息系统工具的犯罪行为。这些行为虽未直接针对计算机信息系统,但都对计算机信息系统的安全产生危害性影响。诚如有论者所言,这种程序和工具具有对计算机信息系统安全造成侵害的可能性,在功能上可以实现对计算机信息系统的非

---

〔1〕 郎胜:《中华人民共和国刑法释义》,法律出版社2015年版,第490页。

法控制和侵入。[1]

(一)提供用于侵入、非法控制计算机信息系统程序的犯罪行为

对于此类犯罪行为,具体又分为两类。其中,一是提供专门用于侵入、非法控制计算机信息系统程序的犯罪行为;二是明知他人实施侵入、非法控制计算机信息系统的违法犯罪行为而为其提供程序的犯罪行为。

按照2011年最高人民法院、最高人民检察院《关于办理危害计算机信息系统安全刑事案件应用法律若干问题的解释》第2条的规定,具有避开或者突破计算机信息系统安全保护措施,未经授权或者超越授权获取计算机信息系统数据的功能的程序;具有避开或者突破计算机信息系统安全保护措施,未经授权或者超越对计算机信息系统实施控制的功能的程序;其他专门设计用于侵入、非法控制计算机信息系统、非法获取计算机信息系统数据的程序,都属于提供专门用于侵入、非法控制计算机信息系统的程序。

(二)提供用于侵入、非法控制计算机信息系统工具的犯罪行为

对于此类犯罪行为,具体也分为两类。一是提供专门用于侵入、非法控制计算机信息系统工具的犯罪行为;二是明知他人实施侵入、非法控制计算机信息系统的违法犯罪行为而为其提供工具的犯罪行为。

由2011年最高人民法院、最高人民检察院《关于办理危害计算机信息系统安全刑事案件应用法律若干问题的解释》第2条的规定可知,具有避开或者突破计算机信息系统安全保护措施,未经授权或者超越授权获取计算机信息系统数据的功能的工具;具有避开或者突破计算机信息系统安全保护措施,未经授权或者超越对计算机信息系统实施控制的功能的工具;其他专门设计用于侵入、非法控制计算机信息系统、非法获取计算机信息系统数据的工具,都可以认

---

[1] 参见苏家成:《提供侵入、非法控制计算机信息系统程序、工具罪的认定》,载《人民司法》2013年第12期。

定为提供专门用于侵入、非法控制计算机信息系统的工具。

三、针对计算机信息系统数据的犯罪行为

由《刑法》第285条第2款的规定可知，针对计算机信息系统数据的犯罪行为，一般由以下两个手段组成。

（一）先是非法侵入了计算机信息系统或者采用了其他技术手段

对于非法侵入计算机信息系统而言，根据《刑法》第285条第2款的规定，看似是指行为主体违反国家规定侵入了《刑法》第285条第1款规定以外的计算机信息系统。但本书认为，行为主体除了侵入《刑法》第285条第1款规定以外的计算机信息系统外，侵入《刑法》第285条第1款规定的计算机信息系统即国家事务、国防建设、尖端科学技术领域的计算机信息系统的，也属于此处的非法侵入计算机信息系统。也就是说，如果行为主体误以为侵入了普通的计算机信息系统但实际上却侵入了《刑法》第285条第1款规定的计算机信息系统进而获取数据的，在本书看来，这也属于针对计算机信息系统数据的犯罪行为，在满足情节严重的情况下，能以非法获取计算机信息系统数据罪评价。此外，对于侵入的理解，如同前述，既包括无权侵入的情形也涉及越权侵入的情况。诚如有论者所总结的那样："这里的'侵入'是指没有取得计算机信息系统权利人的授权或者超过授权范围而擅自虚拟地进入他人计算机系统的行为。行为人通常采用破解身份认证信息、盗窃身份认证信息、强行突破安全工具等方式，在未得到许可的情况下违反计算机信息系统的控制人或者所有者的意愿而进入无权进入的普通计算机信息系统中。"[1]

---

〔1〕 李遐桢、侯春平：《论非法获取计算机信息系统数据罪的认定——以法解释学为视角》，载《河北法学》2014年第5期。

对于采用其他技术手段而言,与非法侵入计算机信息系统的相同之处在于都利用了网络技术或其属性,只是此处的采用其他技术手段在于采用了非法侵入计算机信息系统以外的利用网络技术或其属性的方式。此外,需要说明的是,行为主体无论是非法侵入了计算机信息系统,还是采用了其他技术手段,并非直接决定了计算机信息系统中存储、处理或者传输的数据的获取,在本书看来,其只是获取计算机信息系统中存储、处理或者传输的数据的前置、必经阶段而已。

(二)后是获取了计算机信息系统中存储、处理或者传输的数据

对于获取计算机信息系统中存储、处理或者传输的数据而言,根据《刑法》第285条第2款的规定,看似是指获取了《刑法》第285条第1款规定以外的计算机信息系统中存储、处理或者传输的数据。其实,与前述类似,此处获取计算机信息系统中存储、处理或者传输的数据,也包括获取《刑法》第285条第1款规定的计算机信息系统中存储、处理或者传输的数据。也即,此处获取的数据,不限于国家事务、国防建设、尖端科学技术领域以外的计算机信息系统中存储、处理或者传输的数据,对于国家事务、国防建设、尖端科学技术领域的计算机信息系统中存储、处理或者传输的数据,也包括在内。否则的话,当行为主体非法侵入国家事务、国防建设、尖端科学技术领域的计算机信息系统,获取该计算机信息系统中存储、处理或者传输的数据,情节特别严重的,只能按非法侵入计算机信息系统罪处以3年以下有期徒刑或者拘役,而与按照非法获取计算机信息系统数据罪处以3年以上7年以下有期徒刑的情形,则形成了罪刑不均衡或者处罚不协调的局面。因此,获取计算机信息系统中存储、处理或者传输的数据,不限于国家事务、国防建设、尖端科学技术领域以外的计算机信息系统中存储、处理或者传输的数据,也包括国家事务、国防建设、尖端科学技术领域的计算机

信息系统中存储、处理或者传输的数据。

第三节　不履行信息网络安全管理义务的犯罪行为

不履行信息网络安全管理义务的犯罪行为，被规定在《刑法》第 286 条之一中。严格地讲，此类行为是指网络服务提供者不履行法律、行政法规规定的信息网络安全管理义务，经监管部门责令采取改正措施而拒不改正的行为。换言之，网络服务提供者仅有不履行信息网络安全管理义务的行为，并不当然构成拒不履行信息网络安全管理义务罪，还要经监管部门责令采取改正措施而拒不改正的，才有可能成立该罪。考虑到拒不履行信息网络安全管理义务罪是真正的不作为犯，因而对不履行信息网络安全管理义务的犯罪行为，有必要从以下两个方面去认识。

一、不履行国家规定的信息网络安全管理义务

就不履行国家规定的信息网络安全管理义务而言，首先来讲，信息网络安全管理义务应源自法律、行政法规的规定。例如，法律有《网络安全法》《个人信息保护法》《数据安全法》《反恐怖主义法》《全国人民代表大会常务委员会关于加强网络信息保护的决定》等，行政法规有《互联网信息服务管理办法》等。而对于其他部门规章和地方性法规而言，不能成为信息网络安全管理义务的来源。而后来讲，信息网络安全管理义务的内容应限于刑法的规定。也即，信息网络安全管理义务的内容要与“致使违法信息传播的”“用户信息泄露，造成严重后果的”“致使刑事证据灭失，情节严重的”“其他严重情节的”情形相关联。其中，对于“其他严重情节的”情形，2019 年最高人民法院、最高人民检察

院《关于办理非法利用信息网络、帮助信息网络犯罪活动等刑事案件适用法律若干问题的解释》第6条规定了7种:(1)对绝大多数用户日志未留存或者未落实真实身份信息认证义务的;(2)二年内经多次责令改正拒不改正的;(3)致使信息网络服务被主要用于违法犯罪的;(4)致使信息网络服务、网络设施被用于实施网络攻击,严重影响生产、生活的;(5)致使信息网络服务被用于实施危害国家安全犯罪、恐怖活动犯罪、黑社会性质组织犯罪、贪污贿赂犯罪或者其他重大犯罪的;(6)致使国家机关或者通信、能源、交通、水利、金融、教育、医疗等领域提供公共服务的信息网络受到破坏,严重影响生产、生活的;(7)其他严重违反信息网络安全管理义务的情形。

二、经监管部门责令采取改正措施而拒不改正

首先,就经监管部门责令采取改正措施而言,是指有权监管部门责令采取的具体改正措施。经监管部门责令采取改正措施的规定,在本书看来,这在确保法秩序统一的基础上发挥了前置法的积极作用。诚如有论者所言:"这样的一种立法方式,也更强调行政法的治理功能。它通过行政执法主体的实质参与,使得针对某种危害行为的行政法治理到刑事法治理呈现出更强的层次性,确保了从行政不法到刑事不法呈现出层层递进和逐步过渡的状态,符合犯罪治理的规律。"〔1〕而对于经监管部门责令采取改正措施的认定,2019年最高人民法院、最高人民检察院《关于办理非法利用信息网络、帮助信息网络犯罪活动等刑事案件适用法律若干问题的解释》第2条第1款规定,"监管部门责令采取改正措施",是指网信、电信、公安等依照法律、行政法规的规定承担信息网

〔1〕 王帅:《拒不履行信息网络安全管理义务罪中的"责令采取改正措施"解读——基于行刑联动的思考》,载《法律适用》2022年第8期。

络安全监管职责的部门,以责令整改通知书或者其他文书形式,责令网络服务提供者采取改正措施。这也意味着,依据部门规章责令网络服务提供者采取改正措施的监管部门,不应被认为是符合该罪规定的监管部门。而且,有权监管部门提出的改正措施应指向相对具体的违法行为和违法内容信息,而非一般性的责令履行信息网络安全管理义务。

其次,按照不作为犯的成立条件,网络服务提供者要有履行的能力。进一步地说,由于拒不履行信息网络安全管理义务罪是真正不作为犯,因而网络服务提供者要有能力履行信息网络安全管理义务、有执行监管部门责令采取改正措施的能力。考虑到网络服务提供者的管理能力不同于服务能力,其受限于互联网技术及其整体构架、信息系统的软硬件设备设施、网络服务平台管理的技术和条件、网络服务的经营成本等。对于网络服务提供者履行能力的判断,本书主张,既要从客观上把握,也要从自身上考虑。诚如有论者所言,以当时多数网络服务单位履行义务能力的一般水平为基础,具体考察特定单位实际履行义务的可能性和承受能力。若改正措施超出了当时的一般能力水平,或者要求投入的管理成本太高,以至于严重影响被监管人的正常经营,不能认为其有履行的能力。

最后,就拒不改正而言,一般有两种情形:一种是完全不执行;另一种是不完全执行,即表面应付、实际上不执行。对于前者,容易判断,在此不再赘述;而对于后者,则易与执行不能、执行迟缓、执行困难等情形相混淆。实践中,一般主张综合判断,所以 2019 年最高人民法院、最高人民检察院《关于办理非法利用信息网络、帮助信息网络犯罪活动等刑事案件适用法律若干问题的解释》第 2 条第 2 款才指出,认定“经监管部门责令采取改正措施而拒不改正”,应当综合考虑监管部门责令改正是否具有法律、行政法规依据,改正措施及期限要求是否明确、合理,网络服务提供者是否具有按照要求采取改正措施的能力等因素进行判断。

第四节 利用信息网络实施的犯罪行为

根据有关网络犯罪的刑法规定,利用信息网络实施的犯罪行为,在本书看来,可以分为两类:一类是以非网络罪名评价的犯罪行为;另一类是以网络罪名评价的犯罪行为。

一、以非网络罪名评价的犯罪行为

以非网络罪名评价的犯罪行为,意味着利用信息网络实施的犯罪行为并未以网络罪名来评价,而是依照其他罪名(即非网络罪名)来判断。由此表明,利用信息网络实施的犯罪行为只是为其他罪名所确定的构成要件行为的实施提供了信息网络化手段。考虑到信息网络的利用既包括计算机技术或其属性的利用也涉及信息网络技术或其属性的利用,因而以非网络罪名评价的犯罪行为有两类表现:一类是以非网络罪名评价的利用计算机技术或其属性实施的犯罪行为;另一类则是以非网络罪名评价的利用信息网络技术或其属性实施的犯罪行为。需要说明的是,这两类表现呈现的并非"泾渭分明"的关系,实际上既利用计算机技术或其属性也利用信息网络技术或其属性实施犯罪行为,也能表明利用信息网络实施的犯罪行为可以被非网络罪名所评价。因此,对于《刑法》第 287 条规定的利用计算机实施金融诈骗、盗窃、贪污、挪用公款、窃取国家秘密或者其他犯罪的行为,在本书看来,这既包括利用计算机技术或其属性实施的犯罪行为,也包括利用信息网络技术或其属性实施的犯罪行为,还涉及利用二者相结合的技术或其属性实施的犯罪行为。

二、以网络罪名评价的犯罪行为

以网络罪名评价的犯罪行为，由《刑法》第 287 条之一、之二的规定可知，既有以网络罪名评价的非法利用信息网络行为，也有以网络罪名评价的帮助信息网络犯罪活动行为。

（一）以网络罪名评价的非法利用信息网络行为

《刑法修正案（九）》第 29 条在《刑法》第 287 条之一增设非法利用信息网络罪，标志着非法利用信息网络行为可以被网络罪名所评价。根据《刑法》第 287 条之一的规定，非法利用信息网络行为具体有三种类型：第一种类型是利用信息网络实施设立用于实施诈骗、传授犯罪方法、制作或者销售违禁物品、管制物品等违法犯罪活动的网站、通讯群组的行为；第二种类型是利用信息网络实施发布有关制作或者销售毒品、枪支、淫秽物品等违禁物品、管制物品或者其他违法犯罪信息的行为；第三种类型是利用信息网络为实施诈骗等违法犯罪活动发布信息的行为。其中，对于上述各行为中规定的“违法犯罪”，在 2019 年最高人民法院、最高人民检察院《关于办理非法利用信息网络、帮助信息网络犯罪活动等刑事案件适用法律若干问题的解释》第 7 条看来，包括犯罪行为和属于刑法分则规定的行为类型但尚未构成犯罪的违法行为。对于第一种类型中利用信息网络实施设立用于违法犯罪活动的网站、通讯群组的行为，既包括以实施违法犯罪活动为目的而设立用于违法犯罪活动的网站、通讯群组的行为，也涉及设立后主要用于实施违法犯罪活动的网站、通讯群组的行为。对于第二种类型、第三种类型中的发布信息行为，在 2019 年最高人民法院、最高人民检察院《关于办理非法利用信息网络、帮助信息网络犯罪活动等刑事案件适用法律若干问题的解释》第 9 条看来，包括利用信息网络提供信息的链接、截屏、二维码、访问账号密码及其他指引访问服务的行为。

（二）以网络罪名评价的帮助信息网络犯罪活动行为

《刑法修正案（九）》第 29 条在《刑法》第 287 条之二增设帮助信息网络犯罪活动罪，意味着帮助信息网络犯罪活动行为有被网络罪名评价的可能。根据《刑法》第 287 条之二的规定，帮助信息网络犯罪活动行为分为两类：一类是明知他人利用信息网络实施犯罪，为其犯罪提供互联网接入、服务器托管、网络存储、通信传输等技术支持的行为；另一类是明知他人利用信息网络实施犯罪，为其犯罪提供广告推广、支付结算等帮助的行为。其中，有关提供互联网接入、服务器托管、网络存储、通信传输等技术支持行为以及提供广告推广、支付结算等帮助行为的界定，由于与解读帮助信息网络犯罪活动罪的犯罪构成存在关系，故在后文有关利用信息网络实施的犯罪的讨论中予以详细论述。

第五章 网络犯罪的行为对象

从刑法上看,行为对象乃构成要件行为所作用的客体,因而又称为行为客体。正所谓"行为客体的概念则是指构成要件行为所指向的对象"[1]。在网络犯罪领域,行为主体利用网络技术或其属性所作用的行为对象大量存在。归纳起来,网络犯罪的行为对象主要有系统型行为对象、数据型行为对象和信息型行为对象三类。

第一节 系统型行为对象

在网络犯罪领域,系统型行为对象经历了从计算机信息系统到人工智能系统的发展过程,对此有必要逐一关注。

一、计算机信息系统

早在 1997 年,我国刑法就规定了计算机信息系统,但其范围如何以及如何

[1] 常磊:《犯罪对象概念的批判性考察》,载《法制与社会发展》2009 年第 4 期。

有效的认定,需要研究。

(一)计算机信息系统及其范围

虽然《刑法》第285条、第286条有对计算机信息系统的表述,但何谓计算机信息系统以及计算机信息系统与计算机系统关系如何,需要厘清。

从计算机科学上看,计算机系统由计算机硬件系统和计算机软件系统组成。就计算机硬件系统而言,其组件包括运算器、控制器、存储器、输入设备、输出设备以及连结这些组件的总线。其逻辑结构在于,先由输入设备向(内)存储器输入数据,并由存储器输送给控制器处理后,控制器再将处理后的数据输入存储器,并在控制器的控制下由(内)存储器发送至输出设备,从而将结果输出。其中,控制器的处理、控制,离不开运算器的逻辑运算。概言之,控制器通过存储器读取程序指令,并经指令译码后发出控制信息以控制运算器、存储器、输入设备和输出设备。就计算机软件系统而言,其运行需要系统软件、应用软件来发挥作用。其中,系统软件是指负责管理、监控、维护计算机硬件和软件资源的程序及其文档,包括操作系统、语言编译系统、数据库管理系统等;应用软件是指为解决用户的实际问题而开发的专门程序,包括文字处理软件、图形软件、音频软件、视频软件、辅助设计软件、信息管理软件等。

从法律规范上看,不论是域外的法律规范还是我国的法律规范,都强调了对计算机系统的界定。比如,在域外,《网络犯罪公约》第1条规定:“计算机系统是指任何设备或一组相互连接或关联的设备,其中一个或多个,根据程序,进行数据的自动处理。”又如,在我国,《计算机信息系统安全保护条例》第2条规定:“本条例所称的计算机信息系统,是指由计算机及其相关的和配套的设备、设施(含网络)构成的,按照一定的应用目标和规则对信息进行采集、加工、存储、传输、检索等处理的人机系统。”对于《计算机信息系统安全保护条例》第2条的界定,理论上也得到了不少论者的认可。比如,有论者直接将计算机信息系统界定为“是由计算机及其相关的和配套的设备、设施构成的,按照一定的应用目标和规则对信息进行采集、加工、存储、传输、检索等处理的系统”[1]。或者是完全按照《计算机信息系统安全保护条例》第2条的规定来界定计算机信息系统。[2]

本书认为,计算机信息系统与计算机系统在本书同义,没有必要严格区分。毕竟计算机系统的运行离不开数据或者信息的处理。诚如不少论者所言,从技术角度看,区分不具实质意义。随着计算机技术的发展,计算机操作系统与提供信息服务的系统已密不可分。[3] 而且,2011年最高人民法院、最高人民检察院《关于办理危害计算机信息系统安全刑事案件应用法律若干问题的解释》第11条对此也作了类似的处理。无论是计算机信息系统,还是计算机系统,都是指具备自动处理数据功能的系统,包括计算机、网络设备、通信设备、自动化控制设备等。“相关司法解释为顺应信息技术的革新与发展,在前置法规《计算机信息系统安全保护条例》的基础上,将‘计算机信息系统’(即‘计算机系统’)扩张解释为不仅限于计算机本身,包括网络设备、通信设备、自动化控制设备等在内的一系列系统设备,在极大程度上弱化了传统计算机的性能特征。”[4]进一步而言,计算机信息系统之所以能发挥自动处理数据的功能,核心在于采取了存储程序和程序控制的工作原理。[5] 也即,把计算过程描述为由

---

〔1〕 陈兴良:《罪名指南》,中国人民大学出版社2007年版,第40页。

〔2〕 参见赵秉志等:《论非法侵入计算机信息系统罪》,载《法学研究》1999年第2期。

〔3〕 参见陈国庆、韩耀元、吴峤滨:《〈关于办理危害计算机信息系统安全刑事案件应用法律若干问题的解释〉理解与适用》,载《人民检察》2011年第20期;喻海松:《〈关于办理危害计算机信息系统安全刑事案件应用法律若干问题的解释〉的理解与适用》,载《人民司法》2011年第19期。

〔4〕 刘宪权、石雄:《网络数据犯罪刑法规制体系的构建》,载《法治研究》2021年第6期。

〔5〕 又称冯·诺依曼原理,由匈牙利数学家冯·诺依曼在1946年6月提出。基本内容包括:(1)用二进制表示数据和指令;(2)指令与数据都存放在存储器中,计算机工作时能自动高速地从存储器中取出指令和数据进行操作;(3)计算机系统由运算器、控制器、存储器、输入设备和输出设备五大部件组成,并规定了相应的功能。

许多条命令按一定顺序组成程序，然后把程序和所需的数据输入计算机存储器中保存起来，工作时由控制器执行程序，控制计算机自动连续进行运算，最终实现数据的自动处理。

（二）计算机信息系统的确定

实践中计算机信息系统难以确定的，需要进行检验、认定。2011 年最高人民法院、最高人民检察院《关于办理危害计算机信息系统安全刑事案件应用法律若干问题的解释》第 10 条就规定，对于是否属于《刑法》第 285 条规定的“国家事务、国防建设、尖端科学技术领域的计算机信息系统”难以确定的，应委托省级以上负责计算机信息系统安全保护管理工作的部门检验。司法机关根据检验结论，并结合案件具体情况认定。

对于未联网的微型计算机信息系统，是否属于计算机信息系统？1998 年公安部《关于对破坏未联网的微型计算机信息系统是否适用〈刑法〉第二百八十六条的请示的批复》规定，未联网的计算机信息系统也属计算机信息系统，《条例》第 2、3、7 条的安全保护原则、规定，对未联网的微型计算机系统完全适用。因此破坏未联网的微型计算机信息系统适用《刑法》第 286 条。

对于智能手机终端，是否属于计算机信息系统？以最高人民检察院指导性案例第 35 号“曾兴亮、王玉生破坏计算机信息系统案”为例。2016 年 10 月至 11 月，被告人曾兴亮与王玉生结伙或者单独使用聊天社交软件，冒充年轻女性与被害人聊天，谎称自己的苹果手机因故障无法登录“iCloud”（云存储），请被害人代为登录，诱骗被害人先注销苹果手机上原有的 ID，再使用被告人提供的 ID 及密码登录。随后，曾、王二人立即在电脑上使用新的 ID 及密码登录苹果官方网站，利用苹果手机相关功能将被害人的手机设置修改，并使用“密码保护问题”修改该 ID 的密码，从而远程锁定被害人的苹果手机。曾、王二人再在其个人电脑上,用网络聊天软件与被害人联系,以解锁为条件索要钱财。2016年11月24日,曾、王二人被公安机关抓获。[1] 在该案中,司法机关认为智能手机终端应认定为刑法保护的计算机信息系统。锁定智能手机导致不能使用的行为,可以认定为破坏计算机信息系统。本书对此观点表示认同,这是因为智能手机与计算机一样,不仅能独立地使用软件系统,也存在系统得以运行的硬件,而且可以借助移动通讯网络实现网络接入,能发挥数据自动处理的功能,因而属于计算机信息系统。

对于GPS信息服务系统,是否属于计算机信息系统?以最高人民法院指导案例103号"徐强破坏计算机信息系统案"为例,2014年5月间,被告人徐强使用"GPS干扰器"先后为钟某某、龚某某、张某某名下或管理的五台中联重科泵车解除锁定。具体事实如下:(1)2014年4月初,钟某某发现其购得的牌号为贵A77462的泵车即将被中联重科锁机后,安排徐某某帮忙打听解锁人。徐某某遂联系龚某某告知钟某某泵车需解锁一事。龚某某表示同意后,即通过电话联系徐强给泵车解锁。2014年5月18日,徐强携带"GPS干扰器"与龚某某一起来到贵阳市清镇市,由徐强将"GPS干扰器"上的信号线连接到泵车右侧电控柜,再将"GPS干扰器"通电后使用干扰器成功为牌号为贵A77462的泵车解锁。事后,钟某某向龚某某支付了解锁费用40,000元,龚某某亦按约定将其中9600元支付给徐某某作为介绍费。当日及次日,龚某某还带着徐强为其管理的其妹夫黄某从中联重科及长沙中联重科二手设备销售有限公司以分期付款方式购得的牌号分别为湘AB0375、湘AA6985、湘AA6987的三台泵车进行永久解锁。事后,龚某某向徐强支付四台泵车的解锁费用共计30,000元。(2)2014年5月间,张某某从中联重科以按揭贷款的方式购买泵车一台,因拖

[1] 参见江苏省海安县人民法院刑事判决书,(2016)苏0621刑初548号。

欠货款被中联重科使用物联网系统将泵车锁定,无法正常作业。张某某遂通过电话联系到徐强为其泵车解锁。2014 年 5 月 17 日,徐强携带“GPS 干扰器”来到湖北省襄阳市,采用上述同样的方式为张某某名下牌号为鄂 FE7721 的泵车解锁。事后,张某某向徐强支付解锁费用 15,000 元。[1] 对于本案,本书赞同法院的主张,即中联重科物联网 GPS 信息服务系统由中联重科物联网远程监控平台、GPS 终端、控制器和显示器等构成,具备自动采集、处理、存储、回传、显示数据和自动控制设备的功能。该系统属于具备自动处理数据功能的通信设备与自动化控制设备,属于刑法意义上的计算机信息系统。

二、人工智能系统

随着计算机技术和网络的不断发展,人工智能系统从理想逐渐走向现实。甚至如有论者所言:“人工智能系统正在取代计算机信息系统的地位,成为新的社会活动基础平台或工具,与单纯的信息处理系统不同,人工智能系统是一定程度的自主性事务处理系统。”[2] 为此,有必要厘清人工智能系统并明确对其的保护。

(一)人工智能系统及其特点

何谓人工智能系统,目前在计算机科学界并未给出公认的严格定义。通常认为,人工智能系统的初次提法,源自人工智能中的专家系统(Expert System)。“‘专家系统’属于人工智能的一个发展分支,它的研究目标是模拟人类专家的推理思维过程。一般是将某个领域专家的知识和经验,用一种知识表达模拟存

---

〔1〕 参见北京师范大学刑事法律科学研究院:《徐强破坏计算机信息系统案(最高人民法院指导案例 103 号)》,载《刑事法判解研究》2018 年第 38 辑。

〔2〕 皮勇:《人工智能刑事法治的基本问题》,载《比较法研究》2018 年第 5 期。

入计算机。系统对输入的事实进行推理,做出判断和决策。"[1]一般而言,人工智能中的“专家系统”是由人机交互界面、知识库、推理机、解释器、综合数据库、知识获取六个部分组成。自此以后,有论者在人工智能专家系统的基础上,尝试界定人工智能系统,并以智能系统表示,具体指的是随着数据仓库、数据挖掘、知识发现、智能代理技术、分布式系统及算法的出现,由专家系统逐渐发展演变而成的具有专家解决问题能力的智能计算机程序系统。[2] 所以其优势诚如有论者所言,在于对对象表象的感知能力,对众多因素、因素特征及特征划分的存储能力和运算能力,以及对众多功能、功能特征及特征划分的存储和运算能力。[3]

相较于计算机信息系统,人工智能系统的特点表现在:一方面,从人工智能系统的运行环境来看,人工智能系统不仅可以自组织性、自适应性地在传统的冯·诺依曼结构的计算机上运行,也可以自组织性、自适应性地在新一代的非冯·诺依曼结构的计算机上运行,如数据流计算机、归约机、智能机、基于面向对象程序设计语言的计算机、神经网络计算机等。另一方面,从人工智能系统的基本结构来看,虽然其基本结构会与应用领域密切相关,但总体来看,基本结构一般包括人机交互接口、知识获取机构、推理机构、解释机构、知识库、数据库等部分,[4]或者说,包括操作系统、语言系统、基于知识的软件工程辅助系统、专家系统、应用系统等。由此可见,人工智能系统是计算机信息系统进一步发

---

〔1〕 施鹤群:《人工智能简史》,上海科学技术文献出版社 2020 年版,第 6 页。

〔2〕 参见李道亮、傅泽田、田东:《智能系统:基础、方法及其在农业中的应用》,清华大学出版社 2004 年版,第 4 页。

〔3〕 参见崔铁军、李莎莎:《人和人工智能系统的概念形成过程研究》,载《智能系统学报》2022 年第 5 期。

〔4〕 参见李道亮、傅泽田、田东:《智能系统:基础、方法及其在农业中的应用》,清华大学出版社 2004 年版,第 17 页。

展的产物，相比计算机信息系统，其范围显然要更广。

（二）人工智能系统的保护

如上所述，人工智能系统是计算机信息系统进一步发展的产物，其范围要比计算机信息系统广泛。相比计算机信息系统，人工智能系统的应用价值更为明显，为了更好地促进人工智能系统的建设和应用，需要对人工智能系统进行规范化的保护。不过，对人工智能系统进行保护时，需要看到其与计算机信息系统的关系。人工智能系统的核心仍是智能数据处理系统，或说是智能信息处理系统。相比计算机信息系统，智能数据处理系统的功能更加智能化，但其并未改变数据自动处理的功能，只是更高级而已。因此，本书认为，此智能数据处理系统仍属于计算机信息系统的范畴。但问题在于，智能数据处理系统以外但仍属于人工智能整体系统的其他部分，能否直接就是刑法要保护的行为对象呢？对此问题，有论者主张："我国现行刑法中保护计算机信息系统和信息安全的规定只能保护人工智能信息处理系统的安全，需要为保护人工智能系统整体安全建立完善的刑法保护规范，并与人工智能的发展保持同步。"[1]但在本书看来，对这一行为对象的保护需要有步骤地展开。先要从前置法上考虑，若前置法没有出台相应的保护规定，就直接进入刑法的保护范围，刑法便有积极扩张之嫌。由本书的前述主张可知，为了从形式上确保法秩序的统一，选择刑法进行保护时，要充分考虑到前置法保护的程度。具体说来，有必要先从前置法上至少是国家规定层面针对人工智能系统的保护进行立法，其中的重点是对侵害人工智能系统的行为规定相应的法律后果。以此为基础，当行为主体违反此类国家规定以至于相应的法律后果难以有效应对时，此时才可以考虑通过刑法立法来对人工智能系统进行整体的刑法保护。

---

〔1〕 皮勇：《人工智能刑事法治的基本问题》，载《比较法研究》2018年第5期。

第二节　数据型行为对象

在认识数据型行为对象之前,有必要了解下数据。所谓数据,国际标准化组织将其定义为是对事实、概念或指令的一种特殊表达形式,这种特殊的表达形式可以用人工的方式或者用自动化的装置进行通信、翻译转换或者进行加工处理。通常而言,数据可分为数值数据与非数据数据。其中,数值数据是指能衡量大小或多少的数据,其可以用数学来进行运算;非数值数据是指除数值数据外的其他数据,包括字符数据、逻辑数据、多媒体数据等。而从计算机科学上看,各种形式的数据以二进制编码形式来表示。或者说,数据是指所有能输入到计算机中并被计算机程序处理的符号的总称,具体以存储设备来存储数据,以软件来管理数据,以应用程序来加工、处理数据。显然,国际标准化组织界定数据的范围大于计算机科学的界定,毕竟前者所述的数据不限于计算机中的数据。对于数据型行为对象而言,由于本书关注的是网络犯罪,因而其所指的是计算机中的数据。从网络犯罪行为对象的角度来看的话,这类数据主要有两类表现。其中,一类是计算机信息系统数据;另一类是虚拟财产。对此,有必要逐一认识。

一、计算机信息系统数据

自 1997 年《刑法》第 286 条规定"计算机信息系统中存储、处理或者传输的数据"的表述以来,就有涉及计算机信息系统数据的讨论。

(一)计算机信息系统数据的界定

要界定计算机信息系统数据,首先离不开对计算机信息系统的把握。根据前述2011年最高人民法院、最高人民检察院《关于办理危害计算机信息系统安全刑事案件应用法律若干问题的解释》第11条的规定，计算机信息系统（或计算机系统）是指具备自动处理数据功能的系统，包括计算机、网络设备、通信设备、自动化控制设备等。尽管该解释没有对计算机信息系统数据作出直接界定，但由此可以看出计算机信息系统与数据密切相关。有论者甚至认为，计算机信息系统数据的一大特点在于依赖特定载体而存在，它只能存在于计算机、网络设备、通信设备、自动化控制设备等系统中，离开上述载体，数据将不复存在。[1] 在域外，欧洲理事会《网络犯罪公约》第1条规定："计算机数据是指以任何事实、信息或概念的任何呈现，以一种适合于在计算机系统中处理的形式存在，包括一个适于引起计算机执行功能的程序"。也有些论者指出："有价值的数据几乎仅能存在于计算机信息系统上，甚至大部分电子数据仅能存在于计算机本身，可以说当时数据的外延范围同计算机信息系统基本是一致的。在此技术背景下，通过计算机信息系统的概念范围界定数据的范围无可厚非。"[2]

由以上规定和观点可见，计算机信息系统数据的界定要充分考虑到数据与计算机信息系统的密切关联性。实际上，由《刑法》第285条第2款的规定就可以知道，计算机信息系统数据指的就是计算机信息系统中的数据，具体分为三类。其中，第一类是在计算机信息系统中存储的数据；第二类是在计算机信息系统中处理的数据；第三类是在计算机信息系统中传输的数据。基于此，本书认为，计算机信息系统数据就是存储、处理或者传输于计算机信息系统中的数据。总之，不论怎样界定，计算机信息系统数据都充分表明了这一数据与计算

〔1〕 参见杨志琼：《非法获取计算机信息系统数据罪"口袋化"的实证分析及其处理路径》，载《法学评论》2018年第6期。

〔2〕 刘宪权、石雄：《网络数据犯罪刑法规制体系的构建》，载《法治研究》2021年第6期。

机信息系统的密切关联性。正所谓，其作为计算机信息系统功能实现的载体，被限定在计算机信息系统范围之内。[1]

（二）计算机信息系统数据的认定

《刑法》第285条第2款规定的非法获取计算机信息系统数据罪是保护计算机信息系统数据的关键罪名。截至2023年7月28日，在中国裁判文书网以“非法获取计算机信息系统数据罪”为案由，就已检索出1274份刑事判决书。其中，有关计算机信息系统数据认定的情形多种多样，此处试举几例予以说明。

对于侵入计算机信息系统后下载其储存的数据，是否属于计算机信息系统数据？以最高人民检察院指导性案例第36号卫梦龙、龚旭、薛东东非法获取计算机信息系统数据案为例，被告人卫梦龙曾于2012年至2014年在北京某大型网络公司工作，被告人龚旭供职于该大型网络公司运营规划管理部，两人原系同事。被告人薛东东系卫梦龙商业合作伙伴。因工作需要，龚旭拥有登录该大型网络公司内部管理开发系统的账号、密码、Token令牌（计算机身份认证令牌），具有查看工作范围内相关数据信息的权限。但该大型网络公司禁止员工私自在内部管理开发系统查看、下载非工作范围内的电子数据信息。2016年6月至9月，经事先合谋，龚旭向卫梦龙提供自己所掌握的该大型网络公司内部管理开发系统账号、密码、Token令牌。卫梦龙利用龚旭提供的账号、密码、Token令牌，违反规定多次在异地登录该大型网络公司内部管理开发系统，查询、下载该计算机信息系统中储存的电子数据。后卫梦龙将非法获取的电子数据交由薛东东通过互联网出售牟利，违法所得共计37,000元。[2] 对于本案，检察院和法院都认为，龚旭将自己因工作需要掌握的本公司账号、密码、Token

[1] 参见李源粒等：《大数据时代数据犯罪的制裁思路》，载《中国社会科学》2014年第10期。

[2] 参见北京市海淀区人民法院刑事判决书，（2017）京0108刑初392号。

令牌等交由卫梦龙登录该公司管理开发系统获取数据,虽不属于通过技术手段侵入计算机信息系统,但内外勾结擅自登录公司内部管理开发系统下载数据,明显超出正常授权范围。超出授权范围使用账号、密码、Token 令牌登录系统并下载其存储的数据,属于对计算机信息系统数据的非法获取,而就这些储存的数据而言,本书同意检察院和法院的主张,认为其是计算机信息系统数据。

对于以黑客手段窃取的手机 ID 密码,是否属于计算机信息系统数据?以肖开海非法获取计算机信息系统数据案为例,2015 年 5 月开始,被告人肖开海在中山市东凤镇唯美家园小区某房内通过网络发布破解苹果手机账号(即 Apple ID)密码广告,先后接受微信名为“飞飞”“市场代卖解 ID 黄老板”等 12 名客户的订单,在没有获得手机绑定 ID 用户的同意下,本人或者委托“大力王”和“宋某”(均另案处理)利用网上租用的“钓鱼网站”和“XSS”方式非法获取进入苹果官方服务器的 ID 密码,对手机与 ID 进行解除绑定的操作,从中收取每台 100 元至 450 元不等的费用。在此过程中,利用“钓鱼网站”获取 ID 密码的方式为,肖开海发送虚假的苹果官方邮件或短信至 ID 用户邮箱或手机内,ID 用户点击进入“钓鱼网站”并输入 ID 密码后,肖开海便可以从后台获得 ID 密码进行解除绑定操作。利用“XSS”方式(仅针对将 QQ 邮箱作为 ID 的用户)获取 ID 密码的方式为,肖开海先加 ID 用户为 QQ 好友,后向对方发送含有链接的信息或者邮件,ID 用户点击后,肖开海便可以从后台进入 ID 用户的 QQ 邮箱进行 ID 密码重置,随后完成解除绑定操作。截至 2016 年 6 月,肖开海共采用上述手段破解 174 台苹果手机 ID,违法所得 44,180 元。[1] 在本案中,苹果手机账户密码属于苹果手机系统中存储的数据,可以在任何计算机终端使用,是用于确认用户在计算机信息系统上操作权限的数据,属于身份认证信息。而根据 2011

〔1〕 参见广东省中山市第二人民法院刑事判决书,(2016)粤 2072 刑初 1944 号。

年8月1日最高人民法院、最高人民检察院《关于办理危害计算机信息系统安全刑事案件应用法律若干问题的解释》第11条的规定,身份认证信息是指用于确认用户在计算机信息系统上操作权限的数据,因而属于计算机信息系统数据。

二、虚拟财产

自2003年“全国首例虚拟财产诉讼案件”[1]产生以来,有关虚拟财产的讨论就引发了关注,尽管该案属于民事案件,但这并不影响理论界、实务界从刑法上去认识虚拟财产这一行为对象。

(一)虚拟财产的界定

何谓虚拟财产(Virtual Porperty),理论上存在广义说和狭义说之分。广义说认为,虚拟财产是指以虚拟形式存在的财产。例如,美国有论者认为:“虚拟财产是指任何兼具无形性和排他性的财产利益。”或者认为,只要是以虚拟形式存在的财产都可以称为虚拟财产。[2] 而在狭义说上,不同的学者有不同的理解。比如,有论者认为,应把虚拟财产理解为存在于虚拟世界的财产。[3] 也有论者指出:“虚拟财产是指在网络环境下,模拟现实事物,以数字化形式存在的、既相对独立又具排他性的信息资源。”[4]还有论者强调:“虚拟财产是依托于网

---

〔1〕 具体案情为,玩家李宏晨玩网络游戏《红月》已有两年并在两个ID中拥有许多“生化武器”。2003年2月17日,他发现其中一个ID中所拥有的装备不翼而飞,就与游戏的运营商北京亚联公司联系要求协助找回丢失的设备,但都被拒绝。李遂将其诉至北京市朝阳区法院要求赔偿他丢失的各种装备,并赔偿精神损失费10,000元。而被告北京亚联公司认为,李所称的两个ID在注册时,没有使用真实姓名,李不能证明他就是这两个ID的玩家,而且不能就虚拟装备被盗提供证明;即使能提供证明,根据游戏规则,公司也不应承担任何责任。参见张黔林、张枫:《从首例虚拟财产案件看相关法律问题》,载《民主与法制时报》2003年12月16日,第009版。

〔2〕 参见潘淑岩:《网络虚拟财产继承法律制度研究》,中国政法大学出版社2017年版,第42页。

〔3〕 参见欧阳本祺:《论虚拟财产的刑法保护》,载《政治与法律》2019年第9期。

〔4〕 林旭霞:《虚拟财产权性质论》,载《中国法学》2009年第1期。

络第三方平台而存在,以数字化形式为载体,区别于知识产权、个人信息、网络服务、电子实物,具有价值属性且可以被支配和占有的电磁数据。"[1]

相比广义说,尽管狭义说有不同的理解,但从上述的不同观点中也能总结出虚拟财产的共性特点:一是虚拟性,即虚拟财产具有客观非物质性,往往体现为模拟现实环境中事物真实的活动过程;二是依附性,即虚拟财产依附于网络空间而存在;三是价值性,虚拟财产能满足人们的特定需要。由此来看,虽然对狭义说有不同的理解,但相比广义说,狭义说的界定范围更明确。毕竟按广义说理解的话,虚拟财产就等同于无形财产了。比如,按广义说的理解,商业领域中的商誉、商号,甚至可以说知识产权,也是虚拟财产。如此一来,势必容易导致虚拟财产保护路径的无边无界。因此,相对于广义说,本书更倾向于狭义说。

(二)虚拟财产的保护

虽然狭义说比广义说合理,但在对虚拟财产进行刑法保护时,却也存在不同的保护路径,为此有必要逐一梳理。

1. 从财产的角度进行保护

从财产的角度对虚拟财产进行刑法保护时,具体又分两类主张。[2] 一类主张从财物的角度进行保护。也即,虚拟财物属于财物。例如,有观点认为:"我国刑法中的财物是一个包括了有体物、无体物和财产性利益的最为广义的概念,因此完全能够涵盖虚拟财产;对于具有财产价值的虚拟财产应当按照财物予以刑事保护。"[3]也有观点认为:"国民早已知悉并频繁使用无体物、虚拟

---

〔1〕 陈罗兰:《虚拟财产的刑法意义》,载《法学》2021 年第 11 期。

〔2〕 在刑法上,有关虚拟财产的保护,一般从财物、财产性利益的角度考虑,而在民法上,对其的保护,一般存在物权说、债权说、知识产权说、新型权利说多种主张,本书主要从刑法保护的角度关注虚拟财产,故有关其民法的保护不作详细讨论。

〔3〕 陈兴良:《虚拟财产的刑法属性及其保护路径》,载《中国法学》2017 年第 2 期。

财产的概念，将虚拟财产解释为刑法上的财物，不会侵犯国民的预测可能性，没有违反罪刑法定原则。"[1]另一类主张从财产性利益的角度进行保护。一般而言，常将虚拟财产视为值得刑法保护的除（普通）财物以外的财产上的利益。例如，有论者认为，虚拟财产依附于网络空间存在，人们行使任何虚拟财产的权利，都要依靠特定的网络运营商的配合。因此，虚拟财产权的本质是一种需要网络运营商积极配合才能实现的权利，具体而言是债权。[2] 又如，有多位学者主张，虚拟财产的本质是一种需要网络运营商积极配合才能实现的权利，是请求权，而不是支配权，是债权，而不是物权。[3]

2. 从计算机信息系统数据的角度进行保护

从计算机信息系统数据的角度保护虚拟财产，意味着虚拟财产是计算机信息系统数据。此观点既在理论界得到了部分学者的认同，也在实务界获得了一定的支持。在理论界，有论者就认为，若行为主体采用网络钓鱼或者非法侵入网络游戏公司服务器，非法获取他人网络游戏账号、密码或者账号附带的虚拟财产数据，情节严重的，就能以非法获取计算机信息系统数据罪论处。[4] 在实务界，有不少法官在解读2013年4月4日起施行的《关于办理盗窃刑事案件适用法律若干问题的解释》时就指出，鉴于对盗窃虚拟财产的行为适用盗窃罪会带来一系列棘手问题，特别是对盗窃数额的认定，目前缺乏能够普遍接受的计算方式，而适用非法获取计算机信息系统数据罪却可以做到罚当其罪，能实现

---

〔1〕 张明楷：《非法获取虚拟财产的行为性质》，载《法学》2015年第3期。

〔2〕 参见刘明祥：《窃取网络虚拟财产行为定性探究》，载《法学》2016年第1期。

〔3〕 参见田宏杰、肖鹏、周时雨：《网络虚拟财产的界定及刑法保护》，载《人民检察》2015年第5期。

〔4〕 参见张弛：《窃取虚拟财产行为的法益审视》，载《政治与法律》2017年第8期。

罪责刑相适应。[1]

3. 本书的主张

本书认为,在对虚拟财产进行刑法保护时,之所以有从财产角度和从计算机信息系统数据角度进行保护的不同观点,在于看到了虚拟财产属性的不同侧面。

一方面,从财产的角度进行保护,意味着抓住了虚拟财产的财产属性。通常而言,若某一行为对象属于财产,需要满足三个特征:一是具有管理可能性,包括能满足人们对其占有、支配或者管理等;二是具有转移可能性,即在网络空间能够实现一定程度的流转或者交易;三是具有价值性,这意味着能满足人们的一定需要,具有交换价值、使用价值。显然,若虚拟财产具有管理可能性、转移可能性和价值性三大特征,就满足了虚拟财产具有财产属性的可能。而且,现有规范并未完全否认这一属性。以比特币为例,2013 年 12 月 3 日,中国人民银行、工业和信息化部、中国银行业监督管理委员会、中国证券监督管理委员会、中国保险监督管理委员会联合印发的《关于防范比特币风险的通知》规定:"比特币具有没有集中发行方、总量有限、使用不受地域限制和匿名性等四个主要特点。虽然比特币被称为'货币',但由于其不是由货币当局发行,不具有法偿性与强制性等货币属性,并不是真正意义的货币。从性质上看,比特币应当是一种特定的虚拟商品,不具有与货币等同的法律地位,不能且不应作为货币在市场上流通使用。"由此说明,比特币具有财产属性,属于刑法保护的财产。

另一方面,从计算机信息系统数据的角度进行保护,则是认识到了虚拟财

[1] 参见胡云腾、周加海、周海洋:《〈关于办理盗窃刑事案件适用法律若干问题的解释〉的理解与适用》,载《人民司法》2014 年第 15 期。

产的数据属性。如前所述,若持狭义说的观点,虚拟财产依附于网络空间而存在,无论是界定为信息资源抑或是电磁数据,都说明其是网络空间中得以存在的数据。准确地讲,其是存在于计算机信息系统之中的数据。由此而言,虚拟财产具有数据属性。以比特币为例,比特币基于密码学原理而非基于信用而成立,使得任何达成一致的参与者都能用它直接进行支付,不需要任何第三方信用机构的介入。从计算机技术角度而言,其是基于去中心化,采用点对点网络与共识主动性,开放源代码,以区块链作为底层技术的加密数据。换言之,比特币是由数据组合而成的,具有数据属性。

由上可见,虚拟财产存在双重属性,既有财产属性也有数据属性。诚如有论者所言,虚拟财产具有财产和数据的双重特征,二者所承载的不同法益应当受到刑法的保护。[1] 或者说:"虚拟财产的属性经常发生竞合,同一虚拟财产体现出双重甚至多重法益属性,例如,比特币既是数据,又是财物,窃取比特币的行为既涉嫌非法获取计算机信息系统数据罪,又涉嫌盗窃罪。"[2]因此,对于兼具财产属性和数据属性的虚拟财产,如果行为主体对其实施侵害行为违反财产犯罪和计算机犯罪罪名规定的,按后文所述的网络犯罪竞合关系的处理思路办理即可。

第三节　信息型行为对象

自维纳提出"信息就是信息,不是物质也不是能量"[3]以来,信息引发人们

---

〔1〕 See Huawei Wang, "How to deal with virtual property crime: Judicial dilemma and a theoretical solution from China", *Computer Law & Security Review*, Vol. 49, 2023, p. 1.

〔2〕 陈罗兰:《虚拟财产的刑法意义》,载《法学》2021 年第 11 期。

〔3〕 [美]维纳:《控制论》,郝季仁译,科学出版社 1963 年版,第 133 页。

的广泛关注,业已成为普遍性的科学范畴。[1] 在哲学上,信息常被界定为“是在表征、表现、外化、显示事物及其特征的意义上构成自身的存在价值的,是它所表现的事物特征的间接存在形式”[2]。在标准化领域,国际标准化组织将其定义为“关于在特定语境下具有特定含义之客体(如事实、事件、东西、过程或思想包括理念)的知识”[3]。或者说,信息是“关于客体(如事实、事件、事物、过程或思想,包括概念)的知识,在一定的场合中具有特定的意义”[4]。或如美国学者香农所言:“信息是用来消除随机不确定性的东西。”[5]可以说,无论如何界定信息,信息的两大特征都须有所体现:一是客观存在性,信息总是某种已经现实存在的东西,[6]是标志间接存在的哲学范畴。[7] 二是客体反映性,即能表征客体(包括事物)的特征或含义。正如有论者所言,任何事物均可以在信息系统中呈现。[8] 或认为,依据倾向性,可被视为解释、权力、叙事、通信或媒介、交流、建筑、某种商品等。[9] 与此同时,数据与信息是两个相互联系但又完全不同的概念,正可谓二者既有区别也有联系。一方面,数据与信息的区别在于,信息是表征了事物或其属性的特定存在状态,其不仅能对信息接收者的行为产生影响,也能对信息接收者的决策产生重要的价值;而数据强调的是对

---

〔1〕 参见[俄]康斯坦丁·科林:《信息的现实结构、本质和信息科学的哲学基础》,邬焜译,载《西北大学学报(哲学社会科学版)》2012年第2期。

〔2〕 邬焜:《信息哲学——理论、体系、方法》,商务印书馆2005年版,第44页。

〔3〕 类似观点有,信息是“关于客体(如事实、事件、事物、过程或思想,包括概念)的知识,在一定的场合中具有特定的意义”。参见中国人民银行:《金融数据安全 数据安全分级指南》,2020年9月23日,第1页。

〔4〕 中国人民银行:《金融数据安全 数据安全分级指南》,2020年9月23日,第1页。

〔5〕 王光宇、李海玉:《计算机科学概论》,电子科技大学出版社2016年版,第1页。

〔6〕 参见肖峰:《重勘信息的哲学含义》,载《中国社会科学》2010年第4期。

〔7〕 参见邬焜:《信息哲学——理论、体系、方法》,商务印书馆2005年版,第45页。

〔8〕 参见[英]L·弗洛里迪:《信息哲学的若干问题》,刘钢译,载《世界哲学》2004年第5期。

〔9〕 参见[意]卢西亚诺·弗洛里迪:《计算与信息哲学导论》(上册),刘钢译,商务印书馆2010年版,第126页。

事实、概念或指令的一种特殊表达或符号描述,其符号形式不仅限于数字,所有可以用来表达的符号形式,如语言、文字、图画和模型,都可以是数据。另一方面,数据与信息的联系在于,数据能对信息进行记录或表示。例如,《数据安全法》第3条规定,数据是指任何以电子或其他方式对信息的记录。又如,2022年欧盟委员会《数据法案(草案)》第2条第1款规定:"数据是指行为、事实或信息的任何数字表示,以及此类行为、事实或信息的任何汇编,包括声音、视觉或视听记录的形式。"或者说,信息来源于数据,数据是信息的载体。[1] 也"可以说数据是信息的'原材料',而信息则是数据加工后的'产品'"[2]。而就信息型行为对象而言,由于这是从网络犯罪行为对象的角度审视的,因而这一信息更多地与网络相关联。通常来讲,其主要涉及以下三类具体的行为对象。

一、网络个人信息

(一)网络个人信息的特征

随着计算机技术和网络的发展,个人信息的网络化日渐成为趋势。网络个人信息就是个人信息网络化或电子化的集中体现。而有关网络个人信息的特征,一般也是个人信息的特征在信息网络上的集中展现。一般说来,其特征表现在以下方面:

一是网络个人信息具有可识别性。可识别性,强调的是网络个人信息能直接或者间接地,[3]抑或是单独或者结合地识别特定个人的身份情况或活动情况。毕竟包括网络个人信息在内的个人信息是与特定个人相关联的、反映个体

---

〔1〕 参见李建松、唐雪华:《地理信息系统原理》,武汉大学出版社2015年版,第62页。

〔2〕 王光宇、李海玉:《计算机科学概论》,电子科技大学出版社2016年版,第1页。

〔3〕 参见文铭、莫殷:《大数据杀熟定价算法的法律规制》,载《北京航空航天大学学报(社会科学版)》2023年第2期。

特征的具有可识别性的符号系统。[1] 其实,这一特征在法律规范上就予以明确。例如,《网络安全法》第 76 条规定了,以电子记录的个人信息能够单独或者与其他信息结合时能够识别自然人的个人身份。又如,2017 年最高人民法院、最高人民检察院《关于办理侵犯公民个人信息刑事案件适用法律若干问题的解释》第 1 条规定,以电子方式记录的个人信息能够单独或者与其他信息结合时能够识别特定自然人的身份,或者反映特定自然人的活动情况。

二是网络个人信息具有客观存在性。这从两个角度就能说明:一个是从静态的角度看,网络个人信息是基于个人日常生活、社会交往所形成的电子信息,是在社会主体间产生的,信息生成后就已区别于人而独立存在,具有客观实在性亦就理所当然了。[2] 另一个是从动态的角度看,网络个人信息的流动性表明了其客观存在性。网络个人信息关系到个人,在社会生活中,人们为了更好地从事社会交往活动,往往需要收集、存储、加工、利用、传输、提供或公开相应的个人信息,特别是随着网络、信息技术的不断应用,社会环绕着流动而建构起来,[3] 为现实世界和网络世界带来全新的活力。[4] 而且,世界上不少国家对包括网络个人信息在内的个人信息的有序流动都作了明确规定,由此不仅佐证了包括网络个人信息在内的个人信息流动的现实性,更是表明了其客观存在性。例如,欧盟《一般数据保护条例》第 4 条规定,个人数据可被收集、记录、组织、建构、存储、自适应或修改、检索、咨询、使用、披露、传播或其他利用,或被排

---

〔1〕 参见王利明:《论个人信息权的法律保护——以个人信息权与隐私权的界分为中心》,载《现代法学》2013 年第 4 期。

〔2〕 参见肖峰:《信息的实在性与非实在性》,载《哲学研究》2010 年第 2 期。

〔3〕 参见[美]曼纽尔·卡斯特:《网络社会的崛起》,夏铸九等译,社会科学文献出版社 2001 年版,第 505 页。

〔4〕 See Primavera De Filippi, Lionel Maurel, "The paradoxes of open data and how to get rid of it? Analysing the interplay between open data and sui-generis rights on databases", *International Journal of Law and Information Technology*, Vol. 23, Issue 1, 2014, p. 21.

列、组合、限制、删除或销毁,无论此操作是否采用自动化的手段。德国《联邦数据保护法》第 3 条规定,个人数据除了被存储、修改、转让、封锁和删除外,[1]还能被自动处理。韩国《个人信息保护法》第 2 条规定,个人信息可被收集、生成、记录、存储、保留、增值处理、编辑、检索、更正、恢复、使用、提供、披露和销毁等。

三是网络个人信息具有利益反映性,或说具有法益关联性。[2] 一般而言,主要体现为对个人生活利益的反映。然而,生活利益具备多样性,不同类别的网络个人信息能反映不同形式的生活利益。具体而言,一是能反映个人的人身利益。例如,个人在信息网络上的姓名、身份证号码、工作单位等信息能反映个人的人格特征和身份特征。二是能反映个人的财产利益。比如,个人在信息网络上的电子账户名、支付口令、个人收入状况、拥有的不动产状况、拥有的车辆状况、纳税额、公积金缴存金额、个人社保金额等信息能体现个人的财产利益。若行为主体侵犯了这些个人信息,就会危及财产利益,例如,侵犯网络服务身份信息和密码口令,往往会危及个人的财产利益和其他合法利益。[3] 三是能反映个人的其他利益。例如,个人在信息网络上的社交记录、家庭住址等信息,就能反映个人的社交需求、生活安宁等利益。四是部分网络个人信息也能反映国家安全、公共利益。这类似有论者所言的"个人信息具有公共性和社会性"[4]。

---

〔1〕 欧盟《一般数据保护条例》和德国《联邦数据保护法》规定的"个人数据",乃语义数据(或称内容数据),与个人信息基本同义。参见纪海龙:《数据的私法定位与保护》,载《法学研究》2018 年第 6 期。

〔2〕 法益关联性,强调的是网络个人信息与法益存在联系。而根据前文,法益是根据宪法由法所保护的人的生活利益。由此而言,网络个人信息与个人的生活利益相关,同时考虑包括网络个人信息在内的信息都有客体反映性。因此,网络个人信息能反映人的生活利益,具有利益反映性。

〔3〕 See Lynne D. Roberts, David Indermaur, Caroline Spiranovic, "Fear of Cyber-Identity Theft and Related Fraudulent Activity", *Psychiatry, Psychology and Law*, Vol. 20, Issue 3, 2013, p. 316.

〔4〕 高富平:《个人信息保护:从个人控制到社会控制》,载《法学研究》2018 年第 3 期。

比如,大数据对个人信息的处理,往往与社会结构发展、社会利益相关;[1]又如,包括网络个人信息在内的信息安全已全面融入国家的个人领域,成为影响国家安全的重要因素。[2]

(二)网络个人信息的保护

个人信息关系到个人,可以说,有个人社会活动的存在,就有个人信息的存在。但是,网络个人信息并非自古就有。只有当网络来临能在信息网络上显示个人信息时,网络个人信息的保护才具有意义,所以在社会发展的早期,网络个人信息的保护并未引起刑法的关注。但是,随着社会的发展,个人信息受侵害的情形逐渐普遍,特别是在信息技术的广泛运用下,[3]对网络个人信息的侵犯日益成为严重的问题。[4] 为了应对这些情况,2009年《刑法修正案(七)》增设了出售、非法提供公民个人信息罪和非法获取公民个人信息罪。为此,有论者认为"通过刑事立法对种种严重侵犯公民个人信息的行为予以刑罚约束无疑是一项立法突破"[5]。

然而,随着网络的进一步普及和发展,侵犯公民个人信息的违法犯罪愈发突出,通过网络出售、非法提供或者非法获取公民个人信息的行为增多。为了

[1] See Bart van der Sloot, "How to assess privacy violations in the age of Big Data? Analysing the three different tests developed by the ECtHR and adding for a fourth one", *Information & Communications Technology Law*, Vol. 24, 2015, p. 75.

[2] See Christopher Kuner, et al, "The rise of cybersecurity and its impact on data protection", *International Data Privacy Law*, Vol. 7, Issue 2, 2017, p. 73.

[3] See Eugene E. Hutchinson, "Keeping your personal information personal: Trouble for the modern consumer", *Hofstra Law Review*, Vol. 43, Issue 4, 2015, p. 1153.

[4] See Jenna Mäkinen, "Data quality, sensitive data and joint controllership as examples of grey areas in the existing data protection framework for the Internet of Things", *Information & Communications Technology Law*, Vol. 24, Issue 3, 2015, p. 263.

[5] 曲伶俐:《刑法修正案(七)及网络犯罪实务问题研究》,中国人民公安大学出版社2010年版,第51页。

进一步加强对公民个人信息的保护,《刑法修正案(九)》根据实践需要和有关方面的意见对《刑法》第253条之一进行了修改。[1] 也即,在2015年《刑法修正案(九)》中,将出售、非法提供公民个人信息罪和非法获取公民个人信息罪整合为侵犯公民个人信息罪。

同时,包括网络个人信息在内的个人信息的保护,在前置法上也得到了关注。只不过,在不同的阶段,其所保护的重心有所侧重。起先,前置法所保护的重心在于个人信息。例如,《统计法》(2009年)第9条规定,统计机构及其人员应对在统计工作中知悉的个人信息予以保密。《居民身份证法》(2011年)第6条第3款规定,公安机关及其人民警察对因制作、发放、查验、扣押居民身份证而知悉的公民的个人信息,应予以保密;第13条第2款强调,有关单位及其工作人员对履行职责或提供服务中获得的居民身份证记载的个人信息,也应保密。随后,前置法逐渐重视对网络个人信息的保护。比如,全国人民代表大会常务委员会《关于加强网络信息保护的决定》(2012年)规定,国家保护能识别公民个人身份和涉及公民个人隐私的电子信息。《网络安全法》(2016年)第40条规定,网络运营者应严格保密其所收集的用户信息;第41条第2款也指出,不得收集与其提供服务无关的个人信息,不得违反法律、行政法规的规定和双方的约定收集、使用个人信息。而后,对于包括网络个人信息在内的个人信息,前置法更加重视从个人信息权的角度进行保护。例如,《民法典》(2020年)第111条和第1034条都规定,"自然人的个人信息受法律保护",尽管未直接说明个人信息权,但将该条置于民事权利这一章(第5章),就已说明了个人信息在性质上已属于民事权利之一。而到了《个人信息保护法》,就已明确规定(第2条),"自然人的个人信息

[1] 参见王爱立:《中华人民共和国刑法修正案(九)(十)解读》,中国法制出版社2018年版,第118~119页。

受法律保护，任何组织、个人不得侵害自然人的个人信息权益”。

二、网络虚假信息

网络虚假信息，是网络发展的“副产品”，是虚假信息在信息网络上得以存在的集中体现。

(一)网络虚假信息的界定

理论上，在界定网络虚假信息时，更多是从网络谣言的角度关注的。例如，有论者就直言，在刑法限制解释的语境下，对于谣言和虚假信息可作同等理解。〔1〕在本书看来，两者并非等同，毕竟包括网络谣言在内的谣言既有可能涉及虚假信息也有可能包括真实信息。诚如有论者所言：“网络谣言本身可能是虚假的，也可能是真实的，不一定必然是网络虚假信息。”〔2〕

所谓网络虚假信息，依本书之见，主要指的是在网络上生成或者传播的虚假信息。由于其是虚假信息在网络上的具体体现，因而其也具备虚假信息该有的以下特征。

一是不真实性。不真实性强调的是信息的内容违反事实。要么是虚构的、不存在的信息，要么是对既有真实信息加工、改造的信息。〔3〕由此可以看出，网络虚假信息不同于网络谣言，网络谣言的核心特征在于未证实性，或者说没有根据性。〔4〕因此，对于有论者将网络谣言等同于网络虚假信息的观点，本书

---

〔1〕参见苏青：《网络谣言的刑法规制：基于〈刑法修正案(九)〉的解读》，载《当代法学》2017年第1期。

〔2〕廖斌、何显兵：《论网络虚假信息的刑法规制》，载《法律适用》2015年第3期。

〔3〕参见赵秉志、徐文文：《论我国编造、传播虚假信息的刑法规制》，载《当代法学》2014年第5期。

〔4〕参见孙万怀、卢恒飞：《刑法应当理性应对网络谣言——对网络造谣司法解释的实证评估》，载《法学》2013年第11期。

不予以赞同。毕竟“网络谣言本身可能是虚假的,也可能是真实的,不一定必然是网络虚假信息”[1]。

二是传播性。网络虚假信息凭借信息网络会在一定范围内传播,其传播范围的大小和传播的速度,往往受传播过程中传播者、受众及传播媒介的影响而变化。正如有论者所指出的,“网络虚假信息的重要特点在于,网络环境对虚假信息的后果具有无限放大效应,相关的虚假信息一经发布,就可能瞬间实现极大范围内的传播”[2]。

三是客体反映性。网络虚假信息作为与客体(即特定的人、事、物)不相符的信息,必然能对特定的人、事、物进行反映,如果完全离开这些客体的话,那么信息就不足以诱使人们产生相应的举动和行为,自然也就不会进入刑法关注的范围。

(二)网络虚假信息的类型

网络虚假信息是虚假信息在网络上生成或者传播的具体体现,根据我国刑法的规定,网络虚假信息主要有以下几种类型。

一是网络诽谤性信息。此类信息是指在网络中以损害他人名誉、商业信誉、商品声誉为目的捏造、散布,足以侵害他人名誉、商业信誉、商品声誉的不真实信息。其中,就损害他人名誉的网络诽谤性信息而言,根据2013年最高人民法院、最高人民检察《关于办理利用信息网络实施诽谤等刑事案件适用法律若干问题的解释》第1条的规定,通常包括三类:(1)捏造损害他人名誉的事实,在信息网络上散布,或者组织、指使人员在信息网络上散布的信息;(2)将信息网络上涉及他人的原始信息内容篡改为损害他人名誉的事实,在信息网络上散

---

[1] 廖斌、何显兵:《论网络虚假信息的刑法规制》,载《法律适用》2015年第3期。

[2] 王若冰:《〈民法典〉视角下网络虚假信息的规制》,载《当代法学》2021年第6期。

布,或者组织、指使人员在信息网络上散布的信息;(3)明知是捏造的损害他人名誉的事实,在信息网络上散布,情节恶劣的信息。就损害商业信誉、商品声誉的网络诽谤性信息而言,强调的是利用网络散布了损害他人商业信誉、商品声誉的信息。根据最高人民检察院、公安部《关于公安机关管辖的刑事案件立案追诉标准的规定(二)》(2010 年)第 74 条的规定,只要利用互联网或者其他媒体公开损害他人商业信誉、商品声誉,就符合了立案追诉的条件。为此,在实践中,不乏将仅仅发一条朋友圈的行为认定为损害他人商业信誉、情节严重的情况。[1]

二是网络虚假恐怖信息。该类信息是指在信息网络上编造的爆炸威胁、生化威胁、放射威胁等严重扰乱社会秩序的信息。关于该类信息的范围,根据 2003 年最高人民法院、最高人民检察院《关于办理妨害预防、控制突发传染病疫情等灾害的刑事案件具体应用法律若干问题的解释》第 10 条第 1 款的规定,与突发传染病疫情等灾害有关的信息可以视为网络虚假恐怖信息;根据 2013 年最高人民法院《关于审理编造、故意传播虚假恐怖信息刑事案件适用法律若干问题的解释》第 6 条的规定,以发生重大灾情、重大疫情等严重威胁公共安全的事件为内容,可能引起社会恐慌或者公共安全危机的不真实信息,也可以视为网络虚假恐怖信息。显然,在《刑法修正案(九)》出台前可以这样理解,但在《刑法修正案(九)》增设编造、故意传播虚假信息罪后,有必要予以限制,即在信息网络上传播的虚假灾情、疫情信息,应属于接下来所述的其他网络虚假信息。毕竟 2020 年最高人民法院、最高人民检察院、公安部、司法部《关于依法惩治妨害新型冠状病毒感染肺炎疫情防控违法犯罪的意见》就强调了,在信息网络或者其他媒体传播的虚假疫情信息,应属于编造、故意传播虚假信息罪规制

〔1〕 参见内蒙古自治区额尔古纳市人民法院刑事判决书,(2014)额刑初字第 38 号。

的信息。

三是其他网络虚假信息。根据刑法的规定,主要有两类情形:一类是在网络上传播的虚假险情、疫情、灾情、警情的信息。其中,险情指的是可能造成重大人员伤亡或者重大财产损失的危险情况;疫情指的是重大疾病、传染病(如传染性非典型肺炎、新型冠状病毒肺炎)的发生、蔓延等情况;灾情指的是水灾、火灾、地质灾害等灾害情况;警情指的是能引起警察采取重大措施的情况。另一类则是在网络上传播的影响证券、期货交易的虚假信息。不过,对此虚假信息是否限定为重大信息?理论上有不同的观点,一种观点认为,"'虚假信息'是就事实而言,而且必须是足以影响证券、期货交易市场的重大事实"[1]。另一种观点则认为,这种虚假信息不应有重大性的限定,为此,持此观点的论者还给出了理由,即立法上并未要求这里的虚假信息须是重大信息,而且何谓重大信息一般很难在实践中判定。[2] 在本书看来,这种虚假信息有必要限定,毕竟《刑法》第181条规定,行为主体编造并且传播这种虚假信息要能影响到证券、期货交易,给证券、期货交易市场造成扰乱。据此可见,不能认为只要信息是虚假的就是此处的信息。理由在于,有些信息尽管是虚假的,但并不足以扰乱证券、期货交易,而且不能因为实践中很难判定就不对此类信息进行限定,毕竟此类信息的限定与认定是两个不同性质的问题,因而此处的虚假信息有必要限定为重大信息,且这一信息的判断宜以影响证券、期货交易,给证券、期货交易市场造成扰乱为标准。

---

[1] 张明楷:《刑法学(下)》,法律出版社2021年版,第1013页。

[2] 参见王守俊:《编造并传播证券、期货交易虚假信息罪适用问题论析》,载《经济研究导刊》2016年第31期。

三、网络淫秽信息

随着计算机技术的进步和网络的发展，淫秽信息的网络化趋势愈发明显。特别是进入20世纪90年代以后，借助于计算机、网络和多媒体技术，色情作品以电子数据形式在信息网络上迅速传播起来。[1]

（一）网络淫秽信息的理解

由于网络淫秽信息表现为淫秽信息的网络化，因而对网络淫秽信息理解的关键，在于把握淫秽信息。虽然我国刑法里没有出现淫秽信息的表述，但司法解释在解释淫秽物品时，却将其纳入了淫秽物品的范畴。比如，最高人民法院、最高人民检察院《关于办理利用互联网、移动通讯终端、声讯台制作、复制、出版、贩卖、传播淫秽电子信息刑事案件具体应用法律若干问题的解释》第9条规定，《刑法》第367条第1款规定的"其他淫秽物品"，包括具体描绘性行为或者露骨宣扬色情的诲淫性的视频文件、音频文件、电子刊物、图片、文章、短信息等互联网、移动通讯终端电子信息和声讯台语音信息。有关人体生理、医学知识的电子信息和声讯台语音信息不是淫秽物品。对此，需要思考的是，以淫秽信息来解释淫秽物品是否合理？理论上有两种截然不同的主张：否定说认为，不能将其解释为淫秽信息，否则会违反罪刑法定原则。比如，"将淫秽语音信息认定为淫秽'物品'，超出了'物品'用语可能具有的含义"[2]。肯定说认为，将其解释为淫秽信息具有妥当性。恰如有论者所说："将淫秽的信息数据解释为'淫秽信息'，既扩大了传统刑法的适用范围，又没有超出法条用语的可能

---

〔1〕 参见皮勇：《互联网上淫秽信息涉罪的几个问题》，载《法学评论》2002年第3期。

〔2〕 黎其武：《浅析惩治淫秽信息犯罪案件司法解释》，载《信息网络安全》2010年第6期。

含义。”[1]

在本书看来，上述肯定说更为合理，理由在于：一方面，淫秽信息乃信息的具体类别，如前所述，其也是现实存在的东西，具有客观存在性，而淫秽物品与之类似，独立于人的意识而能客观存在，因而两者都属于不法行为所指向的行为对象。另一方面，由于淫秽信息属于信息的具体类别，所以也能表征客体（包括事物）的特征或含义，即有客体反映性。换言之，其能反映出客体（淫秽物品）的具体描绘性行为或者露骨宣扬色情的诲淫性内容，因而将淫秽物品（包括网络淫秽物品）解释成淫秽信息（包括网络淫秽信息）没有超出国民可预测性。正如有论者所言，把计算机硬盘认定为淫秽图画并不会非常不自然。[2]进一步而言，回答“以淫秽信息来解释淫秽物品是否合理”的实质，在于弄清淫秽物品与淫秽信息两者之间的关系。依本书之见，淫秽物品强调的是淫秽信息所承载的物质性客体，而淫秽信息则是反映淫秽物品的所含内容，如果淫秽物品的内容能被淫秽信息所反映的话，那么就能说明以淫秽信息来解释淫秽物品存在合理性。诚如有论者所指出的：“淫秽物品是有形之物体和无形之内容的统一体，确然，即使是网络淫秽信息也必然存储于服务器、主机等设备的硬盘之中。但是，淫秽物品之所以对社会风尚和性道德具有负面影响，会无端挑起人的性欲，从法益侵害性考虑，并不在于其物质性，而在于其信息内容。”[3]不过，要说明的是，由此是否意味着包括网络淫秽信息在内的淫秽信息就是淫秽物品呢？本书认为，不能如此解释。毕竟淫秽物品的特点在于，作为具体类型的物品，其是具体描绘性行为或者露骨宣扬色情的诲淫性内容所承载的客体，其不

[1] 欧阳本祺：《论网络时代刑法解释的限度》，载《中国法学》2017年第3期。

[2] 参见［日］山中敬一：《刑法各論》，成文堂2004年版，第660页。

[3] 金鸿浩：《互联网时代传播淫秽物品罪的实务反思与规则重塑——基于对368份传播淫秽物品罪判决书的分析》，载《华东政法大学学报》2016年第2期。

仅具有客观存在性,更是被不法行为所作用的行为对象。也就是说,若不能满足这些特点的淫秽信息,就不是淫秽物品。比如,不能满足这些特点但能以网络淫秽信息来解释的淫秽行为,就不是淫秽物品。

(二)网络淫秽信息的认定

网络淫秽信息的认定,正如前述所提到的,其焦点问题在于,网络淫秽信息是否都可以认定为淫秽物品(包括网络淫秽物品)? 以网络直播中的网络淫秽信息认定为例,主播利用信息网络现场进行淫秽表演或者展示含有淫秽内容的视频、音频文件、图片等网络淫秽信息的,是否都是淫秽物品呢?

本书认为,尽管这些淫秽信息都是以网络化形式再现的,但不能就此认为都是淫秽物品。"猥亵的图像数据具有固定性和传播性的要件,将数据本身直接理解为猥亵物,这种探讨实质上也是可以成立的,但最终障碍仍在于,很难说数据本身就是'物'。"[1]因此,有必要予以区分:(1)当主播在网络直播平台上实施裸体展示等色情表演时,是否属于 2004 年最高人民法院、最高人民检察院《关于办理利用互联网、移动通讯终端、声讯台制作、复制、出版、贩卖、传播淫秽电子信息刑事案件具体应用法律若干问题的解释》第 9 条规定的淫秽物品? 这在理论上存在较大的争议。赞同者认为,将淫秽表演归入淫秽物品的范畴,实际上是对淫秽物品的外延作了范围更广的扩大解释;而反对者却认为,将直播淫秽表演行为认定为传播淫秽物品,不可避免地会导致刑法适用的混乱。[2]在本书看来,此种网络淫秽信息不属于淫秽物品。理由在于,虽然主播的现场淫秽表演是客观存在的,也能反映具体描绘性行为或者露骨宣扬色情的诲淫性内容,但其不是被主播行为所作用的客体,即不是前述不法行为所指向的行为

---

〔1〕 [日]山口厚:《刑法各论》,王昭武译,中国人民大学出版社 2011 年版,第 595 页。
〔2〕 参见刘伟:《网络直播犯罪研究》,载《江西社会科学》2020 年第 5 期。

对象，恰恰相反，其是淫秽这一不法行为本身，因而不能将其解释为淫秽物品。(2)当主播利用互联网或者其他移动通讯终端，向观看直播的网络用户展示已经制作成功含有淫秽表演等色情内容的视频、音频文件、图片时，由于展示的视频、音频文件、图片不仅是客观存在的，也能反映具体描绘性行为或者露骨宣扬色情的诲淫性内容，还能被不法行为所作用。因此，此种情形属于2004年最高人民法院、最高人民检察院《关于办理利用互联网、移动通讯终端、声讯台制作、复制、出版、贩卖、传播淫秽电子信息刑事案件具体应用法律若干问题的解释》第9条解释的淫秽物品。[1] 也就是说，这属于具体描绘性行为或者露骨宣扬色情的诲淫性的互联网信息，即网络淫秽信息。

---

〔1〕 参见汪恭政：《网络直播平台色情行为的刑法规制》，载《南京航空航天大学学报（社会科学版）》2018年第1期。

第六章　网络犯罪的结果与法益

对于不少网络犯罪的成立来说，发生网络犯罪的结果往往是必要的。而结果的探讨又离不开对法益的关注。“单单是实施加害行为的意思表现于外部还不够。犯罪是针对于保护法益的加害行为的类型，现实地由于加害行为而发生了‘结果’的场合，则成立犯罪。”[1]因而有必要在本章对网络犯罪的结果与法益作出解读。

第一节　网络犯罪的结果

由于网络犯罪的结果属于刑法上结果的具体类型，所以在了解网络犯罪的结果及其类型之前有必要认识一下刑法上的结果。

一、结果的界定

界定刑法上的结果，或者说界定刑法上的危害结果，[2]在本书看来，需要

---

〔1〕［日］山口厚：《刑法总论》，付立庆译，中国人民大学出版社2018年版，第44页。

〔2〕结果更多的是阶层犯罪论中的称谓，而从四要件犯罪论角度来讲的话，更多的称为危害结果。本书除了有特别说明之处外，其所谈到的危害结果与结果同义。

把握其概念与性质。

(一)结果的概念

何谓结果,理论上对其存在不同的表述。第一种表述是从其与行为的关系上看的,即结果指的是行为所引起的具有社会意义的外界变化。第二种表述是从其与行为对象的关系上看的,即结果指的是行为对行为对象所造成的有形危害作用。第三种表述是从其与法益的关系上看的,即结果指的是对法益所造成的侵犯。"用刑法上的术语来说,人们将需要避免的损害称为结果。结果这一概念所意指的是对于规范所保护的法益的负面改变。"[1]

面对上述不同的表述,对于第一种表述而言,可以说,这种结果的概念适用于所有的犯罪,而且超出了刑法分则条文所规定的范围。诚如有论者所言,这种结果概念对于所有的犯罪来说,都是不可缺少的,是进入犯罪构成以前的、尚未被法律评价的素材或者说是犯罪的前提,而不是犯罪构成范围之内的结果。[2] 对于第二种表述而言,结果的界定范围相对狭窄,毕竟其中一个重要的原因在于并非任何犯罪都有行为对象。对于第三种表述而言,从行为给法益造成侵犯的角度界定结果,诠释了所有犯罪共同具有的特征,因而这也是本书的主张。不过,对于这种表述,需要讨论的是,行为对法益的侵犯,是仅限于行为给法益造成实际损害,还是除了实际损害外还包括行为对法益构成现实危险?毕竟"危险概念是一个危险的概念",[3]既可以是行为主体的危险,也可以是行为的危险。其中,行为主体的危险指的是行为主体的人身危险性。"行为人不是因为实施了一个行为而有罪,而是因为他是'一个这样的人'而成为法定责

---

〔1〕 [德]乌尔斯·金德霍伊泽尔:《刑法总论教科书》,蔡桂生译,北京大学出版社2015年版,第77页。

〔2〕 参见黎宏:《刑法学总论》,法律出版社2016年版,第72页。

〔3〕 [日]木村亀二:《新刑法読本》,法文社1959年版,第263页。

难的对象。”[1]而行为(广义)的危险,指的是行为对法益造成实际损害的危险。根据行为本身是否包含结果在内,行为(广义)的危险又细分为作为行为的危险和作为结果的危险。其中,作为行为的危险,指的是行为本身所具有的能导致结果发生的可能性,即行为属性的危险;作为结果的危险指的是由行为造成的威胁法益的具体状态。对于两者的差异,正如有论者所总结的那样:“这两个危险概念的差异,在于成为危险判断对象的时点的差异以及由此所导致的判断基础的范围差异——在‘行为的危险性’中,应限定在行为时存在的事实;而在‘作为结果的危险’中,应将事态发生时的所存在的事实都作为危险判断应考虑的内容。此外,如果在‘行为的危险性’中只将‘行为’作为判断的基础,那么这种危险就比‘作为结果的危险’的内容更为抽象。即使不把判断基础的内容仅仅限定在‘行为’上,由于‘行为的危险性’并不经常意味着‘结果’的‘实现’,因此这种危险还是比‘作为结果的危险’具有更抽象内容的危险。”[2]基于此,本书认为,行为对法益的侵犯,不仅涉及行为对法益造成的实际损害还包括行为对法益构成的现实危险。而且,此处的危险指的是行为的危险,更具体地说,指的是其中作为结果的危险。

(二)结果的性质

一是因果性。这是从结果与行为的关系上看的。“刑法上,将结果能否归责于行为,更加严密地讲,以行为引起的结果为理由,越是能够给予加重的违法评价可能性的关系,就越是必须提出行为与结果之间的关系的问题。”[3]在理论界,有关二者的关系,存在不同的讨论。在结果无价值论中,结果反映了法益

---

〔1〕［德］克劳斯·罗克辛:《德国刑法学总论》(第1卷),王世洲译,法律出版社2005年版,第107页。

〔2〕［日］山口厚:《危険犯の研究》,东京大学出版会1982年版,第56~57页。

〔3〕［日］井田良:《刑法总论的理论构造》,秦一禾译,中国政法大学出版社2021年版,第39页。

侵害程度,而这一侵害程度却是由行为所引起的,由此说明了行为与结果存在因果关系。在行为无价值论中,无论是将结果视作判断规范是否被违反的资料看待而不具有独立的意义,还是认为结果具有独立的意义,[1]往往都是按照“规范违反性有无的判断,必须以行为时为基点进行决定(事前判断)”的思路判断的,由此都能说明行为与结果存在因果性。毕竟结果是有违反行为规范的行为所造成,如果认为行为是原因的话,那么结果则是原因引起的后果。

二是客观性。由前述可知,结果既涉及行为给法益造成的实际损害,也包括行为对法益构成的现实危险。行为无论是给法益造成的实际损害还是对法益构成的现实危险,都表明了结果是客观存在的。“结果本应是一种外部的客观状况,在一般情况下,是否发生了结果是容易认定的。”[2]换言之,如果不是客观存在而是主观推测的结果,则不能归入此类结果的范畴。

三是法定性。法定性强调结果应是作为构成要件要素的结果,而构成要件乃“通过解释刑法法规确定其含义而表明的各个犯罪行为的类型或观念形象”[3]。由此可见,作为构成要件要素的结果,即构成要件结果,应由刑法分则条文所规定,并非泛指一切客观存在的结果。

二、结果角度的网络犯罪类型

无论是立足法益从结果类型的角度看也好,还是从结果决定犯罪成立与否或是决定犯罪既遂与否的角度看也罢,犯罪都有不同的类型。而作为具体类型的网络犯罪,亦不例外。

---

〔1〕参见周光权:《刑法总论》,中国人民大学出版社2016年版,第120页。
〔2〕张明楷:《外国刑法纲要》,法律出版社2020年版,第85~86页。
〔3〕[日]井田良:《講義刑法学・総論》,有斐阁2008年版,第87页。

(一)危险犯与实害犯

立足法益从结果类型的角度看,即承认结果既涉及行为给法益造成的实际损害也包括行为对法益构成的现实危险的话,那么由此形成的犯罪分类就可以分为危险犯与实害犯。“按照处罚根据的内容,可以将犯罪区分为侵害犯与危险犯。将对保护法益的侵害作为处罚根据的犯罪是侵害犯,不是将法益侵害的现实发生,而是将发生侵害的危险作为处罚根据的犯罪是危险犯。”[1]本书基本同意此观点,无论是危险犯还是实害犯,都是从犯罪(包括网络犯罪)成立的角度而言的。其中,危险犯强调的是包括网络犯罪在内的犯罪的成立只需具备危险即可,而实害犯则是意味着包括网络犯罪在内的犯罪的成立需要具备实害结果。比如,就破坏计算机信息系统罪而言,根据《刑法》第286条第1款的规定,成立本罪,要求破坏计算机信息系统的行为造成计算机信息系统不能正常运行,由此意味着本罪是实害犯。

不过,对于危险犯而言,还可以进一步分为抽象危险犯与具体危险犯。有关二者的区分标准,理论上存在不同的观点:第一种观点认为,抽象危险犯是不以发生危险作为构成要件要素的犯罪,而具体危险犯则是以发生危险作为构成要件要素的犯罪;第二种观点认为,抽象危险犯指的是作为行为的危险的犯罪,而具体危险犯则是作为结果的危险的犯罪;第三种观点认为,抽象危险犯是以发生法益侵害的抽象危险的犯罪,而具体危险犯则是以发生法益侵害的具体危险的犯罪,也即,抽象危险犯的危险是比较缓和的危险而具体危险犯的危险则是高度的危险。[2] 本书认为,有关抽象危险犯与具体危险犯之分,有必要从包括网络犯罪在内的犯罪成立的角度展开。由前述可知,无论是抽象危险犯还是

[1] [日]山口厚:《危険犯の研究》,东京大学出版会1982年版,第3页。

[2] [日]山口厚:《刑法総論》,有斐阁2007年版,第46页。

具体危险犯,都要求某个犯罪(包括网络犯罪)的成立需要具备危险。只不过抽象危险犯要求的是抽象危险而具体危险犯要求的则是具体危险而已。“具体的危险犯需要发生法益侵害的现实的、具体的危险,而抽象的危险犯只需发生法益侵害的抽象的危险就足够了。”[1]进一步讲,就抽象危险犯而言,立法者在刑法分则条文中只规定了行为,只要行为主体实施了行为就会产生抽象危险。也即,这种危险是由立法者确定的,不需要在司法适用中具体判断。例如,行为主体利用网络组织进行淫秽表演的,此时产生的危险就是抽象危险,不需要在司法适用中予以具体判断。相反,就具体危险犯而言,则需要在司法适用中予以具体判断。比如,行为主体在生产中违反有关安全管理的规定,篡改直接关系生产安全的相关数据,具有发生其他严重后果的现实危险的,此时的危险就需要在司法适用中予以具体判断。

(二)行为犯与结果犯

对于行为犯与结果犯的区分,在理论上也有不同的观点:第一种观点认为,行为犯指的是构成要件中只规定了行为内容或者行为进程的犯罪,而结果犯则是在构成要件中规定了结果内容的犯罪;第二种观点认为,行为犯是指行为的终了与结果的发生没有时间间隔的犯罪,而结果犯则是行为的终了与结果的发生具有时间间隔的犯罪;第三种观点认为,侵犯的特定行为对象若不是构成要件要素的犯罪就是行为犯,若特定行为对象属于构成要件要素的则是结果犯;第四种观点认为,行为犯是不以行为对象发生状态变化为必要的犯罪,而结果犯则是以行为对象发生状态变化为必要的犯罪。

在本书看来,行为犯与结果犯之分是从两个角度理解的产物。一是,若从犯罪成立的角度理解的话,行为犯则是不将实害结果作为犯罪成立条件的犯

---

〔1〕[日]前田雅英:《刑法总论讲义》,曾文科译,北京大学出版社2017年版,第61页。

罪,例如,非法侵入计算机信息系统罪的成立就不要求有实害结果,相反若将实害结果作为犯罪成立条件的就是结果犯,例如,破坏计算机信息系统罪的成立就需要有"造成计算机信息系统不能正常运行,后果严重的"结果。二是,若从犯罪既遂的角度理解的话,行为犯则指不将实害结果作为犯罪既遂条件的犯罪,而结果犯就是将实害结果作为犯罪既遂条件的犯罪。所以有论者才指出,行为犯是指以法定犯罪行为的完成作为既遂标志的犯罪,结果犯是指不仅要实施具体犯罪构成客观要件的行为而且必须发生法定的犯罪结果才构成既遂的犯罪。[1]

与此同时,需要说明的是,行为犯也具有违反规范地侵害法益的性质。通常而言,行为犯的行为违反行为规范没有疑问,但若不承认这种行为也会侵害法益的话,无疑会扩大刑法的评价范围。比如,行为主体利用网络实施刑法规定的煽动类犯罪,要考虑煽动行为对法益所造成的危害影响。因此,本书认为,行为犯的行为也会对法益构成侵犯。而且,从结果犯的角度也能看出,结果犯所出现的法益遭受实际损害的结果,可以很好地衡量行为违反规范地侵害法益的程度。而当法益遭受实际损害的这一实害结果与行为的时间间隔逐渐趋近时,此时便有行为犯存在的空间了。形象地说,行为犯意味着行为的实施与实害结果的出现在时间轴上呈同步出现的"点"的关系,而结果犯意味着两者在时间轴上呈先后出现的"段"的关系,这也佐证了上述第二种观点有一定的合理性。因此,本书进一步认为,后文所述的因果关系不会成为行为犯的判断问题,这是因为作为行为的"因"与作为法益侵害的"果"同时出现了,相反结果犯要考虑因果关系的判断。

---

〔1〕 参见高铭暄、马克昌:《刑法学》,北京大学出版社2019年版,第145页。

第二节　网络犯罪的法益

根据前述,由于包括网络犯罪在内的犯罪结果更多是从法益的角度理解的,因而为了更好地把握结果,就有必要对法益形成认识。考虑到网络犯罪存在不同的犯罪类型,为此有必要逐一识别。

一、针对计算机信息系统的犯罪的法益

针对计算机信息系统的犯罪,由于主要涉及《刑法》第285条第1款规定的非法侵入计算机信息系统罪、《刑法》第285条第2款规定的非法获取计算机信息系统数据、非法控制计算机信息系统罪、《刑法》第285条第3款规定的提供侵入、非法控制计算机信息系统程序、工具罪以及《刑法》第286条的破坏计算机信息系统罪,因而识别针对计算机信息系统的犯罪的法益时,就有必要从这些罪名上入手。

(一)非法侵入计算机信息系统罪的法益

对于非法侵入计算机信息系统罪的法益,理论上有不同观点。一种观点认为,"本罪所侵犯的客体是国家重要领域计算机信息系统的安全"[1]。另一种观点则强调,本罪保护的法益是未经授权或者未经许可地访问国家重要领域的计算机信息系统。本书认为,两种观点并非完全对立,而是存在联系。由此而言,本罪的法益是国家重要领域计算机信息系统的安全,只是这种安全是以防止未经授权或者未经许可的访问方式来维护的。也即,当行为主体未经授权或

〔1〕 赵秉志等:《论非法侵入计算机信息系统罪》,载《法学研究》1999年第2期;张丽霞、孙学军:《试析非法侵入计算机信息系统罪》,载《河北法学》2005年第6期。

者未经许可地访问国家重要领域的计算机信息系统时,意味着对计算机信息系统安全造成侵犯。这是因为,由《刑法》第 285 条第 1 款的规定可知,一旦行为主体违反国家规定侵入国家事务、国防建设、尖端科学技术领域的计算机信息系统就可以构成本罪。而且,根据《网络安全法》第 21 条的规定,网络运营者应保障网络免受干扰、破坏或者未经授权的访问,防止网络数据泄露或者被窃取、篡改,而这旨在落实国家实行网络(包括计算机信息系统)安全等级保护制度。因此,本书认为,本罪的法益乃国家重要领域的计算机信息系统安全,只是这种安全是以防止未经授权或者未经许可的访问方式来维护的而已。

(二)非法获取计算机信息系统数据、非法控制计算机信息系统罪的法益

非法获取计算机信息系统数据、非法控制计算机信息系统罪"是对刑法第 285 条第 1 款的补充,其保护法益是国家事务、国防建设、尖端科学技术领域之外的普通计算机信息的安全"〔1〕。单就非法获取计算机信息系统数据罪而言,就有论者补充道:"在当前以计算机信息系统安全为主要保护法益的刑法体系下,该罪设立的初衷也不在于保护数据安全。"〔2〕不过,也有论者提出不同的观点,认为非法获取计算机信息系统数据罪保护的是数据安全。也即,该罪应限于以数据为对象、以数据安全为保护法益的犯罪。〔3〕 更进一步地讲,该罪旨在保护数据的机密性和可用性。〔4〕 在本书看来,要识别非法获取计算机信息系

---

〔1〕 黎宏:《刑法学各论》,法律出版社 2016 年版,第 363 页。

〔2〕 苏青:《数据犯罪的规制困境及其对策完善——基于非法获取计算机信息系统数据罪的展开》,载《法学》2022 年第 7 期。

〔3〕 参见杨志琼:《非法获取计算机信息系统数据罪"口袋化"的实证分析及其处理路径》,载《法学评论》2018 年第 6 期。

〔4〕 参见郭旨龙:《非法获取计算机信息系统数据罪的规范结构与罪名功能——基于案例与比较法的反思》,载《政治与法律》2021 年第 1 期。

统数据罪的法益,有必要弄清本罪的行为对象,毕竟行为对象与法益存在关联。根据《刑法》第285条第2款的规定,本罪的行为对象乃计算机信息系统中存储、处理或者传输的数据,即计算机信息系统数据。由此可见,本罪的设立旨在保护的是计算机信息系统数据。换言之,本罪的法益应是权利人对计算机信息系统数据的控制权,即防止行为主体侵犯他人对计算机信息系统数据的占有、使用、处分等权利。不过,在数据犯罪口袋化趋势愈发明显的当前情况下,出于限制该罪口袋化趋势的考虑,本书目前认为,本罪也涉及对计算机信息系统安全的保护,即以防止未经授权或者未经许可的访问方式来维护的。概而言之,本罪的法益强调的是对计算机信息系统中存储、处理或者传输的数据的保护,具体是以防止未经授权或者未经许可的访问方式来维护的。

对于非法控制计算机信息系统罪而言,如前所述,学界通常认为,本罪的法益也是国家事务、国防建设、尖端科学技术领域以外的普通计算机信息系统的安全。正如有论者所指出的那样,基于斩断危害计算机信息系统安全犯罪的利益链条的考虑,规定了危害计算机信息系统安全犯罪各环节的刑事责任,[1]而这其中就包括本罪。本书同意本罪的法益为计算机信息系统安全。不过,需要指出的是,这并非限于国家事务、国防建设、尖端科学技术领域以外的计算机信息系统安全,如果是对国家事务、国防建设、尖端科学技术领域的计算机信息系统实施非法控制,达到情节严重的,也能以非法控制计算机信息系统罪评价。

(三)提供侵入、非法控制计算机信息系统程序、工具罪的法益

提供侵入、非法控制计算机信息系统程序、工具罪的法益,一般认为是计算机信息系统安全。对此,无论是理论界还是实务界,目前基本没有争议。诚如

[1] 参见喻海松:《〈关于办理危害计算机信息系统安全刑事案件应用法律若干问题的解释〉的理解与适用》,载《人民司法》2011年第19期。

有论者所言："该罪的犯罪构成要件中，主客体要件均无争议。"[1]本书同意此种观点，即使提供专门用于侵入、非法控制国家事务、国防建设、尖端科学技术领域的计算机信息系统的程序、工具的，或者明知他人实施侵入、非法控制国家事务、国防建设、尖端科学技术领域的计算机信息系统的违法犯罪行为而为其提供程序、工具的，也意味着能对计算机信息系统安全构成侵犯，达到情节严重的，能以本罪来评价。

（四）破坏计算机信息系统罪的法益

在本书看来，破坏计算机信息系统罪的法益，有必要根据《刑法》第 286 条的规定逐一进行解读。《刑法》第 286 条第 1 款规定，违反国家规定，对计算机信息系统功能进行删除、修改、增加、干扰，造成计算机信息系统不能正常运行，后果严重的，构成本罪。可见，本款旨在保护计算机信息系统的正常运行。其实，从后果严重的解读中也可以看出，无论后果严重表明的是导致计算机信息系统功能损害的严重性，还是基于计算机信息系统不能正常运行所引发的严重性，都说明本款旨在保护计算机信息系统的正常运行。《刑法》第 286 条第 3 款规定，故意制作、传播计算机病毒等破坏性程序，影响计算机系统正常运行，后果严重的，构成本罪。尽管该款没有规定制作、传播计算机病毒等破坏性程序会造成计算机信息系统不能正常运行，但鉴于计算机病毒等破坏性程序对计算机信息系统的破坏危险性，同时在后果严重的情况下，势必也会影响计算机信息系统的正常运行。综合上述两款可知，本罪保护的法益乃计算机信息系统安全。但是，目前存在争议的是《刑法》第 286 条第 2 款，不少论者主张本款保护的法益并非计算机信息系统的正常运行，而是数据安全。比如，有论者就直接

[1] 易琦、梁燕宏：《提供侵入、非法控制计算机信息系统程序、工具罪的司法认定》，载《中国检察官》2018 年第 4 期。

指出，本款保护的法益就是数据和应用程序的真实性、完整性与可利用性，以及他人对数据和应用程序的占有、使用、处分等权利。[1] 本书不同意此种观点，仍坚持认为本款保护的法益乃计算机信息系统的正常运行。这是因为，无论是《刑法》第286条的第1款、第3款，还是第2款，都统合在一个罪名之下，意味着其所保护的法益具有同一性。诚如有论者所言："在体系解释视角下不宜按照行为类型对本罪法益进行不同解读。"[2] 基于此，本书认为，本罪的法益是计算机信息系统的正常运行，即使针对符合《刑法》第286条第2款的构成要件行为，也要能满足对这一法益构成侵犯。其实，本书的这种主张在最高人民法院发布的第26批指导性案例（指导案例145号·张竣杰等非法控制计算机信息系统案）中就能找到印证："通过修改、增加计算机信息系统数据，未造成系统功能实质性破坏或者不能正常运行的，不应当认定为破坏计算机信息系统罪。"

二、不履行信息网络安全管理义务的犯罪的法益

由于我国对网络服务提供者不履行信息网络安全管理义务的犯罪规定了拒不履行信息网络安全管理义务罪，因而有关此类犯罪的法益一般指的是拒不履行信息网络安全管理义务罪的法益。

理论上，有关本罪的法益，存在不同的观点。第一种观点认为，本罪的法益为具备公共利益属性的特定信息专有权。也即，通过将本罪中所规定的"信息网络安全管理义务"之"信息网络安全管理"限缩解释为信息传播的治理，可以明确该罪所保护的法益是具备公共利益属性的特定信息专有权。[3] 第二种观

[1] 参见张明楷：《破坏计算机信息系统罪的认定》，载《理论周刊》2022年3月3日，第5版。

[2] 阎二鹏：《干扰型破坏计算机信息系统罪的司法认定》，载《中国刑事法杂志》2022年第3期。

[3] 参见敬力嘉：《论拒不履行网络安全管理义务罪——以网络中介服务者的刑事责任为中心展开》，载《政治与法律》2017年第1期。

点认为,本罪的法益不限于传统法益,还包括信息网络这个“虚拟空间”本身。其中给出的理由是:“第一,网络空间作为独立的空间,是基于互联网计算机而形成的特定的关系,其又是现实的一部分但又区别于现实空间;第二,网络空间是基于各个实体的计算机作为终端,空间本身也可以被侵害,其所形成的关系也可被侵害;第三,人们依赖生存的网络而形成的独特的关系,这种关系有着自身的属性和特征。”〔1〕第三种观点认为,本罪的法益为网络安全。比如,有论者就指出,本罪包括“致使违法信息大量传播”和“致使刑事案件证据灭失”等行为类型。可是,若为了防止违法信息大量传播,就会删除这些信息,而一旦删除这些信息,有可能导致刑事案件证据灭失。为了不让行为主体左右为难,有必要将抽象的网络安全作为本罪的法益。〔2〕又如,有论者也指出,增设本罪,将网络服务提供者的社会责任和管理义务,直接提升为刑法的义务,不得不说在很大程度上超越了对刑法的属性及其体系地位的传统定位,这一立法修正所彰显的正是优先保护网络安全的价值取向。〔3〕第四种观点认为,本罪的法益应为信息网络安全管理秩序。正如有论者所强调的那样:“从立法安排来看,拒不履行信息网络安全管理义务罪被放在《刑法》第286条之一的位置,处在《刑法》分则第6章第1节之中,属于‘扰乱公共秩序罪的范畴’,它所侵犯的法益乃是社会管理秩序所涵盖的信息网络安全管理秩序。”〔4〕

由上所述,对于第一种观点所述的具备公共利益属性的特定信息专有权,不仅限缩了信息网络安全管理的范围,而且限制了本罪适用的行为主体的范

〔1〕陈结淼、董杰:《论信息网络犯罪的适用——以〈刑法修正案(九)〉新增为例》,载《南华大学学报(社会科学版)》2017年第1期。

〔2〕参见张明楷:《法益保护与比例原则》,载《中国社会科学》2017年第7期。

〔3〕参见何荣功:《预防刑法的扩张及其限度》,载《法学研究》2017年第4期。

〔4〕谢望原:《论拒不履行信息网络安全管理义务罪》,载《中国法学》2017年第2期。

围。就前者而言,实际上信息网络安全管理的范围远不止信息传播的治理,还包括对信息网络运行安全的维护。就后者而言,信息专有权并不适用于本罪所有的行为主体,毕竟负责处理违法信息的相关主体对于违法信息就不享有信息专有权。对于第二种观点指出的"虚拟空间",实质上并不是法益而是行为对象。或如有论者所言的,其可以成为社会关系的载体但不是社会关系本身。[1]对于第三种观点所提的"网络安全"虽然大体说明了本罪要保护的生活利益,但网络安全过于抽象,并未具体地揭示本罪的法益内涵。对于第四种观点所提的"信息网络安全管理秩序",本书基本予以赞同。不过,考虑到这一表述过于抽象,为了更好地发挥法益的解释指导机能。依本书之见,信息网络安全管理秩序有必要结合本罪规定的情节与结果作出如下理解:一是根据《刑法》第 286 条之一第 1 款第 1 项的规定,要求网络服务提供者维护信息网络安全管理秩序,旨在不要让违法信息大量传播,这意味着要确保信息网络内容的合法性;二是根据《刑法》第 286 条之一第 1 款第 2 项的规定,网络服务提供者要防止用户信息的泄露,这旨在要确保信息网络内容的安全性;三是根据《刑法》第 286 条之一第 1 款第 3 项的规定,网络服务提供者要防止刑事案件证据的灭失,这也说明了要确保证明犯罪事实的信息网络内容的安全性。归纳起来,可以看出,信息网络安全管理秩序的维护需要确保信息网络内容的合法性与安全性。为此,有论者就直接指出"可以将信息网络内容的合法性与安全性作为本罪的保护法益"[2]。本书认为,信息网络安全管理秩序的维护不止如此,就《刑法》第 286 条之一第 1 款第 4 项的规定而言,网络服务提供者还应防止其他严重情节的出现,由最高人民法院、最高人民检察院《关于办理非法利用信息网络、帮助信息网络犯罪活动等刑事案件适用法律若干问题的解释》第 6 条的解释可知,这些情节包括:

---

〔1〕 参见杨新绿:《论拒不履行信息网络安全管理义务罪的法益》,载《北方法学》2019 年第 6 期。

〔2〕 张明楷:《刑法学(下)》,法律出版社 2021 年版,第 1377 页。

(1)对绝大多数用户日志未留存或者未落实真实身份信息认证义务的情形;(2)二年内经多次责令改正拒不改正的情形;(3)致使信息网络服务被主要用于违法犯罪的情形;(4)致使信息网络服务、网络设施被用于实施网络攻击,严重影响生产、生活的情形;(5)致使信息网络服务被用于实施危害国家安全犯罪、恐怖活动犯罪、黑社会性质组织犯罪、贪污贿赂犯罪或者其他重大犯罪的情形;(6)致使国家机关或者通信、能源、交通、水利、金融、教育、医疗等领域提供公共服务的信息网络受到破坏,严重影响生产、生活的情形;(7)其他严重违反信息网络安全管理义务的情形。据此可以得出,信息网络安全管理秩序的维护还要求确保信息网络运行的合法性与安全性。总之,本书认为,本罪的法益为信息网络安全管理秩序,且这一法益有必要从信息网络内容、信息网络运行的合法性与安全性的角度去理解。

三、利用信息网络实施的犯罪的法益

利用信息网络实施的犯罪,根据《刑法》第287条、第287条之一、第287条之二的规定,主要涉及利用计算机实施犯罪、非法利用信息网络罪和帮助信息网络犯罪活动罪三类情形。对于《刑法》第287条规定的情形,由于强调"利用计算机实施金融诈骗、盗窃、贪污、挪用公款、窃取国家秘密或者其他犯罪的,依照本法有关规定定罪处罚",因而此类犯罪的法益应为"本法有关规定"所保护的法益。除此以外,需要讨论的便是非法利用信息网络罪和帮助信息网络犯罪活动罪的法益。鉴于两罪都规定在《刑法》第287条之下,既侵犯了网络犯罪的法益,也对本法有关规定所保护的法益构成侵犯。因此,本书认为,非法利用信息网络罪和帮助信息网络犯罪活动罪存在的是层次法益,[1]具体如下所述。

---

〔1〕 参见汪恭政:《非法利用信息网络罪的法益识别与适用方向》,载《学术界》2023年第7期。

(一)层次法益的存在基础

之所以认为非法利用信息网络罪和帮助信息网络犯罪活动罪的法益具有层次性,在于有其存在的规范基础与事实基础。

1. 规范基础

通常认为,"由法律所保护的利益我们称之为法益"[1]。法益中"法"的存在,表明了法益与法律有关联,当某种满足人们需要的利益不受法律保护时,也就不能称为法益了。而法律包括刑法,因而某种利益若要成为法益往往需要得到刑法的承认与保护。"所有刑法规范均是以对重要法益的积极评价为基础的,它们是人类社会在共同生活中必不可少的,因此,要通过国家强制力,借助刑罚来加以保护。"[2]而非法利用信息网络罪和帮助信息网络犯罪活动罪被规定在刑法之中,这为识别其法益奠定了坚实的规范基础。

一方面,两罪的法益具有层次性,能从《刑法》第287条的规定中找到印证的迹象。该条规定,利用计算机实施金融诈骗、盗窃、贪污、挪用公款、窃取国家秘密或者其他犯罪的,依照本法有关规定定罪处罚。对于该条,起初是为了应对计算机技术的广泛应用所引发的犯罪问题而制定的,[3]虽然该条是提示司法工作人员注意、以免司法工作人员忽略的注意规定,即如有论者所言的"没有改变刑法基本规定"[4],或仅是通过计算机特有的新方法侵害的传统犯罪,[5]但由于以独立条文的方式对此情形进行了重申,这无疑也体现出了利用

---

〔1〕[德]弗兰茨·冯·李斯特、埃贝哈德·施密特:《德国刑法教科书》,徐久生译,法律出版社2000年版,第4页。

〔2〕[德]汉斯·海因里希·耶塞克、托马斯·魏根特:《德国刑法教科书》,徐久生译,中国法制出版社2001年版,第10页。

〔3〕参见郎胜:《中华人民共和国刑法释解》,群众出版社1997年版,第386~387页。

〔4〕吴江:《刑法分则中注意规定与法律拟制的区分》,载《中国刑事法杂志》2012年第11期。

〔5〕Vgl. Ulrich Sieber, *Computerkriminalität und Strafrecht*, Carl Heymanns Verlag, 1977, S. 137-140.

计算机实施其他犯罪会侵犯依照本法有关规定所保护的法益,所以才提醒司法工作人员要重视依照本法的有关规定进行处理。与此同时,随着计算机技术的进步和网络的发展,利用计算机实施其他犯罪正朝着利用信息网络的方向发展。由此而言,非法利用信息网络、帮助信息网络犯罪活动的行为也会侵犯依照本法有关规定所保护的法益,毕竟这些行为构成犯罪的,当然也属于利用计算机实施其他犯罪的情形。总之,尽管单独从该条的规定中还不能完全确认两罪的法益具有层次性,但无疑能证实非法利用信息网络、帮助信息网络犯罪活动的行为会侵犯依照本法有关规定所保护的法益。

另一方面,两罪的法益具有层次性,能从《刑法》第287条之一、第287条之二的规定中得到充分的证明。《刑法修正案(九)》在《刑法》中增设第287条之一、第287条之二后不久,2015年最高人民法院、最高人民检察院便出台了《关于执行〈中华人民共和国刑法〉确定罪名的补充规定(六)》,明确将两者的罪名确定为非法利用信息网络罪、帮助信息网络犯罪活动罪。之所以确定为罪名,不仅在于两条文都增加了具体的法定刑,也在于都规定了具体的构成要件。而构成要件是为了保护法益设计的,[1]或者说立法者自然会在每个条款中追寻某种目的,所以当然就会有法益存在。[2] 因此,相比《刑法》第287条,该两条文便有独立保护的法益。具体而言,由于两条文处在刑法分则第6章“妨害社会管理秩序罪”中的第1节“扰乱公共秩序罪”里,从法条逻辑上看,网络犯罪侵犯的便是社会管理秩序与公共秩序,[3]进一步讲,由于涉及的是网络犯罪,故其所侵犯的便是信息网络安全管理秩序。与此同时,由《刑法》第287条之

〔1〕 参见[日]川端博:《刑法総論講義》,成文堂2006年版,第612页。

〔2〕 参见[德]克劳斯·罗克辛:《德国刑法学总论》(第1卷),王世洲译,法律出版社2005年版,第14页。

〔3〕 参见王华伟:《我国网络犯罪立法的体系性评价与反思》,载《法学杂志》2019年第10期。

一规定的内容可以看出，利用信息网络设立用于实施违法犯罪活动的网站或者通讯群组、发布违法犯罪信息或者为违法犯罪活动发布信息，会促成这些违法犯罪行为侵犯本法有关规定所保护的法益。同样地，明知他人利用信息网络实施犯罪，而为其犯罪提供互联网接入、服务器托管、网络存储、通信传输等技术支持，或者提供广告推广、支付结算等帮助的，也会促成他人更顺利地利用信息网络实施犯罪继而侵犯本法有关规定所保护的法益。基于此，非法利用信息网络行为、帮助信息网络犯罪活动行为的实施，不仅会侵犯信息网络安全管理秩序，也会侵犯依照本法有关规定所保护的法益，所以佐证了本罪的法益具有层次性。

2. 事实基础

当前，利用信息网络实施犯罪或者说犯罪实施的信息网络化已成为趋势。"互联网创造了全球性的'网络空间'，在这里，多种多样的新型犯罪已经发展起来。"[1]这种趋势，既让我们关注到了非法利用信息网络行为、帮助信息网络犯罪活动行为本身的危害，也让我们看到了为实施违法犯罪而非法利用信息网络、他人利用信息网络实施犯罪的危害。也即，对于前者，是从非法利用信息网络行为、帮助信息网络犯罪活动行为自身的角度看的；对于后者，则是从这些行为影响下的不法行为角度看的。换言之，这说明非法利用信息网络行为、帮助信息网络犯罪活动行为与其影响下的不法行为存在紧密的联系。[2] 而这种联系在事实上决定了本罪的法益要有层次性。

一则，非法利用信息网络行为、帮助信息网络犯罪活动行为会延长其影响下的不法行为的非法链条和增加追责的困难，需要从刑法上对其进行独立评

---

〔1〕［德］乌尔里希·齐白：《全球风险社会与信息社会中的刑法：二十一世纪刑法模式的转换》，周遵友、江溯等译，中国法制出版社2012年版，第301页。

〔2〕在未具体说明的情况下，此处所指的下游行为是指非法利用信息网络行为影响下的下游行为。

价，以确立独自要保护的法益。在信息网络跨时空交互性的影响下，不仅容易组织不特定的行为主体实施受到非法利用信息网络行为、帮助信息网络犯罪活动行为影响的不法行为，也容易侵犯不特定的被害人，由此往往会延长这些不法行为的非法链条。而这也给追究处在跨时空的行为主体的责任带来了挑战，特别是增加了证据提取、事实认定、法律适用的困难。[1] 以非法利用信息网络行为影响下的不法行为为例，尽管 2011 年最高人民法院、最高人民检察院针对利用信息网络实施诈骗犯罪的案件出台了《关于办理诈骗刑事案件具体应用法律若干问题的解释》，规定利用电信技术手段对不特定多数人实施诈骗，但诈骗数额难以查证的，可以从发送诈骗信息条数、拨打诈骗电话次数上追究非法利用信息网络者诈骗罪的责任。然而，由于该解释只涉及诈骗而不能涵盖范围更广的所有能利用信息网络实施其所影响的不法行为的情形，[2] 因而需要从刑法上审视非法利用信息网络行为本身的危害，对网络犯罪采取“打早打小”的策略，[3] 以更好地维护信息网络安全管理秩序。

二则，非法利用信息网络行为、帮助信息网络犯罪活动行为会加速其所影响的不法行为侵犯其所侵犯的法益，从刑法上对其进行独立评价，利于保护现有的法益。随着信息网络的发展，人们活动的信息网络化特征愈发明显。“计算机系统和计算机网络都是为商业和公众服务的有力工具，信息社会高度依赖现代信息技术的效率和安全性。”[4] 但是，这也为实施违法犯罪而非法利用信

---

〔1〕 参见全国人大常委会法制工作委员会刑法室：《〈中华人民共和国刑法〉释义及实用指南》，中国民主法制出版社 2016 年版，第 605 页。

〔2〕 参见全国人大常委会法制工作委员会刑法室：《〈刑法修正案（九）〉最新问答》，法律出版社 2015 年版，第 97 页。

〔3〕 参见喻海松：《网络犯罪二十讲》，法律出版社 2018 年版，第 92 页。

〔4〕 [德]乌尔里希·齐白：《全球风险社会与信息社会中的刑法：二十一世纪刑法模式的转换》，周遵友、江溯等译，中国法制出版社 2012 年版，第 303 页。

息网络和帮助他人利用信息网络实施犯罪提供了新的可能。[1] 有研究报告表明，随着信息技术的普及，人们的社会生活已与计算机网络紧密结合在一起，如同现实物理空间一样，网络空间也充斥着各种各样的网络犯罪。[2] 据统计，2020 年全国检察机关起诉涉嫌网络犯罪 14.2 万人，同比上升 47.9%。[3] 在此情况下，非法利用信息网络行为、帮助信息网络犯罪活动行为的实施，加速影响了其所影响的不法行为的实行，尤其在信息网络的即时性、跨时空交互性、信息共享性的作用下，容易使这些不法行为的实施时间变得更快、实施手法变得更隐蔽、实施范围变得更广。这样一来，非法利用信息网络行为、帮助信息网络犯罪活动行为就会加速影响这些不法行为侵犯其所侵犯的法益。此时，若将非法利用信息网络行为、帮助信息网络犯罪活动行为独立纳入刑法的评价范围，好比是在其所影响的不法行为侵犯的法益之前设置了一道"阻挡墙"，以阻挡非法利用信息网络行为、帮助信息网络犯罪活动行为对其的实际损害。据此而言，受到非法利用信息网络行为、帮助信息网络犯罪活动行为影响的不法行为侵犯的法益，也就是本罪要保护的法益了。

（二）层次法益的类型及其关系

承前所言，之所以认为两罪的法益具有层次性，在于有其存在的基础。既然法益具有层次性，就有必要解读这一层次法益的类型及其关系。

1. 存在阻挡层法益

阻挡层法益的存在，是从非法利用信息网络行为、帮助信息网络犯罪活动

---

[1] See Gabriel Weimann, "Cyberterrorism: The Sum of All Fears?" *Studies in Conflict &Terrorism*, Vol. 28, Issue 2, 2005, pp. 129 – 149.

[2] 参见何春中：《传统犯罪活动日趋网络化》，载《中国青年报》2018 年 1 月 23 日，第 05 版。

[3] 参见孟亚旭：《去年起诉涉嫌网络犯罪 14.2 万人》，载《北京青年报》2021 年 4 月 8 日，第 A05 版。

行为自身的角度看的,其会妨害信息网络安全管理秩序。由前文可知,本罪被规定在刑法分则第6章“妨害社会管理秩序罪”中的第1节“扰乱公共秩序罪”里,表明其所保护的法益乃秩序型法益,进一步而言是信息网络安全管理秩序。然而,能否就此认为本罪的阻挡层法益就是信息网络安全管理秩序呢?本书认为不妥,理由在于识别出的法益旨在要准确发挥其解释指导机能,尽管从广义上看非法利用信息网络行为、帮助信息网络犯罪活动行为确实会妨害信息网络安全管理秩序,但并非根据非法利用信息网络、帮助信息网络犯罪活动的独有特点得出的,故有必要在信息网络安全管理秩序下再识别出两罪到底要保护的是何种秩序型法益。否则,从更广义上看非法利用信息网络行为、帮助信息网络犯罪活动行为也会妨害社会管理秩序,进而认为两罪的阻挡层法益就是社会管理秩序了,显然不妥。鉴于阻挡层法益受到的是非法利用信息网络行为、帮助信息网络犯罪活动行为的侵犯,因而有必要从规制这些行为的规定中去寻找。目前来看,对于这些行为的规制,集中规定在《刑法》第287条、第287条之一、第287条之二中,即分别规制的是利用计算机实施犯罪行为、非法利用信息网络行为、明知他人利用信息网络实施犯罪而为其犯罪提供技术支持或者帮助的行为。尽管该三条规定有些不同,但都旨在维护信息网络利用秩序。因此,非法利用信息网络罪、帮助信息网络犯罪活动罪的阻挡层法益应是信息网络利用秩序。关于其特点,主要有:一是信息网络利用秩序属于具体的秩序型法益,处于社会管理秩序、公共秩序、信息网络安全管理秩序的范畴之内;二是信息网络利用秩序要求信息网络利用的正常性、适法性。[1] 对于前者,最高人民法院、最高人民检察院之所以要出台《关于办理非法利用信息网络、帮助信息网

〔1〕 参见汪恭政:《非法利用信息网络罪的兜底性规定及其教义学限缩》,载《西南政法大学学报》2020年第2期。

络犯罪活动等刑事案件适用法律若干问题的解释》，其中就强调了要"维护正常网络秩序"，即是适例；对于后者，这旨在要求信息网络利用的规范性，毕竟秩序的形成与维护需要规范。[1] "在一个成熟的法体系中，包含着一条承认规则，任何规则都要通过符合该承认规则所提供的标准，才能成为此法体系的一员。"[2]

2. 存在背后层法益

背后层法益的存在，这是从非法利用信息网络行为、帮助信息网络犯罪活动行为影响下的不法行为的实行角度看的。如前所言，行为主体利用信息网络设立用于实施违法犯罪活动的网站或者通讯群组、发布违法犯罪信息或者为违法犯罪活动发布信息的行为，或者明知他人利用信息网络实施犯罪而为其犯罪提供技术支持或者帮助的行为，会加速影响其所影响下的不法行为侵犯背后层法益。而这一背后层法益，体现的就是这些不法行为所侵犯的法益。究其原因，除了前文层次法益的存在基础可以揭示其缘由外，更直接的理由在条文的规定中就能找到。具体由《刑法》第287条之一、第287条之二的规定就可以看出，非法利用信息网络行为、帮助信息网络犯罪活动行为与其影响的不法行为存在紧密的联系。而且，根据《刑法》第287条的规定，也佐证了非法利用计算机行为、非法利用信息网络行为、帮助信息网络犯罪活动行为与其影响的不法行为存在联系。从形式上讲，这些规定都涵盖了这些不法行为，由于"每一条法律规则都是以特定利益为基础的"[3]，因而这些不法行为侵犯的法益理应纳入两罪的保护范围，作为两罪的背后层法益。

---

〔1〕 参见张明楷：《刑法学（下）》，法律出版社2021年版，第1349页。

〔2〕 [英]哈特：《法律的概念》，许家馨、李冠宜译，法律出版社2018年版，第170页。

〔3〕 [德]卡尔·拉伦茨：《德国民法通论》，王晓晔等译，法律出版社2003年版，第97页。

3. 阻挡层法益与背后层法益的关系

就两罪阻挡层法益和背后层法益的关系而言，由于阻挡层法益为前置性法益、背后层法益为后置性法益，因而本书认为，层次法益呈现的是前后置关系。原因有二：其一，如前所述，阻挡层法益是从非法利用信息网络行为、帮助信息网络犯罪活动行为自身的角度看的，而背后层法益则是从其所影响的不法行为的实行角度看的，通常认为，只有审视完非法利用信息网络行为、帮助信息网络犯罪活动行为本身，才能更好地考虑其对这些不法行为的实行所产生的影响。其二，之所以存在阻挡层法益，在于有信息网络利用的"生活利益与法的要保护性"〔1〕，因而要求人们规范地利用信息网络。若不规范地利用时，容易基于信息网络的即时性、跨时空交互性、信息共享性的作用而侵犯现有的法益。因此，宜将损害信息网络利用秩序的此类情形纳入刑法的评价范围，如此不仅能规范人们利用信息网络的行为，更能阻挡此类行为对现有法益的侵犯。由此而言，阻挡层法益、背后层法益存在前后置关系。不过，要指出的是，背后层法益并非如有论者所言的"后置的个人法益"〔2〕，虽然其有后置性，但其是非法利用信息网络行为、帮助信息网络犯罪活动行为影响下的不法行为侵犯的法益，由于这些不法行为的多样性决定了背后层法益的多样性，因而并非都是个人法益。

---

〔1〕［日］关哲夫：《講義刑法総論》，成文堂2015年版，第38页。

〔2〕蓝学友：《规制抽象危险犯的新路径：双层法益与比例原则的融合》，载《法学研究》2019年第6期。

第七章　网络犯罪的因果关系

不论是自然科学还是社会科学，都离不开对因果关系的探究。而在刑法上，特别是在网络犯罪领域，因果关系解决的是结果的归属问题，有结果的地方就有因果关系判断的余地。

第一节　网络犯罪因果关系的学说

网络犯罪的因果关系，是刑法上的因果关系在网络犯罪领域的具体体现。由此，有关因果关系的学说在网络犯罪领域也得到了体现。

一、条件说

条件说，属于因果关系中较早出现的学说，是由德国学者布黎（Buri）所展开。目前来看，该学说的优势和不足都很明显。

（一）条件说的内容

条件说认为，"没有前者（行为）就没有后者（结果）"（conditio sinequa non）。若从网络犯罪的角度来理解的话，条件说强调的是，没有网络犯罪行为就没有网络犯罪结果。迄今为止,德国的判例、理论还是基本支持条件说;日本的大部分判例从很早以来直到现在都肯定该学说的作用。[1] 坚持条件说,通常认为,适用"没有前者(行为)就没有后者(结果)"的条件关系公式时,有必要把握三点内容:首先,应具体地、个别地把握结果。不过,要强调的是具体地、个别地把握结果,并非什么程度都可以,而是在判断时有必要基于构成要件角度去考虑;其次,应禁止附加未发生的事实,通俗讲,即拿掉的只是行为主体现实中实施了的行为,不得将假定未发生的行为或事实附加上去;最后,在择一竞合的情况下,应将"没有前者(行为)就没有后者(结果)"理解为,无论拿掉几个条件(行为)中的哪一个,结果都会发生;若一起拿掉,结果就不会发生,在此情况下,每个条件(行为)便能独立地导致了结果的发生。[2] 就网络犯罪而言,需要把握的内容有:一是网络犯罪结果应具体地、个别地来把握;二是应禁止附加未发生的网络犯罪行为;三是在择一竞合的情况下,要判断每个网络犯罪行为是否能独立地导致网络犯罪结果的发生。

(二)条件说的评价

在网络犯罪领域,条件说既有优势也有不足。一方面,条件说的优势体现在,毕竟其采用了科学、论理的因果概念,利于对网络犯罪的因果关系存在与否进行客观地判断。另一方面,条件说也面临诸多不足,具体表现在:一是容易扩大处罚的范围。例如,张三在信息网络上采取肆意谩骂方式公然侮辱李四,达到情节严重的,由于张三的父母生育了张三,没有其父母的生育行为就不会有张三侮辱李四的结果,进而惩罚张三的父母,如此判断的话,显然会扩大处罚的

---

〔1〕 参见陈家林:《外国刑法理论的思潮与流变》,中国人民公安大学出版社 2017 年版,第 167 页。

〔2〕 参见[日]佐伯仁志:《刑法总论的思之道·乐之道》,于佳佳译,中国政法大学出版社 2017 年版,第 40~43 页。

范围。不过,持条件说的论者可能会说,若从构成要件的角度去理解行为、结果的话,可以排除此类情形。但是,即使存在实行行为的场合,例如,张三在信息网络上采取肆意谩骂方式公然侮辱李四后,李四在去公安机关报案的途中被开车的王五撞死,按照条件说,张三要对李四死亡的结果负责,如此一来,仍会扩大处罚的范围。二是容易得出不合理的结论。诚如有论者所言:"在例外地预测到条件关系的发生并最终实现的场合,条件说会得出不合理的结论。"[1]比如,甲为了让丙遭受财产损失,劝说丙在手机上下载正规的 App 聊天工具,结果由于丙的不当操作导致被诈骗者乙骗走钱财,根据条件说,没有甲的劝说行为就没有丙遭受财产损失的结果,基于条件说进而得出追究甲责任的结论,显然不合理。三是容易与因果关系中断的判断产生矛盾。坚持条件说,意味着因果关系只有存在与不存在的问题,若据此又承认因果关系中断的话,那意味着一边承认前行为与结果有因果关系,但因为有介入因素而阻断了前行为对结果的影响而否认前行为对结果有因果关系,无疑容易得出彼此矛盾的结论。其实,前述张三在信息网络上采取肆意谩骂方式公然侮辱李四后,而李四去报案的途中被王五撞死的案件就能说明这一矛盾。

二、相当因果关系说

相当因果关系说,是基于条件说容易扩大结果的归属而产生的。相当因果关系说,曾经是日本刑法理论的通说,在德国也得到了绍尔(W. Sauer)、海波尔(R. Hippel)等学者的支持。

(一)相当因果关系说的内容

相当因果关系说认为,如果某种行为产生某种结果被认为是相当的话,那

---

〔1〕 陈家林:《外国刑法理论的思潮与流变》,中国人民公安大学出版社 2017 年版,第 168 页。

么行为与结果之间存在因果关系。“按照一般人社会生活上的经验,如果能够认定某行为导致某结果的发生通常是相当的,那么在这种情形下承认刑法上的因果关系。”[1]或者说:“把事态发展一般类型化后进行考察,只有在实行行为导致一定结果发生具有相当性的情况下,才承认刑法上的因果关系。”[2]就网络犯罪而言,如果某种网络犯罪行为产生某种网络犯罪结果被认为是相当的话,则网络犯罪行为与网络犯罪结果之间存在因果关系。而确定此种因果关系的关键在于把握何谓“相当”。通常认为,相当因果关系说中的“相当”是指某种行为产生某种结果在日常生活中被视为一般的而非异常的情形。不过,据此深究的话,理论界有关相当的判断存在“客观的可能性”“一般可能性”“经验上的通常性”“高度的定型性”“高度的盖然性”“常见的可能性”“某种程度的可能性”“经验法则上可能的程度”诸多说法。[3]

(二)相当因果关系说的类型及其问题

理论上,相当因果关系说存在三种具体的学说:一是主观的相当因果关系说,即依据行为主体行为时认识到的以及可能认识到的情况来判断有无因果关系;二是客观的相当因果关系说,即根据行为当时在客观上存在的情况以及一般人可能预见的行为后发生的情况来判断有无因果关系;三是折中的相当因果关系说,即基于行为当时一般人所认识的情况以及行为主体特别认识到的情况来判断有关因果关系。

在网络犯罪领域,上述三种具体的相当因果关系说都有些问题:就主观的相当因果关系说而言,其不足在于完全依赖于网络犯罪行为主体的主观认识,

---

〔1〕 [日]前田雅英:《刑法总论讲义》,曾文科译,北京大学出版社2017年版,第114页。

〔2〕 [日]佐伯仁志:《刑法总论的思之道·乐之道》,于佳佳译,中国政法大学出版社2017年版,第53页。

〔3〕 参见张明楷:《外国刑法纲要》,法律出版社2020年版,第97页。

即行为主体基于自己的观点左右了结果发生,[1]如此一来,便与因果关系的客观存在性产生矛盾。诚如山中敬一所言,即使一般人存在可能的认识、预见,但只要行为主体没有认识的,就否定因果关系的存在,如此易使因果关系的判断丧失了客观性。[2] 就客观的相当因果关系说而言,尽管该说在日本属于有影响力的学说,[3]但其也面临一定程度的批判。其中,两点批判值得关注:一点是难以明确区分网络犯罪行为当时存在的情况和网络犯罪行为后发生的情况;另一点是若以行为当时存在的所有情况来判断的话,容易导致因果关系认定的宽泛。[4] 就折中的相当因果关系说而言,虽然其曾在相当因果关系说中占据主导地位,但由于是客观的相当因果关系说和主观的相当因果关系说的折中,所以客观的相当因果关系说和主观的相当因果关系说的不足都能在该学说中得到体现。

与此同时,需要指出的是,如前所述,理论界有关相当的判断存在诸多说法,这也是相当因果关系说存在问题的原因之一。为此,佐伯仁志作出了较好的总结:"在相当因果关系说中,除了采用客观说还是主观说的问题之外,更基本的问题在于,相当性的判断构造不明确。一直以来,围绕相当因果关系说,讨论的问题只是判断根据,而在相当性的判断中,明确判断根据的范围有什么意义,在明确了判断根据的范围后采用什么方法进行判断等问题未必清楚。"[5]

---

[1] 参见[日]辰井聡子:《因果関係論》,载川端博、浅田和茂、山口厚等编:《理論刑法学の探究》,成文堂2008年版。

[2] 参见[日]山中敬一:《刑法総論》,成文堂2015年版,第276页。

[3] 参见[日]浅田和茂:《刑法総論》,成文堂2007年版,第136页。

[4] 参见[日]山中敬一:《刑法総論》,成文堂2015年版,第277页。

[5] [日]佐伯仁志:《刑法总论的思之道·乐之道》,于佳佳译,中国政法大学出版社2017年版,第56~57页。

三、客观归责理论

20世纪60年代末70年代初,罗克辛等学者开始在刑法学中提倡规范的保护目的理论,并融合民法学领域的危险创出、危险实现等理论,推出了客观归责理论。[1]

(一)客观归责理论的内容

客观归责理论,又称客观归属理论,尽管理论上有不同的观点,但基本形成的共识是:当与结果具有因果关系的行为制造出法律所不允许的危险,而这种危险在该当构成要件的结果中得到实现时,可以承认该结果对该行为的客观归属。[2] 同样地,这种共识也适用于网络犯罪的因果关系之中。展开而言,在判断将网络犯罪结果归属于网络犯罪行为时,由实现客观归属必须具备的三个条件可知:首先,要制造法所不允许的危险。也即,当行为主体的网络犯罪行为制造或者提高了不被法所允许的危险时,才可以考虑客观归属。反之,减少危险、没有制造危险、制造法所允许的危险,都应排除客观归属。其次,要实现法所不允许的危险。准确地讲,其是在网络犯罪结果中实现了由行为主体所制造的不被法所允许的危险。换言之,行为主体的网络犯罪行为虽然制造了法所不允许的危险,但网络犯罪结果的发生不是由该危险所致的,或者未实现法所不允许的危险的,或者该结果不在规范保护范围内的,都应在客观归属中予以排除。最后,要处于构成要件的保护范围。一般而言,行为主体的网络犯罪行为制造并实现了法所不允许的危险,就可以归属于与网络犯罪结果具有因果关系的行

〔1〕 参见张明楷:《也谈客观归责理论——兼与周光权、刘艳红教授商榷》,载《中外法学》2013年第2期。

〔2〕 参见[日]曾根威彦:《客観的帰属論の体系論的考察—ロクシンの見解を中心として—》,载西原春夫先生古稀祝贺论文集编集委员会编:《西原春夫先生古稀祝賀論文集》,成文堂1998年版。

为。但是,具体犯罪的构成要件含有特定的保护范围(保护目的),若制造并实现的法所不允许的危险不在构成要件保护范围之内的,则不能在客观构成要件上将网络犯罪结果归属于行为主体的网络犯罪行为。

(二)客观归责理论的评价

客观归责理论是在前述学说的基础上发展而成的,大大推动了因果关系学说的发展。甚至可以说,客观归责理论是以条件说为基础,吸收了相关因果关系说的合理部分,继而发展出系统的结果归责标准。"在因果关系的事实判断上采用条件说,在结果的归责上采用客观归责论,将对这种因果关系的判断提前转移为对行为本身的判断,其本质是对相当因果关系的细化和精致化,试图克服构成要件的形式性,而直接赋予构成要件实质性。"〔1〕

但与此同时,客观归责理论也有些疑问。其中,备受质疑的是客观归责理论讨论的内容过于宽泛。"客观归责理论涵盖的内容很广泛,超过了传统因果关系论的判断框架,还可以覆盖过失论、正犯论和共犯论、刑法分则的解释论等。"〔2〕或者说:"客观归责论不是只和结果犯的既、未遂有关的因果关系的内容,其除部分吸收了相当因果关系的内容之外,更涉及行为的判断、违法性即社会危害性的判断、客观违法与主观责任的区分、被害人承诺以及被害人自冒风险等犯罪论领域的一系列的问题。"〔3〕此外,诚如有论者所总结的那样,客观归责理论还存在没有限定实行行为的范围、归责基准多是其他领域部分结论的归纳、具体规则不明诸多疑问。〔4〕

---

〔1〕 黎宏:《刑法学总论》,法律出版社2016年版,第98页。

〔2〕 [日]佐伯仁志:《刑法总论的思之道·乐之道》,于佳佳译,中国政法大学出版社2017年版,第62页。

〔3〕 黎宏:《刑法学总论》,法律出版社2016年版,第98页。

〔4〕 参见张明楷:《刑法学(上)》,法律出版社2021年版,第229~230页。

第二节 网络犯罪因果关系的判断

在确定网络犯罪因果关系的判断进路之前,有必要明确网络犯罪因果关系的判断基础和判断方法。

一、网络犯罪因果关系的判断基础

网络犯罪的因果关系,属于因果关系在网络犯罪领域的具体体现。因此,明确网络犯罪因果关系的判断基础,关键在于弄清因果关系的价值所在与体系地位。

(一)因果关系的价值所在

因果关系的价值,在于为确立行为与结果之间的联系而寻找依据。理论上有关因果关系的价值所在,不仅在哲学上被广泛关注,也在刑法学上被给予充分的重视。

从哲学上讲,因果关系不仅是对原因与结果之间的辩证关系的探讨,如认为原因与结果之间存在引起与被引起的关系,更是对认识论意义上的深层次哲学问题的挖掘。例如,休谟从经验主义立场出发把因果关系的必然性解释成原因和结果之间的恒常结合;又如,康德基于先验解决方案断定先天的因果关系范畴的存在。[1] 尽管在哲学上有关原因和结果之间的关系有不同的认识,但无不表明确立二者之间关系的重要性。正如有论者所总结的,因果关系是人类理性行为与活动的基本依据,人类理性本身不可能否定因果关系的

〔1〕 参见何向东、王磊:《中西哲学因果关系研究的回顾及其启示》,载《哲学研究》2010 年第 2 期。

存在。[1]

从刑法学上讲,因果关系的存在不仅在于刑法上的行为对结果所造成的影响,诚如有论者所言,因果关系的探索即是探讨两个已经实际发生的事实间是否有所联结,也就是先行的行为事实是否就是后行的结果事实的原因。[2] 同时,因果关系的存在也在于要将所发生的结果归责于行为。"刑法因果关系研究的目的则是确定危害社会的结果是由谁的行为造成的,从而为结果责任的认定提供客观基础。"[3]或者说:"所有以侵害结果或具体危险的结果之发生的实现作为前提的诸个构成要件,都要求这个结果可以追溯其原因(因果地)到行为人的举止上面去。"[4]

(二)因果关系的体系地位

关于因果关系的体系地位,在理论上一直存在争论,归纳起来,主要有两种观点。

一种观点认为,因果关系被定位为行为论要素说。"刑法上的因果关系必须在行为的界限内适用,而行为是基于人的意欲或者意欲可能性的身体动静,因此,行为的因果关系的判断,必须就基于意欲或者意欲可能性的身体动静进行考虑。意欲或者意欲可能性是以结果预见或预见可能性为前提的,所以,行为的因果关系,必须限定在结果的预见或预见可能性的范围之内。"[5]

另一种观点认为,因果关系被定位为构成要件要素说。此类学说是从构成

---

[1] 参见王天思:《大数据中的因果关系及其哲学内涵》,载《中国社会科学》2016 年第 5 期。

[2] 参见孙运梁:《客观归责理论的引入与因果关系的功能回归》,载《现代法学》2013 年第 1 期。

[3] 储槐植、汪永乐:《刑法因果关系研究》,载《中国法学》2001 年第 2 期。

[4] [德]乌尔斯·金德霍伊泽尔:《刑法总论教科书》,蔡桂生译,北京大学出版社 2015 年版,第 76 页。

[5] 张明楷:《外国刑法纲要》,法律出版社 2020 年版,第 90 页。

要件论的立场将因果关系理解为与构成要件符合性有关的内容。[1] 所谓“因”,是指构成要件行为,所谓“果”,则指构成要件结果。“当结果发生是一个构成要件要素时,要使犯罪成立,行为和结果之间必须有因果关系。”[2]由于构成要件行为、构成要件结果是置于构成要件符合性中去讨论的要素,因而讨论两者的因果关系时,也应作为构成要件要素来考虑。甚至如有论者所言的那样,可以客观归责的,只能是那些在刑法角度上显著,且自身是处在一个“构成要件相当性”的因果经过之中的行为后果。[3]

在本书看来,有必要将因果关系定位为构成要件要素。虽然因果关系并非只从刑法上予以关注,实际上不论是自然科学还是社会科学,都离不开对因果关系的关注,但从刑法上予以关注时则需进行构成要件符合性的判断。毕竟刑法的特色在于要坚守罪刑法定原则,而这一原则的坚守有必要围绕构成要件来进行。因为只有这样,才能清晰地“划定犯罪轮廓”,以实现“法无明文规定不为罪,法无明文规定不处罚”的目标。

不过,需要说明的是,将因果关系定位为构成要件要素,并不意味着只立足刑法进行价值评价,而是要考虑到因果关系的普遍属性,特别是条件说的积极作用。“刑法因果关系论,还是应当以自然科学乃至社会科学上的因果关系论为前提,从法律或者规范角度进行限定。脱离因果关系的普遍属性,完全从刑法的规范性角度来论因果关系,只会导致刑法因果关系判断中的人为

---

[1] 参见陈家林:《外国刑法理论的思潮与流变》,中国人民公安大学出版社 2017 年版,第 159 页。

[2] [日]佐伯仁志:《刑法总论的思之道 · 乐之道》,于佳佳译,中国政法大学出版社 2017 年版,第 39 页。

[3] 参见[德]约翰内斯 · 韦塞尔斯:《德国刑法总论》,李昌珂译,法律出版社 2008 年版,第 93 页。

恣意。"[1]

二、网络犯罪因果关系的判断方法

刑法学中有关某个概念的判断方法，通常由三个要素即判断时点、判断素材和判断标准组成。其中，对于包括网络犯罪因果关系在内的因果关系的判断方法，亦不例外。

（一）判断时点的考察

判断时点以构成要件行为为基准，通常分为构成要件行为时的判断时点和构成要件行为后的判断时点，或者称为行为时的判断时点和裁判时的判断时点。就包括网络犯罪因果关系在内的因果关系的判断而言，若立足行为时判断，意味着是从构成要件行为实施时来考虑因果关系。而立足裁判时判断，则是从构成要件结果出现后来对因果关系进行判断。

对于这两类判断时点，该如何考虑？本书认为，相比构成要件行为时的判断时点，构成要件行为后的判断时点更可取。这是因为，若立足构成要件行为时判断因果关系的话，由于此时的构成要件结果还未发生，因而难以确立构成要件行为与构成要件结果之间的关系。毕竟因果关系的判断，既要确实存在构成要件行为这类"因"，也要确实存在构成要件结果这种"果"。

（二）判断素材的选取

通常而言，判断素材分为两类。一类是以现实发生的事实为素材；另一类则是以行为主体认识的事实为素材。就网络犯罪因果关系的判断而言，前类素材指的是现实发生的有关网络犯罪的构成要件事实，即现实存在的有关网络犯罪的构成要件行为和构成要件结果。后类素材则指行为主体所认识到的有关

[1] 黎宏：《刑法因果关系论考察》，载《清华法学》2022年第3期。

网络犯罪的构成要件事实,即其所认识的有关网络犯罪的构成要件行为和构成要件结果,若行为主体没有认识到,即使属于有关网络犯罪的构成要件事实,也不视为网络犯罪因果关系判断时所应考虑的素材。

就两类判断素材,该如何选取?本书认为,这从包括网络犯罪因果关系在内的因果关系的体系地位中便能看出。如前分析,因果关系应被定位为构成要件要素。准确地讲,因果关系属于客观构成要件要素。既然其是客观构成要件要素,那么理应从客观上去选取判断素材。因此,本书认为,网络犯罪因果关系判断素材的选取应以现实发生的有关网络犯罪的构成要件事实为基础。

(三)判断标准的确立

有关判断标准,归纳起来,在刑法学上有三类标准值得重视。第一类是行为主体标准说。该说强调的是立足行为主体的主观意思或者认识来判断包括网络犯罪因果关系在内的因果关系,故也称为"意思标准说"。第二类是客观标准说。该说通常是指从客观的角度考察包括网络犯罪因果关系在内的因果关系。第三类是法规范标准说。对于该说,意在表明包括网络犯罪因果关系在内的因果关系的判断离不开法规范的评价,毕竟这种评价不同于行为主体本人的评价,而是作为法规范总和的具体国家指导理念之下的评价。[1]

就网络犯罪因果关系判断标准的确立,本书认为,不仅要考虑客观标准说,也应关注法规范标准说。之所以如此,主要有两方面的理由:一方面是,包括网络犯罪因果关系在内的因果关系是客观存在的,并不以行为主体的主观意思或者认识为转移,因而判断因果关系时理应考虑客观标准说。实际上,无论是条件说对于因果关系的存在与否进行客观地确定,还是相当因果关系说所主张的事实因果关系,抑或是客观归责理论中的客观归责,都无不表明了因果关系的

---

〔1〕 参见[日]佐伯千仭:《刑法における期待可能性の思想》,有斐阁1947年版,第334页。

客观存在性。因此,因果关系判断标准的确立,应考虑客观标准说。另一方面是,包括网络犯罪因果关系在内的因果关系的判断,离不开法规范的评价,因而有必要关注法规范标准说。正如前文所主张的那样,包括网络犯罪因果关系在内的因果关系属于构成要件要素,强调的是构成要件行为与构成要件结果之间的关系。而构成要件是"通过解释刑法法规确定其含义而表明的各个犯罪行为的类型或观念形象"[1],这意味着作为"因"的行为与作为"果"的结果之间关系的判断是围绕构成要件展开的,而构成要件乃法规范的集中表现,因而立足法规范标准来判断包括网络犯罪因果关系在内的因果关系也就很有必要。

三、网络犯罪因果关系判断进路的选择

在本书看来,包括网络犯罪因果关系在内的因果关系的判断,需要从两个方面展开:一是从形式上进行判断;二是从实质上进行判断。

(一)网络犯罪因果关系的形式判断

因果关系的形式判断,应立足规范违反的角度予以判断,意在确立"因"是"果"的必要条件,表明"因"是"果"的必要关系。就网络犯罪因果关系的判断而言,亦不例外。具体判断时,需要从以下进路考虑。

一则,要有网络犯罪行为与网络犯罪结果的存在。毕竟这是确立网络犯罪的"因"与"果"是否有关系的前提。从产生的时间顺序看,网络犯罪与其他犯罪一样,网络犯罪行为出现在网络犯罪结果之前,即代表网络犯罪行为的"因"在前而代表网络犯罪结果的"果"在后。"在客观事物不断更替的运动中,总是表现为原因在先,结果在后,结果不可能在原因之前存在。"[2]与此同时,对于

---

〔1〕［日］井田良:《講義刑法学·総論》,有斐阁2008年版,第87页。

〔2〕张明楷:《刑法学(上)》,法律出版社2021年版,第235页。

网络犯罪行为、网络犯罪结果的考察有必要做到：一是网络犯罪行为、网络犯罪结果应是现实发生的，而不能是假定的，即应当以现实存在的事实为前提，而禁止附加假定的事实；[1]二是无论是网络犯罪行为还是网络犯罪结果，都应进行具体的、个别化的把握；三是网络犯罪行为、网络犯罪结果的理解，应立足构成要件进行考虑，其中，网络犯罪行为应是该当构成要件的行为即为违反行为规范的行为，网络犯罪结果应是该当构成要件的结果。

二则，网络犯罪行为与网络犯罪结果之间存在条件关系。之所以如此，在于代表网络犯罪行为的"因"是代表网络犯罪结果的"果"的必要条件，即存在"没有前者（行为）就没有后者（结果）"这一条件关系。"通过事实性条件关系的确定，成为刑法上的因果关系的存否判断的对象的行为筛选，确保当该判断的事实性的基盘，而且相反，在没有承认事实性的条件关系的情形下，鉴于只以此为理由就否定该当行为与该当结果之间的刑法上的因果关系的话，将事实性的条件关系的存否作为'归责限定的第一阶段的条件关系论'，就具有独自论述的意义。"[2]基于此，在网络犯罪中针对具体、现实的行为、结果适用条件关系时，如果没有网络犯罪行为就没有网络犯罪结果的话，那么此时的网络犯罪行为便是网络犯罪结果的原因。"在给定的情况下，倘若某个举止是人们不得不考虑的，没有这种举止的话，按照公认的因果法则，具体结果就不必加以考虑了，那么，该举止则是促成结果的原因。"[3]

（二）网络犯罪因果关系的实质判断

因果关系的实质判断，应立足法益侵害的角度予以判断，旨在确立"因"是

---

〔1〕 参见［日］川端博：《刑法総論講義》，成文堂2006年版，第140页。

〔2〕 成瀬幸典：《条件関係について》，载森本益之、加藤久雄、生田胜义编：《刑事法学の潮流と展望：大野眞義先生古稀祝賀》，世界思想社2000年版。

〔3〕 ［德］乌尔斯·金德霍伊泽尔：《刑法总论教科书》，蔡桂生译，北京大学出版社2015年版，第82页。

“果”的充分条件,表明“因”是“果”的充分关系。就网络犯罪因果关系的判断而言,也是如此。

首先,网络犯罪行为给法益制造了危险。之所以如此考虑,在于包括网络犯罪在内的所有犯罪的构成要件行为是具有法益侵害危险的行为。换句话说,如果没有给法益制造危险的,则不属于网络犯罪因果关系中的“因”。准确地讲,若认为因果关系中的“因”属于实行行为的话,则意味着其给法益制造了现实、紧迫、具体的危险。

其次,网络犯罪行为制造的危险现实化为结果。就网络犯罪的作为行为而言,危险的现实化表现在,作为行为积极地制造危险,使得危险流发展,进而导致结果的出现。由此而言,要将该结果归责于网络犯罪的作为行为,在于该结果是由作为行为积极制造的危险的实现。就网络犯罪的不作为行为而言,危险的现实化表现在,保证人负有阻断危险流发展的义务而不阻断,从而导致结果的出现。换句话说,只要能认定保证人履行了作为义务就能避免结果的发生却未履行的,此时的结果便能归责于网络犯罪的不作为行为,反之则不能归责于该不作为行为。

最后,现实化的结果属于侵害构成要件所保护法益的结果。由于在前述的形式判断中已明确网络犯罪结果属于构成要件结果,所以此时结果的判断只需考虑是否属于侵害该构成要件所保护法益的情形。如果发生的结果不是侵害该构成要件所保护法益的结果,则不应将该结果归责于行为主体的网络犯罪行为。比如,被害人因为诈骗人的电信网络诈骗行为(此处为诈骗行为)而导致精神病的,此时精神病的结果毋须归责于诈骗人的这一诈骗行为。

四、网络犯罪因果关系判断难题的回应

算法的广泛应用与网络的发展密不可分。诚如有论者所言,如果没有网络

的出现，算法也就无法达到现在“一统天下”的高度。〔1〕同样的，相比传统犯罪，网络犯罪的一大特点在于犯罪过程中存在算法的广泛应用。特别是在人工智能犯罪中，算法贯穿了该类犯罪的因果历程。有论者甚至认为，人工智能犯罪的实质就是人工智能算法安全犯罪。〔2〕

随着算法的广泛应用，由其所致的侵害结果与侵害行为之间的因果进程将变得更加冗长、复杂、不透明。诚如有论者所总结的，算法因果的不可知性和非直观性可能为相关网络服务提供者和网络用户带来隐私风险、剥削风险、歧视风险、错误风险。〔3〕比如，以算法黑箱为例，其不仅能导致可解释性难题，也能导致可追溯性难题。不过，在本书看来，这些算法侵害并不会导致本书所主张的因果关系判断进路的失效。这是因为，算法因果的不可知性也好、非直观性也罢，并不能改变算法侵害中“因”与“果”的客观存在性，影响的主要是行为主体对因果流程的认知，因而并未改变因果关系判断的实质。正如有论者在回应算法黑箱中的因果关系难题时所主张的那样：“算法可解释性难题不会导致规范意义上的因果关系理论失效，而算法可追溯性难题虽然给因果关系认定带来困扰，但更多地涉及程序法上算法侵害因果关系查明的问题，并未冲击实体法上的因果关系认定及归责。”〔4〕

〔1〕参见徐恪、李沁：《算法统治世界：智能经济的隐形秩序》，清华大学出版社2017年版，第20页。
〔2〕参见魏东：《人工智能算法安全犯罪观及其规范刑法学展开》，载《政法论丛》2020年第3期。
〔3〕参见欧阳本祺：《实质刑法基本立场与方法》，法律出版社2021年版，第143页。
〔4〕王莹：《算法侵害责任框架刍议》，载《中国法学》2022年第3期。

第八章　网络犯罪的故意与过失

没有犯罪故意或者过失的行为，不予以刑罚处罚，网络犯罪亦不例外。换言之，若要对网络犯罪施加刑罚处罚，就需要有故意与过失的存在。考虑到网络犯罪的故意与网络犯罪的过失存在不同，故本章拟分别展开论述。

第一节　网络犯罪的故意

网络犯罪的故意作为故意在网络犯罪中的体现，认识网络犯罪的故意时，除了要把握网络犯罪故意的体系地位之外，还需完成对其的认定。

一、网络犯罪故意的体系地位

与其他犯罪的故意一样，网络犯罪的故意在刑法当中的体系地位如何，目前仍有些争论，为此有必要予以厘清。

（一）体系地位之争

如果从阶层论角度理解包括网络犯罪故意在内的故意的话，其到底属于构成要件要素还是罪责要素（也称为责任要素）抑或是二者兼而有之，在理论上存在不同的争论。

第一种观点认为,包括网络犯罪故意在内的故意当属罪责要素。这种观点主要被古典犯罪论体系所承认。之所以如此,这与以心理责任论作为罪责要素的内容存在关系。毕竟心理责任论主张行为主体负有罪责的应是其所认识到的行为所造成的结果,“心理的罪责概念将罪责理解成为精神事实,因此,不得不纠缠于人类的意志自由问题而不得其解”[1],进而倡导“不法是客观的,罪责是主观的”,而故意属于主观的范畴,因而应为罪责要素。正如贝林所言,现行法在责任价值中认识了不同的责任类型,也即不同的责任层次,即故意和过失。[2] 随着心理责任论逐渐被规范责任论所取代,故意更是被视为主观的罪责要素。“在实行规范责任论的转换之后,将故意作为主观的责任要素来把握,与作为客观的责任要素的期待可能性相并列。”[3]

第二种观点认为,包括网络犯罪故意在内的故意应为构成要件要素。随着目的行为论的兴起,不法的内容不仅包含法益的侵害或危险,还包含了行为实施的类型和方式。由于故意成为行为的实施类型且结果指向的目的已经是行为的组成部分,所以有必要将故意纳入不法的内容之中。“故意明显是构成要件的一个要素,如果没有它,我们就无法查清外部事件的构成要件符合性。”[4] 可以说,实现构成要件结果的目的是行为的本质要素,因而故意应是行为的要素。诚如有论者所言,可以认为人的行为不法的核心就是故意。[5] 甚至有论

---

〔1〕 [德]乌尔斯·金德霍伊泽尔:《刑法总论教科书》,蔡桂生译,北京大学出版社2015年版,第210页。

〔2〕 参见[德]恩施特·贝林:《构成要件理论》,王安异译,中国人民公安大学出版社2006年版,第102页。

〔3〕 [日]井田良:《刑法总论的理论构造》,秦一禾译,中国政法大学出版社2021年版,第59页。

〔4〕 [德]汉斯·韦尔策尔:《目的行为论导论:刑法理论的新图景》,陈璇译,中国人民大学出版社2015年版,第37页。

〔5〕 Vgl. Wessels, Beulke, Satzger, *Strafrecht Allgemeiner Teil*, 48 Aufl., C. F. Müller, 2018, S. 63.

者直言:“具有故意之所以可能受到较重的责任非难,只不过是反映违法性严重程度的差异。故意对责任的影响,不过是通过违法性的间接的影响。故意是作为规范违反要素的违法评价的对象的本质部分,而不是与控制动机有关的责任的问题。应当认为故意是违法要素而不是责任要素。”[1]

第三种观点认为,包括网络犯罪故意在内的故意应视为双重的要素。所谓双重的要素,指的是故意的一部分属于构成要件要素,另一部分则属于罪责要素。也即,此时的故意分别由构成要件故意和罪责故意所组成。这种观点在理论上也得到了不少论者的支持。比如,有论者认为:“对于构成要件而言,故意是具有本质性的,因为没有故意,就无法按照法治国所要求的方式来刻画出法定的犯罪形象;然而,故意和罪责也是有关的,因为故意可以界分出严重罪责形态和较轻的罪责形态,故而,按照该犯罪类型的评价原则,故意也必须在内容上被反映出来。”[2]又如,有论者认为:“将故意归纳为主观方面不法构成要件,并非意味着它必然就是在责任范围内不再具有任何意义。更多是要从这个角度出发,即故意在犯罪系统中要行使一个双重功能,即既是作为举止形式,又是作为责任形式。”[3]

(二)本书的观点

在本书看来,如果从阶层犯罪论的角度理解的话,同其他犯罪的故意一样,网络犯罪的故意应视为双重的要素,即这种故意应由构成要件故意和罪责故意组成。

一方面,构成要件故意属于主观构成要件要素。之所以如此,理由在于:

---

[1] [日]井田良:《刑法総論の理論構造》,成文堂2005年版,第72页。

[2] [德]克劳斯·罗克辛:《刑事政策与刑法体系》,蔡桂生译,中国人民大学出版社2011年版,第52页。

[3] [德]约翰内斯·韦塞尔斯:《德国刑法总论》,李昌珂译,法律出版社2008年版,第84页。

一是利于区分不法的严重程度。根据本书前述章节的主张,犯罪的本质在于违反规范地侵害法益。因此,适用刑法的目的在于保护法益和维护规范的效力。而法益的侵害在不法行为已实施的情况下早已发生,因而此时保护的法益是具有预防性质的,而这就离不开对规范效力的维护,继而达到预防人们实施法益侵害行为的目的。[1] 然而,考虑到行为主体在故意、过失的心态下违反规定的程度有所不同,因而有必要将构成要件故意纳入不法层面作为主观构成要件要素,如此才能更好地区分故意、过失地违反规范进而侵害法益的不法程度。二是存在区分规定的刑法基础。其一,在刑法条文里存在以“故意”的词语来描述构成要件。比如,《刑法》第 304 条规定“邮政工作人员严重不负责任,故意延误投递邮件”的情形。与此同时,即使有关罪名的刑法条文没有明文规定“故意”一词,但鉴于《刑法》第 14 条规定了“故意犯罪,应当负刑事责任”和第 15 条规定了“过失犯罪,法律有规定的才负刑事责任”,也能推断这些刑法条文里有“故意”的规定。其二,在刑法条文里本身就有不少特定的主观构成要件要素,如《刑法》第 224 条的“以非法占有为目的”、第 265 条的“以牟利为目的”,既然承认这些要素属于主观构成要件要素,由于目的犯是故意犯,那么就有必要承认构成要件故意的存在。正如有论者所言:“如果像(非法)占有目的和牟利目的这些要素是主观的构成要件要素,那么故意也不能例外。”[2]

另一方面,罪责故意属于罪责要素。构成要件故意强调的是对客观构成要件事实的认知和意欲,而罪责故意则是行为主体基于不法行为所体现出来的法敌对或者法冷漠的态度,或者说其所表达的是非难可能性意义上的法敌对或者

---

〔1〕 参见[日]井田良:《刑法上行为非价与结果非价之未解争议》,薛智仁译,载《月旦法学杂志》2018 年第 6 期。

〔2〕 蔡桂生:《构成要件论》,中国人民大学出版社 2015 年版,第 226 页。

法冷漠的意思。“罪责故意在罪责领域是犯罪行为的思想非价的载体，作为罪责的形式，罪责故意体现为行为人针对法律中举止规范的法敌对和法冷漠态度。”[1]

就构成要件故意和罪责故意的关系而言，在通常情况下，当行为主体存在构成要件故意时，一般推定行为主体有罪责故意。也即，“故意的不法表征或推定了故意的罪责形态”[2]。当行为主体既有构成要件故意也有罪责故意时，意味着其存在刑法规定的犯罪故意。不过，对于行为主体有构成要件故意却无罪责故意的情形，是否认为行为主体有犯罪故意呢？以利用计算机实施的假想防卫为例，如甲的财产在没有实际遭受侵害的情况下，误以为存在正在进行的不法侵害，而利用计算机采取了防卫措施的行为。对此情形，一种观点认为，由于此时的行为主体欠缺罪责故意，因而构成要件故意从规范评价的角度被抵消了，故不存在犯罪故意。诚如有论者所言，假想防卫行为具备结果无价值，但行为主体主观上是为了制止不法侵害，这使得先前成立的构成要件故意从规范评价的角度看被抵消、被排除了。[3] 另一种观点则承认，构成要件故意依然存在，只是因为欠缺罪责故意而表明行为主体不值得以犯罪故意来谴责。本书同意后者观点，其中一个重要的原因是构成要件故意的存在，能推定行为主体存在罪责故意，但当行为主体欠缺罪责故意时，不能反推构成要件故意的不存在或者被抵消，只能在承认构成要件故意存在的基础上，基于罪责故意的欠缺而得出行为主体缺乏犯罪故意的结论，否则的话，便会影响从不法到罪责进行逻辑递进思考的贯彻。

---

[1] 蔡桂生：《构成要件论》，中国人民大学出版社 2015 年版，第 242 页。
[2] 江溯：《论犯罪故意在三阶层体系中的地位》，载《法学论坛》2022 年第 1 期。
[3] 参见周光权：《行为无价值论的中国展开》，法律出版社 2015 年版，第 165 页。

此外,有关罪责故意与违法性认识的关系,在理论上也有不同的观点:一种观点认为,违法性认识属于罪责故意的要素,即罪责故意与违法性认识具有种属关系。例如,有论者强调:"犯罪故意的认识内容是什么呢?这一认识要素,应当是,也只能是违法性认识。"[1]另一种观点则指出,违法性认识与罪责故意同属于罪责要素,即罪责故意与违法性认识存在并列关系。比如,有论者就指出:"如果要求犯罪故意不仅具有社会危害意识,而且具有违法意识,则缺乏法律根据,实践中也不合适。只要行为人具有社会危害意识,即使其没有违法意识,也成立犯罪故意。"[2]或者认为,将不法意识(即违法性认识)列为罪责要素,则是故意当中对构成要件要素的认知和意欲被抽离罪责阶层之后,所剩余属于故意的要素。[3] 在本书看来,罪责故意与违法性认识呈现的是并列关系,二者同属于罪责要素。之所以有论者反对这一观点而主张违法性认识属于罪责故意的要素,在于将故意等同于《刑法》第14条规定的犯罪故意。实际上,《刑法》第14条指的是实质意义上的犯罪故意,其不仅包括构成要件故意、罪责故意,还涉及违法性认识。由前文可知,构成要件故意属于构成要件要素,罪责故意属于罪责要素,而对于违法性认识而言,在本书看来,其应属于罪责要素,因为表明非难可能性的要素可以称为罪责要素,即"责任是指可谴责性"[4],行为主体对违法性有认识而故意实施违反规范地侵害法益的行为就表明了其有非难可能性,所以违法性认识与罪责故意一样,都是罪责要素。

---

〔1〕 田宏杰:《违法性认识研究》,中国政法大学出版社1998年版,第44页。

〔2〕 姜伟:《罪过形式论》,北京大学出版社2008年版,第117页。

〔3〕 参见许玉秀:《主观与客观之间——主观理论与客观归责》,法律出版社2008年版,第53~54页。

〔4〕 Reinhard Frank, *Über den Aufbau des Schuldbegriffs*, A. Töpelmann, 1907, S. 11.

厘清网络犯罪故意的体系地位，在本书看来，首要是明确刑法上故意的体系地位。“网络犯罪脱离不开传统犯罪，想要解决网络犯罪的相关问题，首先应明确以上传统犯罪的刑法总则理论，再加以适用。”[1]根据前述分析，如果从阶层犯罪论的角度而言的话，刑法上的故意应由构成要件故意和罪责故意组成，而网络犯罪的故意隶属于刑法上的故意，故而也应如此理解。

二、网络犯罪故意的认定

考虑到网络犯罪的故意隶属于刑法上的故意，因而对于网络犯罪故意的认定，有必要在结合刑法总则有关故意规定的基础上予以理解。

（一）故意要素的理解

从刑法总则的规定来看，《刑法》第 14 条第 1 款规定：“明知自己的行为会发生危害社会的结果，并且希望或者放任这种结果发生，因而构成犯罪的，是故意犯罪”。由此可见，故意由认识因素和意志因素构成。其中，意志因素相对好理解，主要指希望或者放任危害社会的结果的发生。而对于认识因素而言，其所指的是明知自己的行为会发生危害社会的结果。根据前文所述，由于《刑法》第 14 条规定的是实质意义上的犯罪故意，所以此处的明知至少应作两个层面的理解：一是行为主体对其行为和所发生的结果存在事实性认识；二是行为主体对其行为和所发生的结果存在违法性认识。

从刑法分则的规定来看，部分网络犯罪的罪名，如帮助信息网络犯罪活动罪，就规定了“明知”，由此需要厘清其与刑法总则规定的“明知”之间的关系。在理论上，对此关系有着不同的理解。一种观点认为，刑法分则规定的“明知”

---

[1] [英]Dennis J. Baker：《运用刑法总则理论治理网络犯罪》，高艳东、张琼珲译，载《人民检察》2019 年第 5 期。

属于故意的特定因素，而刑法总则规定的“明知”则为故意的一般因素，前者并不等同于后者，前者只是后者的前提，[1]或称为前置型的明知；[2]另一种观点则认为，刑法分则规定的“明知”并非属于故意犯罪中的明知要素，而是在故意之外的存在于行为主体内心，没有客观事实与之相对应的主观要素。[3] 在本书看来，第一种观点更为合理，无论是刑法总则规定的“明知”还是刑法分则规定的“明知”，实质上都属于故意的要素而已，只不过，相比刑法总则规定的“明知”，刑法分则规定的“明知”强调的只是对部分构成要件要素的明确认识，属于对部分构成要件要素认识的提示。诚如有论者所指出的那样：“分则‘明知’可能只是对部分要素的认识的提示，而要成立总则的‘明知’，必须认识到分则规定的构成要件的全部要素，这时不排除有些要素在分则中没有被‘明知’提示。”[4]

（二）故意要素的认定

实践中，故意要素认定的关键在于把握“明知”。鉴于明知属于主观的内容，对其认定时，既可以采取自白的方法，也可以用推定的方法。对于自白，强调的是“承认自己犯罪事实之全部或主要部分的被告人陈述”[5]。行为主体若未被刑讯逼供、威逼、利诱却能如实供认且在有其他证据印证的情况下，[6]无疑能说明“明知”的存在。对于推定，指的是从行为主体已实施的不法行为及相关事实中推出其是否有“明知”。也即，由已知事实推出未知事实，且已知事

---

〔1〕 参见郑健才：《刑法总则》，台北，三民书局1982年版，第96页。

〔2〕 参见陈兴良：《刑法分则规定之明知：以表现犯为解释进路》，载《法学家》2013年第3期。

〔3〕 参见刘艳红：《洗钱罪删除“明知”要件后的理解与适用》，载《当代法学》2021年第4期。

〔4〕 张明楷：《刑法学（上）》，法律出版社2021年版，第347页。

〔5〕 [日]田口守一、川上拓一、田中利彦編：《確認刑事訴訟法用語250》，成文堂2009年版，第78页。

〔6〕 参见汪恭政、刘仁文：《以全链条思维治理虚拟币洗钱》，载《检察日报》2021年8月19日，第003版。

实有确实、充分的证据证实。不过,既然是由已知事实到未知事实的推定,那么就有必要允许反证。“在逻辑意义上,事实推定无法精确地认定事实,主张适用事实推定的一方必然招致对方的反驳。”[1]以帮助信息网络犯罪活动罪中“明知”的认定为例,由于其之推定允许反证的存在,所以《关于办理非法利用信息网络、帮助信息网络犯罪活动等刑事案件适用法律若干问题的解释》第11条才规定,为他人实施犯罪提供技术支持或帮助,具有相关不法行为之一的,[2]可以认定行为主体明知他人利用信息网络实施犯罪,但有相反的证据除外。而且,要强调的是,尽管明知的认定方法有自白也有推定,但认定时并非独自使用,综合使用恰是常态。所以最高人民法院、最高人民检察院、公安部《关于办理电信网络诈骗等刑事案件适用法律若干问题的意见(二)》对帮助信息网络犯罪活动罪的“明知”,[3]才规定应根据主客观因素予以综合认定。

与此同时,不少涉及网络犯罪的司法解释经常将“知道”和“应当知道”都规定为“明知”的情形。以利用信息网络实施诽谤为例,最高人民法院、最高人民检察院《关于办理利用信息网络实施诽谤等刑事案件适用法律若干问题的解释》第1条第2款规定:“明知是捏造的损害他人名誉的事实,在信息网络上

---

〔1〕 王彬:《事实推定中的后果考量》,载《法律科学》2021年第6期。

〔2〕 具体包括:(1)经监管部门告知后仍然实施有关行为的;(2)接到举报后不履行法定管理职责的;(3)交易价格或者方式明显异常的;(4)提供专门用于违法犯罪的程序、工具或者其他技术支持、帮助的;(5)频繁采用隐蔽上网、加密通信、销毁数据等措施或者使用虚假身份,逃避监管或者规避调查的;(6)为他人逃避监管或者规避调查提供技术支持、帮助的;(7)其他足以认定行为人明知的情形。

〔3〕 最高人民法院、最高人民检察院、公安部《关于办理电信网络诈骗等刑事案件适用法律若干问题的意见(二)》第8条规定:“认定刑法第二百八十七条之二规定的行为人明知他人利用信息网络实施犯罪,应当根据行为人收购、出售、出租前述第七条规定的信用卡、银行账户、非银行支付账户、具有支付结算功能的互联网账号密码、网络支付接口、网上银行数字证书,或者他人手机卡、流量卡、物联网卡等的次数、张数、个数,并结合行为人的认知能力、既往经历、交易对象、与实施信息网络犯罪的行为人的关系、提供技术支持或者帮助的时间和方式、获利情况以及行为人的供述等主客观因素,予以综合认定。”

散布，情节恶劣的，以‘捏造事实诽谤他人’论。”对此，最高人民法院刑事审判第三庭认为，明知的认定有两类情形：“一是‘知道’，即有证据证明行为人知道特定的事实，例如，行为人及其‘上家’均承认，行为人明确知道在信息网络上散布的信息系‘上家’捏造的损害他人名誉的事实。二是‘应当知道’，即行为人虽否认自己知道在信息网络上散布的信息系捏造的损害他人名誉的事实，但基于相关证据，能够推定行为人知道该情况，且行为人对此不能作出合理解释。”[1]在本书看来，司法解释规定的“知道”和“应当知道”，指的是从认定的角度确定行为主体是否存在“明知”。诚如有些论者所言：“‘应当知道’属于司法用语，而非实体法用语，其在实体判断中的作用和‘知道’是完全相同的，只不过判断的方式和依据有所不同。”[2]其中，对于“知道”，其所强调的是有证据证明行为主体已经知道相关的构成要件事实，即已认识到相关的构成要件要素；而对于“应当知道”，则是根据案件证据能推定行为主体知道相关的构成要件事实，而不能理解为根据案件证据无法证明行为主体确实知道相关构成要件事实的情形，即根据主客观因素足以综合认定行为主体不可能不认识到相关的构成要件要素。

第二节　网络犯罪的过失

网络犯罪的过失作为过失在网络犯罪中的体现，对其进行认识时，与网络犯罪的故意类似，不仅要明确其体系地位，也要完成对其的认定。

---

〔1〕 最高人民法院刑事审判第三庭：《〈关于办理利用信息网络实施诽谤等刑事案件适用法律若干问题的解释〉的理解与适用》，载《人民司法》2013年第21期。

〔2〕 皮勇、黄琰：《论刑法中的“应当知道”——兼论刑法边界的扩张》，载《法学评论》2012年第1期。

一、网络犯罪过失的体系地位

刑法上过失的体系地位在理论上常有争议,而作为具体类别的网络犯罪过失,亦不例外,为此有必要予以厘清。

(一)体系地位之争

如果从阶层犯罪论角度理解包括网络犯罪过失在内的过失的话,与前述的故意相似,在理论上也有不同的争论。

第一种观点认为,包括网络犯罪过失在内的过失属于罪责要素。比如,有论者指出:“如果认定客观上发生了结果,具有了因果关系,那么需要讨论的就是是否存在作为责任要素的过失。”[1]或者从与故意相比较的角度指出,过失与故意类似,都属于罪责要素,与构成要件要素没有关系,两者均属于责任形式。[2] 诚如有论者进一步而言:“与故意犯中作为责任要素、责任形式的故意相对应,将过失理解为过失犯中的责任要素与责任形式,是对过失的传统理解。在此理解之下,过失犯的检讨是完全放在责任论的范围内,以作为责任要素、责任形式的过失为对象展开的。”[3]

第二种观点认为,包括网络犯罪过失在内的过失属于构成要件要素。随着目的行为论的兴起,不少论者意识到将能避免实现构成要件却仍实现构成要件的故意视为构成要件要素,如果不将保持谨慎可以避免实现构成要件却仍实现构成要件的过失视为构成要件要素的话,则会面临逻辑上的矛盾。为此,不少论者认为,有必要将包括网络犯罪过失在内的过失视作构成要件要素。“如果

[1] [日]前田雅英:《刑法总论讲义》,曾文科译,北京大学出版社 2017 年版,第 178 页。

[2] 参见张明楷:《刑法学(上)》,法律出版社 2021 年版,第 367 页。

[3] [日]山口厚:《刑法总论》,付立庆译,中国人民大学出版社 2018 年版,第 240 页。

人们认为过失之中具有和故意相对应的要素,那么,人们就必须将这种在谨慎之下进行预见和避免的能力,放到构成要件之中。这样,人们就得到了一阶层的过失模式。在这个阶层里,过失行为的所有特别性要素都放到构成要件阶层中了。"〔1〕

第三种观点认为,包括网络犯罪过失在内的过失应作为双重的要素。作为双重的要素强调过失的一部分属于构成要件要素,另一部分则为罪责要素。也即,过失由构成要件过失和罪责过失组成。其中,构成要件过失强调的是在不法层面判断行为主体是否有客观的注意义务,罪责过失则主要从罪责层面判断行为主体主观上(即个体能力上)是否有能力履行客观上所要求的注意义务。目前,这已成为德国刑法学界的通说。德国刑法学界对此犯罪过失的判断也被称为两阶层的过失模式,即在构成要件的框架上判断是否成立客观的过失,而在罪责框架内考察是否具备主观的过失。〔2〕

(二)本书的观点

对于包括网络犯罪过失在内的过失,本书赞同将其作为双重的要素。也即,其由构成要件过失和罪责过失组成。具体而言:首先,构成要件过失属于主观构成要件要素。之所以如此,原因有二:一是从故意与过失的关系上便能看出,特别是在承认两者存在位阶关系的情况下,当存在构成要件故意时,便有构成要件过失的可能。因为构成要件故意强调了对客观构成要件事实的认知和意欲,而构成要件过失也强调了对客观构成要件事实的认知和意欲,尽管两者的认知和意欲的程度存在不同,但这并不影响其作为构成要件要素。也有论者

〔1〕[德]乌尔斯·金德霍伊泽尔:《刑法总论教科书》,蔡桂生译,北京大学出版社2015年版,第341页。

〔2〕Vgl. Wessels, Beulke, Satzger, *Strafrecht Allgemeiner Teil*, 42 Aufl., C. F. Müller, 2012, S. 657–667.

从反面进一步论证了故意、过失作为构成要件要素的必要性，毕竟若故意、过失不是构成要件内容的话，则无异于构成要件的自我否定。[1] 二是在刑法条文里存在以“过失”的词语来描述构成要件，如《刑法》第124条第2款（过失损坏广播电视设施、公用电信设施罪）规定了“过失犯前款罪的”情形，说明了有构成要件过失存在的可能。其次，罪责过失属于罪责要素。罪责过失的存在，在本书看来，其旨在从非难可能性上表明行为主体对注意义务的违反态度。通常而言，行为主体一旦有构成要件过失则推定其有罪责过失，除非有阻却事由反驳这一推定。正如有论者所指出的那样，只要不存在阻却违法的事由，则在一定程度上可以推定罪责过失的存在，但推定罪责过失存在并不等于说行为主体已具有过失的责任，还需考察是否存在阻却责任的事由，进而把罪责过失作为一个独立的要素来判断，以确定罪责的有无与轻重。[2] 因此，在本书看来，如果从阶层犯罪论角度理解包括网络犯罪过失在内的过失的话，有必要从双重的要素上把握包括网络犯罪过失在内的过失。

二、网络过失犯罪的规制之争

根据《刑法》第287条利用计算机实施犯罪的定罪处罚的规定，如果利用计算机实施过失犯罪能依照本法有关规定定罪处罚的话，则说明我国有网络过失犯罪的存在。但是，除此条款以外，其他涉及网络犯罪的刑法条款即《刑法》第285条、第286条、第286条之一、第287条之一、第287条之二并未规定网络过失犯罪，由此引发了以下有关网络过失犯罪的规制之争。

---

〔1〕 参见蔡桂生：《论故意在犯罪论体系中的双层定位——兼论消极的构成要件要素》，载《环球法律评论》2013年第6期。

〔2〕 参见林亚刚：《试论德、日刑法中犯罪过失在犯罪论体系中的地位》，载《国家检察官学院学报》2000年第1期。

（一）计算机过失犯罪的增设之争

早期，网络过失犯罪的规制之争主要集中在计算机过失犯罪的增设之争上。肯定说主张，鉴于网络技术的发展，其所引发的法益侵害情形，现有的计算机犯罪相关罪名难以起到有效的规制，因而有必要增设计算机过失犯罪。例如，有论者就指出："随着互联网的广泛应用，网络空间中技术过失的危害性开始突显出来。无论从归因还是归责的角度看，'技术过失'都不是单纯的意外事故，技术过失实际就是人的过失。技术过失的浅层次危害包括财产损失和计算机信息系统损害，深层次危害则包括'非传统安全威胁'，因而昭示了刑法处罚的现实意义。目前网络犯罪的罪刑体系缺失了过失犯罪这一重要的评价环节，应当增加破坏计算机信息系统罪的过失犯罪。"[1]否定说认为，相比计算机故意犯罪，计算机过失犯罪在刑法的规定上有着更严格的要求，因而不宜增设新的过失罪名。比如，有论者就谈到："关于计算机犯罪无法成立独立的过失犯罪的理由，在此结合过失犯的基本理论进行阐释。过失犯成立，在基本结构上需要满足两重条件，即违反了特定的注意义务，以及存在实行行为。此外，一般基于对过失犯限定处罚的理念，将其成立限于刑法有明文规定的情形。"[2]对于计算机过失犯罪的增设与否，由于涉及网络犯罪刑法立法的问题，依本书之见，有必要从两方面考虑：一方面，从规范违反的角度看，若在前置法上对因计算机过失导致的结果未确定行为规范的，则不宜纳入；若在前置法上有行为规范的，则再从刑法上考虑行为规范的存在，在有行为规范存在的情况下，例如，在利用计算机发送网络信息时导致国家秘密泄露的，由于已在过失泄露国家秘密罪中确立了行为规范，此时不宜另行增设计算机过失犯罪。另一方面，

〔1〕 李怀胜：《网络空间中的技术过失行为初论》，载《政法论坛》2011年第3期。

〔2〕 王肃之：《网络犯罪原理》，人民法院出版社2019年版，第318页。

从法益侵害的角度看，若存在新的法益或者基于计算机过失行为更易导致现有法益遭受侵害的，方可考虑增设计算机过失犯罪，反之现有保护法益的罪名能做到有效规制的，则毋须另行增设计算机过失犯罪的罪名。

（二）人工智能过失犯罪的规制之争

近来，网络过失犯罪的规制之争主要体现在，面对人工智能过失犯罪该如何处理？对于人工智能过失犯罪的增设与否问题，也牵涉网络犯罪的刑法立法，因而与前述增设计算机过失犯罪的主张相似，故不再赘述。此处重在关注人工智能过失犯罪该如何处理的理论焦点问题，即谁应对人工智能过失犯罪承担过失犯罪的责任。进一步而言，面对人工智能过失犯罪，承担过失犯罪的行为主体到底是人工智能体？还是与人工智能相关的人员，如研发者、使用者？

对于前者，考虑到人工智能体有弱人工智能体和强人工智能体之分（详见后文），而弱人工智能体不是人工智能过失犯罪行为主体的观点基本没有疑问，故能否成为该类犯罪的行为主体便落在了强人工智能体上。其中，持肯定的观点认为，与自然人相比，强人工智能体具有更强的控制能力与可培养的辨认能力，而这些能力又与认识因素和意志因素具有密切的联系，所以具有这些能力就具备了在主观上形成过失的可能。[1] 而持否定的观点强调，强人工智能体难以成为该类犯罪的行为主体。“人脑上的故意和过失在人工智能体此类非生命的个体几乎无法存在。一旦人工智能体实施了社会危害行为，与其去探究机器人本身是否存在主观罪过，不如从根本上否定人工智能体的主观方面。”[2] 本书支持否定的观点，这是因为，在强人工智能时代即使承认人工智能

---

[1] 参见刘宪权：《人工智能时代的“内忧”“外患”与刑事责任》，载《东方法学》2018年第1期。

[2] 陈帅：《论强人工智能体刑事责任主体之否定》，载《成都理工大学学报（社会科学版）》2021年第2期。

体能成为行为主体，也不意味着其就有人工智能过失犯罪的责任，毕竟这需要人工智能体存在罪责过失，而由此要有规范意识，但目前来看人工智能体很难走到这一步，特别是在人的思维不能完全被数字计算机程序化与形式化的情况下，[1]让人工智能体具有规范意识则令人怀疑。

对于后者，无论是研发者还是使用者，都有成为人工智能过失犯罪行为主体的可能，即都有违反注意义务的可能，因而争论的关键在于如何在过失理论上把握这一义务。其中，持旧过失论的观点认为，应重视对结果的预见可能性，无论是研发者还是使用者，一旦对所造成的结果有预见可能性的，就有成立人工智能过失犯罪的可能。持新过失论的观点认为，即使研发者、使用者对结果具有预见可能性，但只要他们履行好了结果避免义务就不成立人工智能过失犯罪。持超新过失论的观点认为，同新过失论一样，也以结果避免义务为核心，只不过与新过失论要求对结果的预见应是具体的预见相比，超新过失论认为只需对结果有不安感、危惧感的研发者、使用者就有成为人工智能过失犯罪行为主体的可能。对此三种观点，本书基本赞同新过失论的主张。理由在于，由前文可知，过失存在构成要件过失和罪责过失之分。其中，构成要件过失强调的是在不法层面判断行为主体是否有客观的注意义务，罪责过失则主要从罪责层面判断行为主体主观上（即个体能力上）是否有能力履行客观上所要求的注意义务。由于新过失论将结果避免义务作为客观的行为基准而设定成客观的注意义务，使之成为构成要件要素，所以持新过失论与前文的相关主张一致。“新过失论承认二重的过失，即构成要件符合性、违法性阶段的客观的过失（构成

---

〔1〕 参见［美］休伯特·德雷福斯：《计算机不能做什么——人工智能的极限》，宁春岩译，台北，生活·读书·新知三联书店1986年版，第293页。

要件过失)和责任阶段的主观的过失(责任过失)。"[1]基于此,当研发者、使用者既有客观的注意义务,也在主观上有能力履行这些注意义务时,就有成为该类犯罪行为主体的可能。但要注意的是,由于新过失论是建立在被允许的危险理论基础之上的,所以有必要对人工智能过失犯罪的范围作出限制。诚如有论者所言:"即使发生了法益侵害结果,但在履行了社会生活上、客观上要求的注意义务时,就已经否认了构成要件该当性(类型的不法)。"[2]与此同时,也应基于信赖原则对人工智能过失犯罪的范围作出限制。当研发者、使用者在研发、使用人工智能时,若存在信赖被害人或者第三者采取适当行为的情况,因被害人或者第三者不适当的行为导致结果发生的,则不应对此负责。正所谓,当信赖原则适用之时,就有否定行为主体成立过失犯的可能。[3]

---

〔1〕 陈家林:《外国刑法理论的思潮与流变》,中国人民公安大学2017年版,第226页。

〔2〕 [日]井田良:《刑法総論の理論構造》,成文堂2005年版,第114页。

〔3〕 参见陈子平:《刑法总论》,中国人民大学出版社2009年版,第151页。

第九章　网络犯罪的共同犯罪

网络犯罪的共同犯罪，也称为网络共同犯罪，作为共同犯罪在网络犯罪中的具体表现，对其认识时，一般离不开对网络犯罪参与体系的探讨。本章拟以检视不同类别的网络犯罪参与体系为出发点，选择其中合适的犯罪参与体系来理解我国共同犯罪的规定，并以此为基础完成对网络共同犯罪的认定。

第一节　网络犯罪参与体系的检视

网络犯罪参与体系，本质上属于犯罪参与体系在网络犯罪中的具体应用，在对网络犯罪参与体系进行检视时，由于犯罪参与体系有单一正犯体系和二元分离体系之分，因而检视的便是这两种体系在网络犯罪应用中的优势与不足。

一、单一正犯体系的检视与不足

单一正犯体系，又称统一性正犯体系，是指所有犯罪参与者均为正犯，并规定同一法定刑，各犯罪参与者的量刑应在同一法定刑内根据各自的犯罪参与程度来确定。从网络共同犯罪的角度来讲，单一正犯体系意味着所有网络犯罪参与者都是正犯,各网络犯罪参与者的量刑应在同一法定刑内根据各自的犯罪参与程度来确定。

(一)单一正犯体系的检视

随着单一正犯体系的发展,其又分为形式单一正犯体系和功能单一正犯体系。所谓形式单一正犯体系,强调的是不区分正犯与共犯,采用某种方法共动于可罚性行为的人都视为共动者,按同一法定刑处理。[1] 也即,不问参与犯罪的形式如何,只要是参与了犯罪的人,都是正犯。[2] 《意大利刑法典》和德国《违反秩序法》都是适用该体系的典型法律。其中,《意大利刑法典》第 110 条就规定:"当多人共同参与同一犯罪时,对于他们当中的每一人,均处以法律为该犯罪规定的刑罚,以下各条另有规定者除外。"德国《违反秩序法》第 9 条第 1 款也规定:"若多人参与一项违反秩序行为,则每个人自身的行为均违反秩序。"由此看来,包括网络犯罪在内的所有犯罪参与者都是正犯,不存在正犯与共犯之分。这种做法看似避免了区分所带来的繁杂与困难,实现了"单一实行人的概念追求的目标"[3]。

功能单一正犯体系,与形式单一正犯体系不同,其在构成要件层面区分不同的行为类型。毕竟二者的本质差异,就在于这种犯罪行为形式的细分化。[4] 为了限制形式单一正犯体系处罚范围的无限扩大,功能单一正犯体系"正确认识到各行为人类型的不法与罪责有必要个别化,因而朝着正确的量刑方向迈出

〔1〕 参见[日]高桥则夫:《共犯体系和共犯理论》,冯军、毛乃纯译,中国人民大学出版社 2010 年版,第 28~29 页。

〔2〕 参见[日]齐藤金作:《共犯立法について》,载《早稲田法学》1958 年第 3 号。

〔3〕 [德]克劳斯·罗克辛:《德国刑法学总论》(第 2 卷),王世洲译,法律出版社 2013 年版,第 8 页。

〔4〕 参见[日]高桥则夫:《共犯体系和共犯理论》,冯军、毛乃纯译,中国人民大学出版社 2010 年版,第 23 页。

了重要一步"[1]。从适用该体系的规范来看,功能单一正犯体系的代表性法典乃《奥地利刑法典》。其中,该刑法典第12条就规定:"自己实施可罚的行为,或者通过他人实施可罚的行为,或者为可罚行为的实施给予帮助的,均为正犯。"第13条规定:"数人共同实施应受刑罚处罚的行为的,按责任的大小分别处罚。"在理论界,奥地利刑法学者奇纳普菲尔(Kienapfel)是功能单一正犯体系的积极倡导者。在他看来,正犯分为直接正犯和间接正犯,而间接正犯又细分为诱发正犯和援助正犯。其中,直接正犯是指以法定的犯罪描述方式实现构成要件的人,间接正犯是指以其他方式参与到构成要件之实现的人。不论是直接正犯,还是间接正犯,都被同等看待,即自主负责性乃单一正犯体系的"最高教义学原则"[2],共犯从属性没有存在的余地。

(二)单一正犯体系的不足

不论是形式单一正犯体系,还是功能单一正犯体系,目前在包括网络共同犯罪在内的共同犯罪中都有适用的不足。就形式单一正犯体系而言:一是难以在既遂与未遂之间作出区分。毕竟按照形式单一正犯体系的理解,所有的犯罪参与者都为正犯。也即,除了直接实施实行行为者为正犯外,教唆他人或者帮助他人实施实行行为者也是正犯,如此一来,既遂与未遂的区分就失去了标准。二是容易扩大处罚的范围。以处罚未遂犯为例,如果认为教唆他人或者帮助他人实施实行行为者为正犯,那么意味着教唆未遂或者帮助未遂也会基于正犯的未遂而受到处罚,这显然不合理。

就功能单一正犯体系而言,相较于形式单一正犯体系,虽然功能单一正犯

---

〔1〕 何庆仁:《归责视野下共同犯罪的区分制与单一制》,载《法学研究》2016年第3期。

〔2〕 Vgl. Kienapfel, *Strafrecht Allgemeiner Teil, Mit Einführungen in programmierter Form*, 4. Aufl., De Gruyter, 1984, S. 547.

体系区分了包括网络犯罪在内的犯罪参与者的行为类型,但由于不考虑犯罪参与者之间的关系,所以在自主负责性并未改变的情况下,独立地对每个正犯进行不法和罪责的判断。[1] 此时,适用功能单一正犯体系的困境与形式单一正犯体系无异,即前者虽然在概念上、类型上区分了直接正犯与间接正犯(诱发正犯、援助正犯),但在价值评价上却与后者无差别,都只承担犯罪参与者自身的责任。尽管奇纳普菲尔认为,按照功能单一正犯体系,结合《奥地利刑法典》第15条第2款的规定,[2]诱发正犯的处罚以被教唆者实施了正犯行为为前提,如此便"松动"了自主负责性,悄然向二元分离体系的共犯从属性"妥协",[3]那么此时就不再是单一正犯体系了。

二、二元分离体系的检视与选择

二元分离体系,又称正犯、共犯分离体系或共犯体系,是近代刑法的产物。[4] 该体系认为,"只有正犯才对固有的不法、责任进行答责,共犯则作为对他人活动的参与来处罚"[5]。从网络共同犯罪的角度来看,二元分离体系表明网络犯罪参与者有正犯、共犯之分,且共犯从属于正犯。

(一)二元分离体系的检视

随着二元分离体系的发展,其围绕正犯与实行行为的不同关系,又衍生出

---

[1] Vgl. Kienapfel, "Die Einheitstäterregelung der § § 12 und 32 StGB Fortsetzung und Schluss", *Juristische Blätter*, Heft 7/8, 1974, S. 184.

[2] 《奥地利刑法典》第15条第2款规定:"若正犯通过直接先在于实行的行动而践行其实施该构成要件行为或促使他人实行该构成要件行为的决意,构成要件行为系未遂。"

[3] 参见王华伟:《犯罪参与模式之比较研究——从分立走向融合》,载《法学论坛》2017年第6期;袁国何:《功能单一正犯体系的理论脉络及其检讨》,载《中外法学》2019年第1期。

[4] 参见[日]小野清一郎:《犯罪構成要件の理論》,有斐阁1953年版,第102页。

[5] [日]高桥则夫:《共犯体系和共犯理论》,冯军、毛乃纯译,中国人民大学出版社2010年版,第63页。

严格二元分离体系和修正二元分离体系。

严格二元分离体系,强调的是包括网络犯罪在内的所有犯罪参与者分为正犯与共犯,其中正犯乃犯罪的核心人物,共犯则为边缘角色。换言之,正犯是犯罪的核心角色,共犯是犯罪的依附者。[1] 坚守二元分离体系,应遵循共犯从属性,即共犯应从属于正犯,或者说共犯成立犯罪至少要求正犯着手实行了犯罪。[2] 从规范上看,目前德日刑法典都采纳了该类体系。例如,《德国刑法典》"以'正犯与共犯'标题规定了共犯的所有形式,并以一般的要素描述之。正如第25条至第27条条文直接表明的那样,正犯与共犯并不处在同一层次"[3]。《日本刑法典》也以专章(第11章)的方式规定了共犯,其中第61条和第62条就分别规定了教唆犯与帮助犯。

修正二元分离体系,是在重视共犯的危险性上发展出来的,日本高桥则夫将其称为"被修正的共犯体系"。相比传统的二元分离体系,修正二元分离体系并非严格贯彻"正犯=实行行为,共犯=非实行行为"这一核心。或如有论者所说的那样,正犯和共犯只不过是量的差异,其区别也是相对的,结果就是赋予共犯行为一种实行行为性。[4] 但不论怎样,修正二元分离体系并未背离共犯从属性这一核心特征,只是缓和了共犯从属性而已。[5]

(二)二元分离体系的选择

按照严格二元分离体系,不论是网络犯罪参与者,还是其他犯罪参与者,只

---

〔1〕[日]西田典之:《日本刑法总论》,王昭武、刘明祥译,法律出版社2013年版,第293页。

〔2〕[日]西原春夫:《刑法総論(下巻)》,成文堂1993年版,第377页。

〔3〕[德]汉斯·海因里希·耶赛克、托马斯·魏根特:《德国刑法教科书》,徐久生译,中国法制出版社2001年版,第778页。

〔4〕[日]高桥则夫:《共犯体系和共犯理论》,冯军、毛乃纯译,中国人民大学出版社2010年版,第73页。

〔5〕[日]高桥则夫:《共犯体系和共犯理论》,冯军、毛乃纯译,中国人民大学出版社2010年版,第73页。

要实施实行行为的就是正犯,而实施非实行行为的则为共犯。而修正二元分离体系则打破了"正犯=实行行为,共犯=非实行行为"的严格界限,主张部分非实行行为也是正犯的观点。例如,对于间接正犯,不少论者主张,在间接正犯的场合,假他人之手实现犯罪目的的行为和自己亲自动手实施犯罪没有差别,也是正犯。[1] 又如,对于共谋共同正犯,大冢仁认为,当其在社会观念上对实行者而言处于压倒的优越地位,对实行者给予了强烈的心理约束,使其实行时,没有担当实行的共谋者就是共同正犯。[2] 再如,正犯后正犯,"基于自己答责地实行犯罪命令的人,不存在对其的支配。毋宁说他是通过自己的行为对各种各样的犯罪计划进行了默示的合意。因此,直接行为者与权力者应被看成共同正犯"[3]。又比如,犯罪团伙的头目,韦尔策尔指出,在不出差错的情况下(基于对组织性权力机构的支配)[4]可以跃升为为其团伙实施犯罪行为的正犯。[5] 由此可见,两类二元分离体系的区别主要取决于是否严格贯彻"正犯=实行行为,共犯=非实行行为"的界限。但无论怎样,二元分离体系仍然是目前认定包括网络共同犯罪在内的共同犯罪的主流观点。

综上而言,无论是选择形式单一正犯体系还是功能单一正犯体系,都有些不足,而选择二元分离体系目前仍是学界的主流观点,但如何适用好这一犯罪参与体系,还在于要厘清正犯与共犯的范围。

---

〔1〕 参见陈兴良:《本体刑法学》,商务印书馆2001年版,第527页;黎宏:《刑法总论问题思考》,中国人民大学出版社2007年版,第101页;钱叶六:《双层区分制下正犯与共犯的区分》,载《法学研究》2012年第1期。

〔2〕 参见[日]大冢仁:《刑法概説》,有斐阁2008年版,第307页。

〔3〕 [日]后藤启介:《間接正犯論の新展開:ドイツ刑法の現状が日本刑法に示唆するもの》,载《慶應法学》2012年第24号。

〔4〕 Vgl. Hans Welzel, *Das deutsche Strafrecht*, 11. Aufl., De Gruyter, 1969, S. 98ff.

〔5〕 参见[德]汉斯·韦尔策尔:《目的行为论导论:刑法理论的新图景》,陈璇译,中国人民大学出版社2015年版,第20页。

第二节　我国共同犯罪规定的理解

由前述可知,二元分离体系给包括网络共同犯罪在内的共同犯罪的认定提供了解释路径,为了更好地厘清正犯与共犯的范围,有必要在把握正犯与共犯区分的演进趋势下基于我国刑法的规定,确立我国网络共同犯罪认定的基本立场。

一、正犯与共犯区分的演进趋势及其启示

从适用二元分离体系的国家来看,德国、日本是典型代表,而如何区分正犯与共犯,理论上有多种学说。总体来看,二者区分的演进趋势已从形式化走向了实质化。然而,实质化也有弊端,故而有必要探究演进趋势的本质所在,以获得区分的启示。

(一)演进趋势:从区分的形式化到区分的实质化

对于正犯与共犯的区分标准,在早期,形式客观说占主流。该说的核心在于严格以构成要件对行为的描述为标准,即"正犯 = 实行行为,共犯 = 非实行行为"。"谁对构成要件意义上的实行行为是全部或者部分地自己着手的,是正犯人。谁对构成要件的实现只是做了准备或者支持行为的,是参与人。"〔1〕或者说,符合基本构成要件的实行行为人为正犯,仅对正犯的实行行为进行加功者为共犯。〔2〕此乃限制正犯的本意,但由于该说不主张间接正犯、共谋共同正犯、正犯后正犯、犯罪团伙的头目是正犯,所以无形中也推动了其他学说的

〔1〕［德］约翰内斯·韦塞尔斯:《德国刑法总论》,李昌珂译,法律出版社2008年版,第287页。

〔2〕参见［日］川端博:《正犯と共犯の区別の基準》,载《現代刑事法:その理論と実務》1999年第2号,第7页。

"登场"。

在后续"登场"的学说中,主观说就是不可忽视的学说之一。该说主张:"一方面将判断标准放在支配性的意志定位(故意说)上,另一方面也将针对行为结果的利益(利益说)作为判断标准。"〔1〕其中,故意说(也称意思说)强调的是以实现自己犯罪的意思而实施行为者为正犯,以参与他人犯罪意思而实施行为者为共犯;〔2〕利益说则认为,共犯对引起的结果而言,不可能具有独自的利益或目的。〔3〕总的来说,主观说在实践中主要由判例所支持,但不论是内部的故意说还是利益说,缺陷都很明显。毕竟以参入他人犯罪意思或者为了他人的利益实施行为的,也可能是正犯。

时至今日,实质客观说和行为支配说占据了德日刑法的通说地位。〔4〕实质客观说,包括必要说、同时说、优势说、危险性程度说、〔5〕重要作用说等。其中,重要作用说,在日本属于通说。该说指出,对包括网络犯罪在内的所有犯罪的实现起重要作用的为正犯,反之为共犯。"对于正犯概念的明确,应综合考察诸种情事,进行实质的考察。'重要的作用'属于规范的要素……所谓教唆犯、从犯,系指不起重要作用的狭义的共犯。"〔6〕行为支配说,又称犯罪事实支

〔1〕［德］乌尔斯·金德霍伊泽尔:《刑法总论教科书》,蔡桂生译,北京大学出版社2015年版,第398~399页。

〔2〕参见［日］川端博:《刑法総論講義》,成文堂2006年版,第511页。

〔3〕参见［日］齐藤金作:《共犯理論の研究》,有斐阁1954年版,第8页。

〔4〕参见刘仁文、杨学文:《帮助行为正犯化的网络语境——兼及对犯罪参与理论的省思》,载《法律科学》2017年第3期。

〔5〕必要说认为,凡对犯罪行为有不可或缺的加功者为正犯,反之为共犯;同时说强调,在实施犯罪行为时共同地起作用者是对结果造成原因的正犯,在实施前的参与者是对结果只造成单纯条件的共犯;优势说指出,正犯与共犯的区分不取决于一般化地确定的特征,而是根据具体案情判断是否有优劣势关系;危险性程度说主张,在形式客观说的基础上,实质性地考虑行为对实现法益侵害的危险性程度,其中正犯的危险性程度大于共犯。

〔6〕［日］立石二六:《刑法総論》,成文堂2008年版,第288页。

配理论,是德国的通说。该说的集大成者罗克辛认为,正犯是犯罪过程中的核心人物,支配导致犯罪实现的事件,共犯则是配角,对事件的影响并非决定性的。[1] 具体来说,正犯又分三种情形:一是直接正犯,其正犯性标志在于"行为的支配",即自行实施实行行为而支配犯罪事件;二是间接正犯,其正犯性标志在于"意思的支配",即未参与实行的背后者以其优越的意思对事件进行支配;[2]三是共同正犯,其正犯性标志在于"机能的支配",即"共同正犯的支配来自其在实施中的功能;他承担了对实现犯罪计划而言是实质性的,并且通过其实施的部分构成要件行为而使其对整个事件的支配成为可能的任务"[3]。

(二)演进启示:立足构成要件保持形式与实质的平衡

由上可见,正犯与共犯的区分已从形式化转向实质化是基本趋势,然而,在此趋势下,可能面临两点矛盾。一点是,区分的实质化的初衷是为了解决形式化的不足,但容易模糊正犯与共犯之间的界限。故而有论者指出,虽然有无可争辩的明确性优点,但此点因与法条的僵硬联系的形式主义而付出太高的代价。[4] 所以实质化的出现和发展,逐渐将间接正犯、共谋共同正犯、正犯后正犯、犯罪团伙的头目纳入正犯的评价范围,早已突破"正犯 = 实行行为"的界限。另一点是,区分的实质化加速了定罪、量刑的一并考虑,有"滑向"单一正犯体系的危险。相较于二元分离体系,单一正犯体系因无视行为类型的划分或

---

〔1〕 参见[德]克劳斯·罗克辛:《正犯与犯罪事实支配理论》,劳东燕译,载陈兴良主编:《刑事法评论》第25卷,北京大学出版社2009年版。

〔2〕 参见桥本正博:《行為支配論と正犯理論》,有斐阁2000年版,第64页。

〔3〕 [德]克劳斯·罗克辛:《正犯与犯罪事实支配理论》,劳东燕译,载陈兴良主编:《刑事法评论》第25卷,北京大学出版社2009年版。

〔4〕 参见[德]汉斯·海因里希·耶塞克、托马斯·魏根特:《德国刑法教科书》,徐久生译,中国法制出版社2001年版,第783页。

仅作概念上、类型上的区别，使得其所关注的重心转向了量刑。而二元分离体系与之不同，其首要解决的便是在定罪上完成正犯与共犯的区分。不过，随着正犯与共犯区分的实质化，不论是重要作用说，还是行为支配说，实质上都强调了正犯与共犯的不同犯罪作用，而作用大小的判断往往又是量刑上当需考虑的内容。如此一来，就易出现有论者所言的“这种将正犯类型完全沦为量刑概念的重要作用说，已经导致区分制与单一制无异”〔1〕的情形。总之，适用二元分离体系旨在贯彻共犯从属性，而区分正犯与共犯是关键，但随着二者区分的越发实质化，最终又会导致二者之间的边界愈发模糊。

本书认为，之所以如此，本质在于对构成要件的认知发生了转变。毕竟二元分离体系“是建立在以‘构成要件为中心’的基础之上的”〔2〕，而构成要件既连结现实，又连结规范。〔3〕 正如我国有论者所言，构成要件乃沟通“实存”与“当为”、“事实”与“价值”的媒介。〔4〕 由此看来，就正犯与共犯的区分而言，区分的形式化更多地突出了构成要件与规范的连结，而区分的实质化则是偏向于构成要件与事实的连结。更进一步地说，区分的形式化更多地关注了构成要件的实行情况，而区分的实质化则是凸显了构成要件的实现作用。但无论怎样，二者都是围绕构成要件展开的，只是就后者而言，构成要件更加地偏向了事实而非规范。

因此，基于区分正犯与共犯的演进趋势，给我们最大的启示在于既要坚守正犯与共犯区分的初心，也要关注二者区分的实质化。只有二者兼顾，立足构

---

〔1〕 秦雪娜：《论正犯标准的规范性重构——从“实际作用”转向“规范能力”》，载《比较法研究》2020 年第 3 期。

〔2〕 陈家林：《外国刑法理论的思潮与流变》，中国人民公安大学出版社 2017 年版，第 496 页。

〔3〕 Vgl. Winfried Hassemer, *Tatbestand und Typus*, Carl Heymanns Verlag, 1968, S. 113.

〔4〕 参见杜宇：《刑法学上“类型观”的生成与展开：以构成要件理论的发展为脉络》，载《复旦学报(社会科学版)》2010 年第 5 期。

成要件在连结的规范与事实之间才能保持平衡。毕竟在规范与事实之间寻得正义,最大限度地实现刑罚的人权保障机能与法益保护机能的动态平衡,是刑法学人永恒的追求。[1] 只不过,从德日区分正犯与共犯的演进趋势来看,构成要件更多地偏向了与事实的连结,由此立足构成要件在连结的规范与事实之间保持平衡相对困难而已。

二、我国共同犯罪认定的基本立场

如前所言,虽然德日立足构成要件在连结的规范与事实之间保持平衡比较困难,但根据我国共同犯罪的规定,保持二者的平衡却能找到适应的土壤。

一方面,梳理我国刑法发现,有大量涉及正犯与共犯的规定。就正犯而言,虽然刑法条文里没有出现“正犯”二字,但根据刑法分则,其所规定的构成要件行为基本都是正犯的行为类型。如若主张刑法分则规定的行为类型除了正犯行为外还包括教唆行为、帮助行为,那就无法解释刑法分则有关教唆犯正犯化、帮助犯正犯化的规定了。[2] 由此而言,刑法分则的规定是围绕正犯来规定的。就共犯而言,不仅刑法总则明确了狭义共犯的规定,例如,《刑法》第 29 条第 1 款规定,教唆他人犯罪的为教唆犯,而且刑法分则也具体规定了共犯,例如,《刑法》第 284 条之一第 2 款规定了“为他人实施前款犯罪提供作弊器材或者其他帮助的,依照前款的规定处罚”。

另一方面,我国刑法除了规定正犯与共犯外,还明确了主犯与从犯的规定。就主犯来说,就包括两类:一类是组织、领导犯罪集团进行犯罪活动的首要分

---

〔1〕 参见刘仁文:《在规范与事实之间寻求正义》,载《光明日报》2011 年 1 月 25 日,第 011 版。

〔2〕 参见张明楷:《共同正犯的基本问题——兼与刘明祥教授商榷》,载《中外法学》2019 年第 5 期。

子;另一类是在共同犯罪中起主要作用的人。其中,对于前者,按集团所犯的全部罪行处罚;对于后者,应按其所参与或组织、指挥的全部犯罪处罚。就这两者的共同特征,归结为一点,都在于强调了其对构成要件的实现起到了支配或重要的作用。就从犯、胁从犯(从犯的亚类型)[1]而言,《刑法》第27条规定了前者在共同犯罪中起到的主要是次要或辅助作用,而《刑法》第28条更加突出了胁从犯参加犯罪的被迫性以及犯罪作用的不重要性。

鉴于我国对正犯与共犯、主犯与从犯都有规定,如果既坚持正犯与共犯区分形式化,又坚持主犯与从犯划分实质化的话,那么便能立足构成要件在连结的规范与事实之间保持平衡。反过来说,若只坚持正犯与共犯区分形式化的话,就易导致主犯、从犯的规定被架空,不能发挥构成要件连结事实的积极作用;若只依赖主犯与从犯划分实质化的话,又易偏离构成要件连结规范的适用,甚至有绕过构成要件直接确定处罚轻重的嫌疑;若不仅坚持正犯与共犯区分实质化,也坚持主犯与从犯划分实质化的话,那么正犯、共犯的区分与主犯、从犯的划分会形成完全重叠的关系,[2]最终又会再现前文区分实质化所带来的弊端;若坚持正犯与共犯区分实质化的同时,也主张主犯与从犯划分形式化的话,不但与我国以作用大小来区分主犯、从犯的规定不符,也会因为正犯与共犯区分实质化而导致两者界限的模糊。

总之,依据构成要件的实行情况区分正犯与共犯,以及根据构成要件的实现作用区分主犯与从犯,这是根据我国共同犯罪的规定得出的,此乃我国认定包括网络共同犯罪在内的共同犯罪的基本立场。

---

〔1〕 参见张明楷:《刑法学(上)》,法律出版社2021年版,第608页。

〔2〕 参见张明楷:《刑法的基本立场》,中国法制出版社2002年版,第292页。

第三节　网络共同犯罪的认定方案

鉴于依据构成要件的实行情况区分正犯与共犯,以及根据构成要件的实现作用区分主犯与从犯,是我国认定包括网络共同犯罪在内的共同犯罪的基本立场。因此,有关网络共同犯罪的认定方案有必要以此来展开。

一、网络犯罪正犯与共犯的区分

构成要件的实行情况,表明的是在不法上实行构成要件的情况。该实行情况的判断,旨在不法上进行构成要件符合性的判断。在判断的过程中,应遵循先客观再主观的逻辑顺序,即先审查客观构成要件的符合性再看主观构成要件的符合性。之所以如此,是因为先有客观构成要件,主观构成要件才有所指。据此进行符合性判断时,先审查客观构成要件的符合性,即主要判断行为主体是否直接实施符合构成要件的行为;后审查主观构成要件的符合性,即重点在于判断行为主体是否有构成要件故意,毕竟其是作为违法类型的构成要件所不可缺少的要素。〔1〕

就网络犯罪而言,判断其所犯罪名构成要件的实行情况,也应分别从客观构成要件、主观构成要件两个角度展开。首先,审查该罪客观构成要件的符合性时,主要判断网络犯罪参与者是否直接实施了所犯罪名的构成要件行为。其次,审查该罪主观构成要件的符合性时,主要判断网络犯罪参与者是否有构成要件故意、构成要件过失或者其他主观超过的构成要件要素,如目的或者动机。

对于网络犯罪所涉及的间接正犯、共谋共同正犯、正犯后正犯、犯罪团伙的

〔1〕 参见[日]团藤重光:《刑法綱要総論》,创文社 1990 年版,第 132 页。

头目,虽然都有主观构成要件要素,但由于并未直接实行构成要件行为,基于客观构成要件符合性的判断先于主观构成要件,故不在正犯范围内。不过,对于间接正犯,有论者主张规范的实行行为说或前文所述的修正二元分离体系,强调间接正犯的场合也被认为实施了实行行为,应将其包含在正犯的范围内。[1]但本书认为,若要坚持区分形式化的话,间接正犯本身就未实行客观构成要件的行为,且我国刑法并未予以明确规定,所以不能视为正犯。甚至如梁根林教授所言:“间接正犯概念仅剩学术史考察和比较法研究的价值,其原初用以填补刑罚处罚空隙的功能已经丧失殆尽。”[2]退一步讲,根据《刑法》第29条的规定,即使理解为教唆犯,也能妥善处理。因为根据该条的规定,教唆他人犯罪(包括网络犯罪)的,应按照他在共同犯罪中所起的作用处罚,即根据后文所述的网络犯罪所犯罪名构成要件的实现作用也能合理认定。

需要指出的是,对于网络犯罪所涉及的共犯和共同正犯的成立条件,有必要说明。对于共犯而言,应坚持共犯之成立以正犯具备构成要件符合性、违法性为必要的限制从属性说。换言之,应在不法上区分正犯与共犯,所以网络犯罪共犯的成立应以正犯的行为符合所犯罪名构成要件且有违法性为必要。对于共同正犯而言,由于彼此之间不具有从属性,所以成立条件在于基于共同的认识、意志而实行网络犯罪所犯罪名的构成要件行为。正如金德霍伊泽尔所言:“要成立共同正犯,需满足两个条件:第一,在客观上共同地实施行为;第二,主观上具有共同的行为决意。”[3]对于第一个条件,强调实行构成要件行为的共同性;对于第二个条件,旨在说明共同正犯要有共同实行构成要件的认识。

---

〔1〕 参见钱叶六:《双层区分制下正犯与共犯的区分》,载《法学研究》2012年第1期。

〔2〕 梁根林:《间接正犯的中国命运》,载《比较法研究》2019年第5期。

〔3〕 [德]乌尔斯·金德霍伊泽尔:《刑法总论教科书》,蔡桂生译,北京大学出版社2015年版,第429页。

与此同时，虽然《刑法》第 25 条第 1 款规定，共同犯罪是指二人以上共同故意犯罪，但此处的故意不要求有共同的罪责故意，只要求与他人有共同实行构成要件行为的认识和意志即可。换言之，即使罪责故意的内容不同，也不影响共同正犯的成立。

二、网络犯罪主犯与从犯的划分

构成要件的实现作用，表明的是有罪责地实现构成要件时所起的作用。该实现作用的考虑，主要根据不法、罪责的轻重来判断。毕竟根据《刑法》第 5 条的规定，“刑罚的轻重，应当与犯罪分子所犯罪行和承担的刑事责任相适应”。不法关联行为主体所犯罪行，而罪责涉及其所承担的刑事责任。不法轻重的判断，除了考虑构成要件的实行情况外，还须判断各类参与行为对正犯结果的作用程度；罪责轻重的判断，旨在关注网络犯罪参与者的非难、谴责程度。

（一）根据不法的轻重判断网络犯罪所犯罪名构成要件实现作用的大小

如前所述，判断不法的轻重，除了网络犯罪所犯罪名构成要件的实行情况会影响构成要件实现作用的大小外，还离不开对各类网络参与行为作用正犯结果程度的判断，而正犯结果指的便是正犯实行构成要件行为所直接导致的法益侵害。因此，在判断之前，有必要识别网络犯罪所犯罪名的法益。在网络犯罪的共同犯罪中，由于正犯（包括直接正犯、共同正犯）实行了其所犯罪名的构成要件行为，所以会导致法益受侵害的正犯结果，而共犯（包括教唆犯、帮助犯、间接正犯、共谋共同正犯、正犯后正犯、犯罪团伙的头目）并未直接实行了构成要件行为，故而对法益受侵害的正犯结果只是间接地导致。由此看来，前者相比后者所造成的不法程度更重，但并非绝对，毕竟不法轻重程度的判断，不仅在于谁实行行为，也在于谁支配了指向正犯结果的因果流程。对于间接正犯、共谋共同正犯、正犯后正犯、犯罪团伙的头目而言，显然起到了支配作用，对构成要件的实现作用往往会更大。

（二）根据罪责的轻重判断网络犯罪所犯罪名构成要件实现作用的大小

在网络犯罪的共同犯罪中，罪责轻重的判断取决于网络犯罪参与者的罪责故意或者罪责过失、责任能力、期待可能性和违法性认识。其中，对于罪责故意或者罪责过失，就前者而言，强调的是网络犯罪参与者对规范的敌对意思和冷漠意思，而后者则是网络犯罪参与者对规范的草率意思和疏忽意思；责任能力的核心内容是辨认能力和控制能力，判断时取决于网络犯罪参与者的责任年龄和精神状况；就期待可能性而言，其判断则须结合网络犯罪参与者与法秩序的紧张关系来考虑；违法性认识，说明网络犯罪参与者意识到自己行为的违法性。无论是罪责故意或者罪责过失、责任能力，还是期待可能性、违法性认识，都能反映罪责的轻重。正如有论者所总结的那样，谁对结果的认识更为明确，谁对结果的追求动机更为强烈，谁不实施犯罪行为的期待可能性更大，谁对违法性认识更为明确，谁的意志占据优势地位等，都属于能影响罪责轻重的要素。〔1〕由此而言，罪责越重意味着网络犯罪参与者的罪责故意或者罪责过失、责任能力、期待可能性和违法性认识越明确，更应认定为主犯。尤其要说明的是，罪责是以不法为前提的，只有有罪责地实现构成要件的网络犯罪参与者，才可以考虑认定为主犯还是从犯，若有不法却无罪责的，毋须考虑。由此，才能更好地依据不法、罪责的轻重去判断实现网络犯罪所犯罪名构成要件作用的大小。当依据不法的轻重能确定构成要件实现网络犯罪所犯罪名构成要件作用的大小时，此时只需考虑罪责的有无，而毋须考虑罪责的轻重，就可以认定出主犯、从犯了。例如，在既有正犯也有教唆犯、帮助犯的网络犯罪中，若都有罪责的，正犯

〔1〕　参见周啸天：《正犯与主犯关系辨正》，载《法学》2016 年第 8 期。

视为主犯而教唆犯、帮助犯则为从犯。对于网络犯罪的间接正犯、共谋共同正犯、正犯后正犯、犯罪团伙的头目，如前而言，由于支配了指向正犯结果的因果流程，若有罪责的，应视为主犯。所以实践中对犯罪集团中的首要分子和一般共同犯罪中组织、策划、指挥他人实施犯罪的人，即使没有直接实施实行行为，一般都认定为主犯。[1] 换言之，当依据不法的轻重不能确定网络犯罪所犯罪名构成要件实现作用的大小时，就有必要依据罪责的轻重来考虑。例如，在网络犯罪的共同正犯中，尽管网络犯罪参与者都直接实行了网络犯罪所犯罪名的构成要件行为，但在不法上无法区分作用大小时，此时可以根据各自的罪责轻重来确定主犯和从犯。

〔1〕 参见最高人民法院刑事审判庭主办的《刑事审判参考》第790号案例，即张甲、张乙强奸案——共谋轮奸，一人得逞，未得逞的人是否构成强奸既遂？如何区分该类犯罪案件中的主犯、从犯地位。

第十章　网络犯罪的竞合关系

随着网络犯罪的不断出现和网络罪名的逐渐增加,网络犯罪竞合关系的存在在所难免。面对现有网络犯罪竞合关系的处理方案,本章除了要剖析其所面临的疑问外,更要在把握网络犯罪竞合关系的处理基础之上,明确网络犯罪竞合关系处理的应有思路。

第一节　网络犯罪竞合关系处理的现有方案与疑问

网络犯罪的竞合关系,一般分为一个网络犯罪行为下的竞合关系和数个网络犯罪行为下的竞合关系。其中,前者指的是在一个网络犯罪行为之下出现了违反不同的罪刑规范被竞相处理的情形;后者则是在数个(即两个以上)网络犯罪行为之下出现了违反不同的罪刑规范被竞相处理的情况。目前来看,无论是前者还是后者,对其都有不同的理解,且在这些不同的理解之下都有些疑问。

一、一个网络犯罪行为下处理的现有方案与疑问

对于一个网络犯罪行为下的竞合关系,主要体现的是一个网络犯罪行为所

违反的网络罪名与其他罪名（含其他网络罪名）之间存在被竞相处理的情形。面对这种竞合关系，目前常有以下处理方案，且都有些疑问。

（一）按法条竞合关系处理及其疑问

无论是理论界还是实务界，不少论者认为一个网络犯罪行为所违反的网络罪名与其他罪名之间存在的是法条竞合关系。比如，有论者以行为主体实施一个网络犯罪行为同时导致数据类犯罪和侵财类犯罪为例，指出数据类犯罪与侵财类犯罪竞合时，属于法条竞合，其给出的理由是，电子数据虽然承载着社会性管理和公共场所秩序的功能，因而被类型化为社会管理秩序，但其所记载信息的复合性，可以随时浸润至其他法益类型，由此形成法条竞合关系。[1] 又如，有论者以数据爬取的一个网络犯罪行为为例指出，如果某一行为一次性地触犯或侵害了数据的"符号层属性"与"内容层属性"，数据的内容特性优先于符号特性的判断，因此二者属于法条竞合关系。[2] 再如，在杨某非法获取计算机信息系统数据、盗窃案中，[3] 有论者指出，非法获取计算机信息系统数据罪与侵犯公民个人信息罪之间的关系不是想象竞合关系，而是法条竞合关系。[4]

鉴于法条竞合的区分有形式区分论和实质区分论两大主张，本书逐一分析

---

〔1〕 参见王延祥：《数据类犯罪与侵财类犯罪竞合属于法条竞合》，载《检察日报》2022 年 12 月 28 日，第 003 版。

〔2〕 参见孙杰：《数据爬取的刑法规制》，载《政法论丛》2021 年第 3 期。

〔3〕 具体案情为：被告人杨某于 2013 年 8 月至 2014 年 4 月间，通过互联网向他人手机传播木马程序，非法获取被害人的淘宝账号及密码、支付宝账号及密码等网络金融服务身份认证信息 100 余条，并在被害人金某某等 5 人不知情的情况下，通过被害人的支付宝账号发起交易金额 18,900 元，其中支付成功 9500 元，造成其中 5 名被害人实际损失 7500 元。用户发现账户失窃后，向奇虎公司投诉，奇虎公司经调查发现可疑木马信息后向公安机关报案。北京市公安局网络安全保卫总队接到报案后，于 2014 年 4 月 25 日在江西省南昌市将被告人杨某抓获，用于作案的电脑、手机等犯罪工具被起获并扣押在案。在案件审理期间，被告人杨某的家属代为退赔 7500 元。

〔4〕 参见石魏、贾长森：《传播木马程序盗取身份认证信息后进行交易的定性》，载《人民司法》2017 年第 23 期。

发现,都有疑问。就形式区分论下的疑问而言,根据形式区分论的立场,法条竞合旨在从逻辑上判断各罪名的规范关系。可以说,是根据各法条逻辑的关系只成立一罪的情况。[1] 换言之,若两罪名从逻辑上看有规范关系的,就是法条竞合。也即,法条竞合是逻辑关系而非事实关系。[2] 由此而言,两罪名若属于法条竞合,则意味着罪名(法条)之间有规范关系。理论上,一般认为若罪名(法条)之间有包容或交叉关系时,从逻辑上就可以判断有法条竞合关系的存在。也即,通过分析各罪名的构成要件是否有包容、交叉关系时就能确定。若主张网络罪名与其他罪名之间是法条竞合,也就意味着它们之间不是包容关系就是交叉关系。然而,分析后发现并非如此。一是呈包容的法条竞合关系有疑问。包容的法条竞合关系,即包容关系,强调的是一罪名法条能被另一罪名法条包括评价。也即,属于 A 概念的所有事项都属于 B 概念,但反之不成立。[3] 或者说是,被排除适用的法条已包含在被适用的法条里。[4] 在一个网络犯罪行为所违反的网络罪名与其他罪名的关系上,若承认两者是法条竞合,那意味着两者有包容关系,即前罪的法条能被后罪包括评价。显然,如此理解存在疑问,以非法获取计算机信息系统数据罪与盗窃罪为例,无论是前罪名对于后罪名,还是后罪名对于前罪名,都不能被包括评价。二是呈交叉的法条竞合关系也有疑问。呈交叉的法条竞合关系,意味着两罪名的法条内容有交叉。也即,两罪名的构成要件有部分重合。若认为网络罪名与其他罪名成立交叉的法条竞合关系,说明在构成要件上存在部分重合,但分析后发现,若据此认为是法条竞

---

〔1〕 参见[日]川端博:《刑法総論講義》,成文堂 2006 年版,第 614 页。

〔2〕 参见陈兴良:《口授刑法学》,中国人民大学出版社 2007 年版,第 372 页。

〔3〕 参见张明楷:《法条竞合与想象竞合的区分》,载《法学研究》2016 年第 1 期。

〔4〕 Vgl. Jescheck, Weigend, *Lehrbuch des Strafrechts Allgemeiner Teil*, Duncker & Humblot, 1996, 5. Aufl., S. 732.

合，而基于特别法条优于一般法条的原理适用特殊罪名的话，会面临罪刑失衡。还是以非法获取计算机信息系统数据罪与盗窃罪为例，根据2011年8月1日最高人民法院、最高人民检察院《关于办理危害计算机信息系统安全刑事案件应用法律若干问题的解释》第1条第2款的规定，实施前款规定行为，具有数量或者数额达到前款第4项(即违法所得5000元以上)规定标准5倍以上的，应认定为非法获取计算机信息系统数据罪所规定的"情节特别严重"。比如，行为主体通过一个网络犯罪行为得到违法所得2.6万元的，应处3年以上7年以下有期徒刑，而根据2013年4月2日最高人民法院、最高人民检察院《关于办理盗窃刑事案件适用法律若干问题的解释》第1条的规定，盗窃公私财物价值3万元至10万元以上的，才为盗窃罪的"数额巨大"，由于行为主体的违法所得小于3万元，若以盗窃罪论处的话只能处3年以下有期徒刑、拘役或者管制，如此，若适用特殊法条即盗窃罪的话，则会面临罪刑失衡。就实质区分论下的疑问而言，理论上，实质区分论又细分两类学说：一是法益同一性；二是不法包容性。若认为网络罪名与其他罪名之间的关系乃法条竞合关系，则疑问有二：其一是法益同一性下的疑问。根据法益同一性的主张，完全保护的是同一法益时，应认定为法条竞合。[1] 在一个网络犯罪行为所违反的网络罪名与其他罪名的关系上，若认为两罪名构成法条竞合，那意味着两者保护的是同一法益。显然，网络罪名与其他罪名保护的法益并非完全同一。其二是不法包容性下的疑问。不法包容性，旨在判断适用一法条能否充分评价行为的不法内容。[2] 当适用一法条能充分评价行为的不法内容时，成立法条竞合。在一个网络犯罪

---

〔1〕 Vgl. Reinhart Maurach, *Deutsches Strafrecht Allgemeiner Teil*, 3. Aufl., C. F. Müller, 1965, S. 636f.

〔2〕 参见张明楷：《法条竞合与想象竞合的区分》，载《法学研究》2016年第1期。

行为所违反的网络罪名与其他罪名的关系上,若坚持认为二者属于法条竞合,则意味着一个罪名(法条)能充分评价一个网络犯罪行为的不法内容。然而,实际情况并非如此。比如,以非法获取计算机信息系统数据罪和侵犯公民个人信息罪为例,不论是前罪名对于后罪名,还是后罪名对于前罪名,都很难被充分评价。

(二)按想象竞合关系处理及其疑问

对于一个网络犯罪行为所违反的网络罪名与其他罪名之间存在的是想象竞合关系,目前也得到了不少论者的支持。例如,有论者同样以一个网络犯罪行为同时构成数据类犯罪和侵财类犯罪为例,指出两者竞合时属于想象竞合,并给出了理由,即行为主体在其主观故意支配下实施一个行为,同时触犯了数据类犯罪与侵财类犯罪,而两者所侵害的法益,分别为社会管理秩序和财产权利,在刑法保护的类型化法益方面,两者不存在关联性,故应认定为想象竞合。〔1〕又如,在上述杨某非法获取计算机信息系统数据、盗窃案中,行为主体通过互联网向他人手机传播木马程序,非法获取被害人网络金融服务身份认证信息后与他人进行交易的,对于其中非法获取身份认证信息的行为,判决认为应构成非法获取计算机信息系统数据罪与侵犯公民个人信息罪的想象竞合犯,〔2〕应按想象竞合关系来处理。

对于想象竞合关系,类似前述,在形式区分论与实质区分论的不同影响下也有不少疑问。对于前者疑问来讲,在形式区分论上,相比法条竞合,想象竞合的认定需要借助事实关系。诚如有论者所言,想象竞合犯则是由于犯罪的事实

---

〔1〕　参见王延祥:《数据类犯罪与侵财类犯罪竞合属于法条竞合》,载《检察日报》2022年12月28日,第003版。

〔2〕　参见北京市东城区人民法院刑事判决书,(2015)东刑初字第00093号。

特征,以致一行为触犯数罪名。[1] 申言之,想象竞合在形式区分论上,认定的关键在于罪名之间要有事实联结,而规范之间的逻辑关系不属于考虑的范畴。所以有论者直言,想象竞合犯触犯的数个法条之间不存在重合或交叉关系,[2]或认为不能相互排除适用。[3] 若据此认为一个网络犯罪行为所违反的网络罪名与其他罪名之间成立想象竞合,也就意味着借助事实就能判断这些罪名之间的关系。那么,如前所述,为什么有些网络罪名与其他罪名在构成要件要素上却有交叉关系呢? 比如,有论者以非法获取计算机信息系统数据罪和侵犯公民个人信息罪为例,指出两罪名之间体现的是一种交叉竞合,即有些要素是共用的要素。[4] 如若认为不同规范之间的交叉关系是否存在不影响想象竞合的判断的话,那么严格区分网络罪名与其他罪名是法条竞合还是想象竞合的关系就失去了意义。对于后者疑问来讲,在法益同一性、不法包容性的不同影响下,实质区分论下的想象竞合关系也有疑问。其中,就法益同一性下的疑问而言,法益同一性强调侵害了不同的法益时,则应认定为想象竞合。[5] 换言之,侵害了相同法益的,则不是想象竞合。以网络罪名的非法利用信息网络罪与其他(网络)罪名的帮助信息网络犯罪活动罪为例,根据前述,两罪名都有阻挡层法益和背后层法益,由此来看的话,两罪名就不可能有想象竞合关系了。在本书看来,如此理解的话,显然存疑。就不法包容性下的疑问而言,不法包容性强调,当适用一法条不能充分评价行为的不法内容时,成立想象竞合。诚如有论者所

---

〔1〕 参见高铭暄、马克昌:《刑法学》,北京大学出版社 2019 年版,第 184 页。

〔2〕 参见赵秉志:《刑法总论》,中国人民大学出版社 2016 年版,第 264 页。

〔3〕 参见[德]冈特·施特拉腾韦特、洛塔尔·库伦:《刑法总论 I ——犯罪论》,杨萌译,法律出版社 2004 年版,第 442 页。

〔4〕 参见石魏、贾长森:《传播木马程序盗取身份认证信息后进行交易的定性》,载《人民司法》2017 年第 23 期。

〔5〕 Vgl. Reinhart Maurach, *Deutsches Strafrecht Allgemeiner Teil*, 3. Aufl., C. F. Müller, 1965, S. 636f.

述,一个行为的不法内容,在有必要适用数个刑罚法规评价时,就是想象竞合。[1] 立足不法包容性认定是否成立想象竞合,毫无疑问,看到了规范评价不法的重要性。然而,不法包容如何理解,值得深思。否则,就如有论者所说的那样,不法包容的内涵不是十分明了,[2]甚至在学说上极为混乱。[3] 虽然持不法包容性的论者已明确指出,不法包容性中的不法内容仅限于有责的不法内容。[4] 但本书认为,如此解读偏重的是对构成要件类型化的不法内容的理解,而对具体不法事实的评价并未给予足够的重视。

(三)按大竞合关系处理及其疑问

持大竞合关系的论者强调,当处理一个网络犯罪行为下的竞合关系时,应淡化法条竞合关系与想象竞合关系的严格区分。比如,该论者的支持者陈洪兵教授认为,我国没有类似于外国刑法中公认的具有减轻根据的特别法条,故而无须严格区分法条竞合与想象竞合,而应提倡一种大竞合关系,只要构成要件之间存在竞合关系的,从一重处罚即可。[5] 尽管他并未以一个网络犯罪行为下的竞合关系为例展开论述,但按大竞合关系理解的话,一个网络犯罪行为违反的罪刑规范之间毋须严格区分法条竞合与想象竞合,就可以妥善处理一个网络犯罪行为下的竞合关系。

按照大竞合关系的主张,一个网络犯罪行为所违反的网络罪名与其他罪名之间的竞合关系是法条竞合还是想象竞合,这只是差异的表象,其所关心的是

---

〔1〕 参见[日]只木诚:《観念的競合における明示機能》,载《研修》2011 年第 754 号。

〔2〕 参见甘添贵:《罪数理论之研究》,中国人民大学出版社 2008 年,第 61 页。

〔3〕 参见[日]虫明满:《法条競合と包括一罪(二)》,载《香川法学》1983 年第 2 期。

〔4〕 参见张明楷:《论影响责任刑的情节》,载《清华法学》2015 年第 2 期。

〔5〕 参见陈洪兵:《不必严格区分法条竞合与想象竞合——大竞合论之提倡》,载《清华法学》2012 年第 1 期。

在寻求适度的犯罪宣告及刑罚。[1] 但疑问在于,如何寻求这一犯罪宣告及刑罚呢? 为此,持大竞合关系的论者主张,建议在竞合的数个法条中选择一个法条并考虑排斥的法条对量刑的影响,同时在全面评价的基础上,确定一个合理的犯罪宣告及刑罚。[2] 值得肯定的是,此学说看到了法条竞合与想象竞合之间的联系。然而,竞合论在诞生之初,就有法条竞合与想象竞合的区分,完全淡化二者的区分,其区分的积极意义也就失去了,尤其是想象竞合的明示机能,[3]即在起诉状和判决书中要说明成立一罪时所违反所有法规的要求,[4]便不再发挥作用了。虽然我国刑法未对竞合问题予以明文规定,其只是对刑法规定的犯罪现象的某种理论概括,[5]据此而言,看似能为无须严格区分法条竞合与想象竞合找到依据,但实际上区分二者的情形已在实践中被广泛运用。若完全淡化区分的话,显然与司法实践不相符。

二、数个网络犯罪行为下处理的现有方案与疑问

对于数个网络犯罪行为下的竞合关系,主要体现的是两个以上网络犯罪行为所违反的罪名之间存在被竞相处理的情形。目前来看,这种竞合关系常有以下处理方案,且都有些疑问。

(一)按吸收关系处理及其疑问

对于数个网络犯罪行为下的竞合关系,一种观点认为应按吸收关系来处

---

〔1〕 参见黄荣坚:《刑法问题与利益思考》,中国人民大学出版社 2009 年版,第 216 页。

〔2〕 参见陈洪兵:《中国式的刑法竞合问题研究》,中国政法大学出版社 2016 年版,第 30 页。

〔3〕 Vgl. Puppe, *Strafrecht Allgemeiner Teil im Spiegel der Rechtsprechung*, 3. Aufl., Nomos, 2016, § 33, Rn. 17 – 18.

〔4〕 参见[德]乌尔斯·金德霍伊泽尔:《刑法总论教科书》,蔡桂生译,北京大学出版社 2015 年版,第 485 页。

〔5〕 参见陈兴良:《教义刑法学》,中国人民大学出版社 2017 年版,第 704 页。

理。吸收关系(以两个网络犯罪行为为例)主张,一个行为之所以能够被另一个行为吸收,理由在于这些行为常处于实施某种犯罪的同一过程中,彼此之间有着密切的联系。[1] 对于吸收关系,其所主张的是按吸收犯的原理择一重罪处理。

此方案目前得到了不少论者的支持。比如,有论者以先实施非法利用信息网络行为再实施后续的实行行为为例,指出当行为主体为自己实施犯罪设立网站、通讯群组或者发布信息时,上述行为的预备性质,使其极易被后续实行行为所吸收,亦即成立刑法理论中的吸收犯。[2] 也有论者以先实施网络撞库行为再实施下游网络犯罪行为为例指出,网络撞库行为的犯意在于获取他人信息,下游犯罪行为的犯意在于谋取利益,而两个犯意共同叠加成同一的犯罪目的,即利用他人信息进行牟利,从而构成吸收犯。[3]

不过,按吸收关系处理的疑问在于,面对数个网络犯罪行为下的竞合关系,如果一味地按吸收关系来处理是否合理? 而且,现有按吸收关系处理的标准并不明确。其实,这在前述论者的有关主张中就能看出。比如,前述将先实施网络撞库行为再实施下游网络犯罪行为而基于吸收关系处理的情形,表明得更像是两个网络犯罪行为之间存在的是后文所述的手段行为与目的行为的牵连关系,而非吸收关系。

(二)按牵连关系处理及其疑问

对于数个网络犯罪行为下的竞合关系,另一种观点认为应按牵连关系来处理。牵连关系(以两个网络犯罪行为为例)表明,两个网络犯罪行为之间存在

---

〔1〕 参见高铭暄、马克昌:《刑法学》,北京大学出版社 2019 年版,第 192 页。

〔2〕 参见张尹:《非法利用信息网络罪的司法适用》,载《法律适用》2019 年第 15 期。

〔3〕 参见蔡荣、刘嘉毅:《数字时代网络撞库行为的刑法规制》,载《重庆行政》2022 年第 3 期。

手段行为与目的行为或者原因行为与结果行为的关系。或如有论者所言的，各行为之间具有其中一行为是另一行为的手段或者另一行为是这一行为的结果的关系。[1] 对于牵连关系，其所主张的主要是按牵连犯的原理从一重论处。也即，即使认为成立牵连犯，也需要从一重罪从重处罚。[2] 一般认为，牵连犯是指复数行为之间因为存在原因与结果等特殊关联继而仅适用从一重论处的竞合现象。[3] 或者说，在牵连犯的场合下数个行为分别构成数个犯罪，出于行为人具有同一目的且数个行为之间存在紧密关系的原因，因而应对其从一罪处断。[4]

对竞合关系的此种理解，目前也得到了不少论者的支持。比如认为，实施非法利用信息网络犯罪后又实施后续犯罪行为的，应按牵连犯从一重处理。[5] 又以流量造假犯罪为例，不少法院认为，对于其中涉及的不同网络犯罪行为之间应以牵连关系处理。例如，在欧阳某某等非法获取计算机信息系统数据案中，被告人欧阳某某使用笔记本电脑通过下载专门的软件进行技术操作、获取大量的QQ号和QQ邮箱账号后，再利用相关软件对前述账号进行筛选、碰撞解密等，从而非法获取含微信或支付宝支付方式的用户身份账号、密码等个人信息并成套出售给他人的，无论是一审法院还是二审法院，都认为有必要以牵连关系处理。[6] 为此，有论者还进一步支持了法院的这种做法并认为，在通过

---

〔1〕 参见[日]大谷实：《刑法总论》，黎宏译，法律出版社2003年版，第445页。

〔2〕 参见赵桐：《自洗钱与上游犯罪的处断原则及教义学检视》，载《西南政法大学学报》2021年第5期。

〔3〕 参见王彦强：《牵连关系的类型——基于刑事立法、司法解释规定的分析》，载《法学研究》2022年第3期。

〔4〕 参见《刑法学》编写组：《刑法学（上册·总论）》，高等教育出版社2019年版，第266页。

〔5〕 参见姜金良：《法益解释论下非法利用信息网络罪的司法适用——基于〈刑法修正案（九）〉以来裁判文书样本的分析》，载《法律适用》2019年第15期。

〔6〕 参见广东省珠海市中级人民法院刑事判决书，(2020)粤04刑终101号。

专门软件获取上述账号并进行筛选、解密的非法获取计算机信息系统数据行为与将这些成套的个人信息出售给他人的侵犯公民个人信息行为之间，前后行为的行为举止不仅呈现出类型化的惯常性，相应的法益侵害样态更明显体现出直接的推进性，因而存在紧密的牵连关系。[1]

与按上述吸收关系处理疑问类似的是，面对数个网络犯罪行为下的竞合关系，一味地按牵连关系来处理是否合适？同时，是否意味着只要两个网络犯罪行为之间存在手段行为与目的行为或者原因行为与结果行为的关系时，就要按牵连关系来处理？

（三）按并罚关系处理及其疑问

对于数个网络犯罪行为下的竞合关系，还有一种观点认为应按并罚关系来处理。并罚关系意味着行为主体所实施的数个网络犯罪行为之间各自都要受到评价和论处。对于并罚关系，其所主张的就是按数罪并罚的原理处理。

对于数个网络犯罪行为下的竞合关系应按并罚关系来处理的主张，无论是在理论界还是在实务界都得到了支持。比如，有论者以先实施非法利用信息网络行为再实施后续的实行行为为例，主张若实施非法利用信息网络犯罪后又将所准备的网络犯罪付诸实施的，例如，设置“钓鱼网站”窃取他人网银账户和密码后又实际骗取他人钱财，数额较大的，则成立并罚关系，应按非法利用信息网络罪和诈骗罪的规定进行并罚处理。[2] 类似的主张在实践中得到了不少法院的肯定。以苏某信用卡诈骗、侵犯公民个人信息案为例，被告人苏某利用互联网非法获取650余条公民个人信息，将其中一部分公民个人信息提供给他人，并伙同他人以网上消费形式盗刷多名被害人的银行卡，同时，他还伙同他人使

〔1〕 参见贾银生：《流量造假犯罪刑法规制核心问题研究》，载《当代法学》2023年第2期。

〔2〕 参见梁根林：《传统犯罪网络化：归责障碍、刑法应对与教义限缩》，载《法学》2017年第2期。

用其他非法获取的大量公民身份信息，以购买机票的形式盗刷多名被害人银行卡，无论是一审法院还是二审法院，都认为非法获取包括他人信用卡信息资料在内的财产信息的，构成侵犯公民个人信息罪，又利用非法获取的财产信息实施信用卡诈骗的，构成信用卡诈骗罪，两者属于并罚关系，应数罪并罚。[1]

对于数个网络犯罪行为下的竞合关系，与前述的吸收关系、牵连关系类似的是，一味地按并罚关系来处理的话，显然不合适。与此同时，尽管有不少论者主张按并罚关系来处理数个网络犯罪行为下的竞合问题，但为什么如此处理以及按此关系处理的基础在哪，仍有待进一步挖掘。

第二节 网络犯罪竞合关系的处理基础

网络犯罪竞合关系，乃罪名竞合关系的具体体现。罪名竞合关系，从本质上而言，既涉及规范也涵盖事实，网络犯罪竞合关系处理的现有方案之所以有前述疑问，在于这些方案割裂了规范与事实的关系。因此，以规范与事实的关系为视角重新审视罪名竞合关系就很有必要，在本书看来，这是网络犯罪竞合关系的处理基础。具体而言，这一基础应基于罪名竞合关系从以下三个方面予以明确。

一、处理的实质

在弄清网络犯罪竞合关系之前，本书认为，有必要以规范与事实的关系为视角，追本溯源，弄清罪名竞合关系处理的实质。

竞合论，乃罪名竞合关系处理的理论概括，要探究该类关系处理的实质，一

[1] 参见福建省厦门市中级人民法院刑事裁定书，(2018)闽02刑终168号。

般离不开对竞合论的关注。然而，竞合论主要是围绕犯罪论或者刑罚论展开研究的，归纳起来，主要有三种观点：第一种观点认为，竞合论应处于犯罪论中研究。竞合论处理的问题乃构成要件实现的问题，即不法行为是符合构成要件的问题，因而应定位在“犯罪行为论”之中。[1] 或者，应在犯罪的最终阶段，即刑罚论之前加以论述。第二种观点主张，竞合论应置于刑罚论中讨论。竞合论解决的是刑罚量定的问题，如“犯罪的竞合”属于广义量刑过程的问题。[2] 因此，应定位在“刑罚裁量论”中。毕竟其所讨论的是，在一人成立数个犯罪的场合，应科处何样的刑罚。[3] 或认为，竞合论所处理的并非不法行为符合构成要件的问题，而是以此为前提，其所处理的乃法律效果问题，即应定位在“法律效果论”中。[4] 即使是追溯至罗马法时期，竞合论所处理的焦点仍是解决法律效果问题。第三种观点则是前两种观点的折中，即竞合论既关联犯罪论也涉及刑罚论。诚如有论者所言，由于其是区分一罪与数罪标准的理论，所以属于犯罪论的一部分，但在成立数罪的情况下决定对其处理时，则属于作为刑罚论部分的量刑论问题。[5] 或者说是，同时有“犯罪行为论”与“法律效果论”的双重地位。

由上可见，竞合论围绕犯罪论或者刑罚论展开研究，形成了三种观点。然而，哪种观点更合理，本书认为有必要以规范与事实的关系为视角予以审视。

从规范的角度看，罪名竞合关系的处理与其在刑法中的所处位置相关。在德国，罪名竞合关系的处理，规定在《德国刑法典》第 3 章“行为的法律后果”中的第 3 节“触犯数法规的量刑”里，其中第 52 条规定了“行为单数”、第 53 条规

---

〔1〕 Vgl. Wilhelm Gallas, *Beiträge zur Verbrechenslehre*, De Gruyter, 1968, S. 19ff.

〔2〕 参见［日］井田良：《講演　量刑をめぐる理論と実務》，载《司法研修所論集》2004 年第 2 号。

〔3〕 参见［日］松原芳博：《刑法総論》，日本评论社 2017 年版，第 471 页。

〔4〕 Vgl. Friedrich Geerds, *Zur Lehre von der Konkurrenz im Strafrecht*, Hansischer Gildenverlag, J. Heitmann & Co., 1961, S. 237ff.

〔5〕 参见［日］高桥则夫：《刑法総論》，成文堂 2016 年版，第 510 页。

定了“行为复数”。在日本,竞合论更多是以罪数论论及。[1] 罪名竞合关系的处理,具体规定在《日本刑法典》第9章“并合罪”中,其中第54条明确对一行为触犯两个以上罪名的处理情形作出了规定。我国台湾地区所谓“刑法典”在第7章数罪并罚中明确规定了想象竞合犯的情形(第55条),即“一行为而触犯数罪名者,从一重处断。但不得科以较轻罪名所定最轻本刑以下之刑”。而在我国大陆地区,虽然刑法没有直接规定罪名竞合关系处理的条文,但在《刑法》第4章“刑罚的具体运用”中规定了第4节“数罪并罚”的情形。

从事实的角度看,罪名竞合关系处理的对象乃犯罪事实,准确地说是负有罪责的不法事实。罪数论讨论的是某个事实成立几个犯罪。[2] 换言之,罪名竞合关系处理的对象须是犯罪,而犯罪的实质是有罪责地实现了不法事实。[3] 就吸收犯、牵连犯和数罪并罚来说,其实质是存在两个以上不法事实。诚如有论者所言,其所面对的对象仍是不法事实,只不过是数个不法事实而已,即重在确定何谓数个行为。[4] 就法条竞合来说,其实质是存在一个不法事实。恰如有论者所言,一个事实看起来有适用数个法条的可能性,只是最终只适用一个法条而已。[5] 与法条竞合相同,想象竞合也存在一个不法事实,这也就是为什么二者难以区分的关键所在。通常而言,一个不法事实是围绕一个不法行为展开的,因而想象竞合也就可以表达成触犯两个以上罪名但不法行为却只有一个的情形。

由上而言,表面上看罪名竞合关系的处理多被规定在刑罚部分,但实质上刑罚的适用是以犯罪认定为前提的。由此而言,从规范的角度看,竞合论既关

---

〔1〕 罪数论、竞合论分别属于日本、德国刑法理论使用的概念,尽管德日学界少数说认为二者存在差异,但囿于二者研究角度和研究方法的不同,其实质内容并无本质差别。

〔2〕 参见[日]松原芳博:《刑法総論》,日本评论社2013年版,第443页。

〔3〕 参见[日]林干人:《刑法総論》,东京大学出版会2008年版,第450页。

〔4〕 Vgl. Claus Roxin, *Strafrecht Allgemeiner Teil*, Band Ⅱ, C. H. Beck, 2003, S. 798.

〔5〕 参见[日]立石二六:《刑法総論30講》,成文堂2007年版,第322页。

联犯罪论又涉及刑罚论，而从事实的角度看，不论是吸收犯、牵连犯和数罪并罚，还是法条竞合、想象竞合，面对的都是不法事实。然而，不法事实必然要受到罪刑规范的评价。因此，本书认同第三种观点，即竞合论既关联犯罪论也涉及刑罚论。"竞合论，应该给予在最广义的量刑的程序中将犯罪论与狭义的量刑论相结合的定位。"[1]就法条竞合来说，其所强调的是，若违反某一法规，而该违反将使行为主体遭受责难，同时该法规中已包含了被排除法规的不法内容的情形。[2] 或认为，法条竞合无论如何在犯罪类型上是可能被认为成立数罪的，[3]或在符合构成要件上要有所谓的竞争与竞合。[4] 由此看来，判断是否属于法条竞合，只需从犯罪论上判断所触犯的规范数量是否成立数罪即可，貌似毋须考虑刑罚论。但从法条竞合的具体类型看，未必如此。以法条竞合中的补充关系(交叉关系)为例，尤其是在实质的补充关系(交叉关系)上，当某个行为的不法可以不同的形式归属于行为主体时，规范的最终适用遵循的是重法优于轻法。[5] 甚至恰如有论者直言，法条竞合是犯罪成立后的刑罚适用问题，而非构成要件符合性判断的问题。[6] 相比法条竞合，想象竞合更是既关联犯罪论也涉及刑罚论，毕竟其是科刑上的一罪，况且从刑罚的科处规定上也能进一步得到印证。例如，《日本刑法典》第 54 条第 1 款规定，一行为触犯两个以上罪名的，从重论处。《德国刑法典》第 52 条规定，触犯多数刑法规定者，依最重法定刑之规定宣告其刑。由此观之，竞合论既关联犯罪论也涉及刑罚论，可谓

---

〔1〕 [日]井田良：《刑法总论的理论构造》，秦一禾译，中国政法大学出版社 2021 年版，第 374 页。

〔2〕 Vgl. Ingeborg Puppe, *Idealkonkurrenz und Einzelverbrechen*, Duncker & Humblot, 1979, S. 322.

〔3〕 参见[日]铃木茂嗣：《刑法総論(犯罪論)》，成文堂 2001 年版，第 244 页。

〔4〕 参见黄荣坚：《刑法问题与利益思考》，中国人民大学出版社 2009 年版，第 216 页。

〔5〕 参见[德]乌尔斯·金德霍伊泽尔：《刑法总论教科书》，蔡桂生译，北京大学出版社 2015 年版，第 481 页。

〔6〕 参见[日]井田良：《講義刑法学·総論》，有斐阁 2008 年版，第 524 页。

处在犯罪论与刑罚论的交叉点上。[1]

更进一步说,罪名竞合关系的处理离不开两方面考虑,一方面要考虑罪刑规范,另一方面要考虑不法事实,由此而言,罪名竞合关系处理的实质在于,不法事实在符合数个罪刑规范的情况下如何进行有效的罪名评价和刑罚科处。

二、处理的目标

如前分析,罪名竞合关系处理的实质在于如何在触犯的数个罪刑规范中对不法事实进行有效的罪名评价和刑罚科处。由于既要涉及对不法事实的罪名评价,也要包括对有罪责地造成不法事实人的刑罚科处,因而这便离不开对罪名竞合关系处理目标的把握。

处理罪名竞合关系,旨在依据罪刑规范对不法事实进行评价,只有据此评价后方能适用刑罚予以科处,而要使二者保持一致,罪责刑相适应原则便是应当追求的目标。依照《刑法》第 5 条的规定就可以知道,刑罚的轻重应与犯罪分子所犯罪行和所承担的刑事责任相适应。也即,刑罚的轻重不仅要与所犯罪行相适应,也要与刑事责任相适应。[2] 罪责刑相适应原则,属于我国刑法规定的三大原则之一,要贯彻这一原则,通常要求的是,有多大的不法事实就应承担多大的刑事责任,法官也应依法判处其所轻重的刑罚,正所谓犯罪决定刑事责任的成立,刑事责任又决定刑罚的适用,[3] 以做到重罪重判、轻罪轻判、罪刑相称、罚当其罪。

罪责刑相适应原则,作为具体落实犯罪与刑罚的指导原则,只有依据罪刑

---

〔1〕 参见刘宪权:《罪数形态理论正本清源》,载《法学研究》2009 年第 4 期。

〔2〕 参见王小青:《刑法学总论重点与常见疑难问题探讨》,中国政法大学出版社 2015 年版,第 22 页。

〔3〕 参见孙道萃:《罪责刑关系论》,法律出版社 2015 年版,第 86 页。

规范对具体不法事实进行有效评价时，才能更好地贯彻该原则。一方面，要依据罪刑规范评价具体不法事实的危害性质。具体表现在，要根据刑法分则罪名条文规定的、能符合构成要件的具体不法事实进行审视，进而根据行为不法、结果不法的性质确定要适用的罪名。另一方面，要依据罪刑规范评价具体不法事实的危害程度。针对具体不法事实所造成的行为不法、结果不法的程度，找到要适用罪名对应幅度的法定刑。惩罚应有程度之分，按犯罪大小来定惩罚轻重，[1]犯罪对公共利益的危害越大，制止人们犯罪的手段就应越强有力，而这就需要保持犯罪与刑罚的相称性。[2] 总之，对于前一方面，旨在确定能评价具体不法事实的罪名；对于后一方面，意在确定对应幅度的法定刑。无论是评价具体不法事实的危害性质还是危害程度，贯彻罪责刑相适应原则时，都要有针对性，毕竟罪名竞合关系的处理是围绕具体不法事实展开的。

三、处理的要求

为了更好地贯彻罪责刑相适应原则，罪名竞合关系的处理还需要在罪名评价、刑罚科处、不法事实认定上遵守一定的要求。

（一）罪名评价与刑罚科处的要求

在罪名评价上，遵守的要求包括：一要禁止重复评价。禁止重复评价，旨在依据触犯的罪刑规范对具体不法事实进行不重复的评价。为此，有论者认为，该要求属于禁止将法条规定的构成要件要素在刑罚裁量中再度当作刑罚裁量事实的情形。[3] 由此而言，遵守该要求，主要在于规避罪刑规范对具体不法事

---

[1] 参见［法］孟德斯鸠：《波斯人信札》，罗大冈译，人民文学出版社1958年版，第141页。

[2] 参见［意］贝卡里亚：《论犯罪与刑罚》，黄风译，中国大百科全书出版社1993年版，第65页。

[3] 参见林山田：《刑法通论（下册）》，北京大学出版社2012年版，第362页。

实评价的过剩。二要坚持全面评价。全面评价,旨在依据罪刑规范对具体不法事实进行全面的规范考量。诚如有论者所言,全面评价是在具体不法事实的定性上适用法定的犯罪构成,以实现评价的充分性。[1] 或者说,是在犯罪构成的选择与适用上能全面反映行为的不法与罪责。[2] 就此而言,遵守该要求意在规避罪刑规范对具体不法事实评价的遗漏。在刑罚科处上,要求与罪名评价保持适应,做到罚当其罪。而罚当其罪的关键在于科处的刑罚要与具体不法事实保持一致。就一个不法事实而言,好处理的是若能被一罪周延评价,即能做到全面评价而不遗漏评价,则科处以周延评价的一罪所规定的刑罚。若一个不法事实被一罪难以做到周延评价,即被数个罪名评价,则应在所评价的罪名中比较刑罚的轻重。也即,先要以法定刑的轻重为比较前提,根据1997 年最高人民法院《关于适用刑法第十二条几个问题的解释》第 1 条、第 2 条的规定,[3]法定最高刑高者刑罚较重,若一致时,则法定最低刑高者刑罚较重。而后针对具体不法事实的危害性质和危害程度,找到对应幅度的法定刑。其中,对应幅度包括对影响法定刑轻重情节的考虑,对于同时符合犯罪构成要件的数罪,如果其中某罪具备特有量刑情节的话,那么就应在比较重罪、轻罪选择罪名定性的同时考虑此量刑情节,[4]以此完成对应幅度的法定刑轻重的比

---

〔1〕 参见刘刚:《论罪数评价》,载《法律科学》2011 年第 3 期。

〔2〕 参见庄劲:《罪数的理论与实务》,中国人民公安大学出版社 2012 年版,第 48 页。

〔3〕 最高人民法院《关于适用刑法第十二条几个问题的解释》第 1 条规定:“刑法第十二条规定的‘处刑较轻’,是指刑法对某种犯罪规定的刑罚即法定刑比修订前刑法轻。法定刑较轻是指法定最高刑较轻;如果法定最高刑相同,则指法定最低刑较轻。”第 2 条规定:“如果刑法规定的某一犯罪只有一个法定刑幅度,法定最高刑或者最低刑是指该法定刑幅度的最高刑或者最低刑;如果刑法规定的某一犯罪有两个以上的法定刑幅度,法定最高刑或者最低刑是指具体犯罪行为应当适用的法定刑幅度的最高刑或者最低刑。”

〔4〕 参见顾万炎:《对“依照处罚轻重的规定定罪处罚”的重新理解》,载《中国检察官》2011 年第 2 期。

较。然后，择以较重的刑罚科处。就两个以上的不法事实而言，从罪名评价上看，为了做到全面评价和防止遗漏评价的，由此需要数个罪名进行评价。但是，数个罪名的评价并不意味着一定要并处数个罪名规定的刑罚。实际上，除了以数罪评价两个以上的不法事实进而以数罪规定的刑罚并处外，还存在以数罪评价两个以上的不法事实进而科以一罪规定的刑罚的情形。具体而言，一要判断两个以上有罪责的不法事实之间是否基于关联性而没有造成新的法益侵害？若是，也即，两个以上有罪责的不法事实指向的是同一法益时，宜择一被评价的罪名所规定的刑罚进行科处。在本书看来，吸收犯就是典型情形。二要判断两个以上有罪责的不法事实之间是否基于关联性而使得非难可能性减少？若是，宜择一被评价的罪名所规定的刑罚进行科处。其中，牵连犯就是典型情形。诚如有论者所言，之所以将牵连犯作为处断上的一罪处理，原因在于，虽然存在数个行为，但当这些行为之间具有手段与目的或者原因与结果的关系时，实行犯罪的意思决定实质上只有一个，相比于基于数个意思决定而实施数个行为的场合，此时对行为主体的谴责即罪责就减少了。[1]

(二)不法事实认定的要求

不法事实认定的要求，旨在确认具体有罪责的不法事实。实践中，生活是复杂的，具体有罪责的不法事实会多样地呈现。正如有论者所指出的那样，案件事实具有不同的侧面，人们从不同的侧面往往得出不同的结论。[2] 因此，具体有罪责的不法事实的认定要有章可循。一方面，要有证据支撑，即认定的是证据事实。也即，具体有罪责的不法事实的认定过程依赖于证据的有机结合。

---

〔1〕 参见黎宏：《刑法学总论》，法律出版社2016年版，第331页。

〔2〕 参见张明楷：《如何使案件事实与构成要件相对应》，载《人民法院报》2005年11月30日，第B01版。

毕竟司法裁判是以事实为依据,而事实认定是以证据为依据的。[1] 另一方面,要符合罪刑规范的评价要求,即认定的是规范事实。一个案件往往有许多事实,但并非所有的事实都对罪名评价、刑罚科处有意义。因此,不能脱离罪刑规范来认定事实。恰恰相反,而应根据可能适用的罪刑规范反复归纳,继而确定待评价的具体有罪责的不法事实。

一言以蔽之,罪名竞合关系处理的实质在于,不法事实在符合数个罪刑规范的情况下如何进行有效的罪名评价和刑罚科处,处理的目标旨在贯彻罪责刑相适应原则,而处理的要求则体现在罪名评价、刑罚科处和不法事实的认定上。

第三节 网络犯罪竞合关系的处理思路

根据前述,罪名竞合关系处理的实质在于不法事实在符合数个罪刑规范的情况下如何进行有效的罪名评价和刑罚科处。以此为基础,依本书之见,网络犯罪竞合关系的处理思路如下所述。

一、一个网络犯罪行为下竞合关系的处理思路

从规范的角度看,需要判断一个网络犯罪行为所违反的网络罪名与其他罪名之间是否存在关联关系。具体而言,既考虑彼此之间在客观构成要件要素如行为主体、行为、行为对象、结果上的关联性,也要关注彼此之间在主观构成要件要素如构成要件故意上的关联性。比如,以前述数据类犯罪与侵财类犯罪竞合时的非法获取计算机信息系统数据罪与盗窃罪为例,在客观构成要件要素上

[1] 参见舒国滢、宋旭光:《以证据为根据还是以事实为根据?——与陈波教授商榷》,载《政法论丛》2018 年第 1 期。

看,前罪名的行为主体为自然人、单位,行为为非法获取计算机信息系统中存储、处理或者传输的数据的行为,行为对象为计算机信息系统中存储、处理或者传输的数据,结果为获取了这一数据;后罪名的行为主体为自然人,行为为盗窃行为,行为对象为公私财物,结果为转移占有了他人占有的公私财物。从主观构成要件要素上看,构成两罪名都需要有故意。随着计算机技术的进步和网络的发展,不少公私财物是以计算机信息系统中存储、处理或者传输的数据来表现的,可见两罪名是存在交叉关系的。

从事实的角度看,其旨在认定待评价的具体不法事实,即应根据一个网络犯罪行为所违反的网络罪名与其他罪名的客观构成要件、主观构成要件,基于证据事实、规范事实的要求逐一认定。以前述非法获取计算机信息系统中存储、处理或者传输的身份认证信息为例,这旨在认定非法获取计算机信息系统中存储、处理或者传输的身份认证信息的这一不法事实,是否同时符合非法获取计算机信息系统数据罪和侵犯公民个人信息罪的主客观构成要件。而在同时,也要注意的是,证据证明的规范事实要达到排除合理怀疑的程度,一旦存疑,须从有利于被告人的角度认定。

综合上述角度可知,在一个网络犯罪行为所违反的网络罪名与其他罪名中,如果同时以两罪名评价违背禁止重复评价的,基于法条竞合中特别法条优于一般法条的原理,适用其中一个罪名处罚时能贯彻罪责刑相适应原则的,则是法条竞合。还是以非法获取计算机信息系统数据罪与盗窃罪为例,当行为主体盗窃计算机信息系统中存储的数据,获得违法所得价值达到 2 万元的,由于在此不法事实下适用特别法条即盗窃罪的规定能贯彻罪责刑相适应原则,则两罪名呈现的是法条竞合关系。如果适用两个罪名同时评价并未违背禁止重复评价反而满足全面评价要求的,则属于想象竞合,即在裁判文书上发挥想象竞

合的明示机能并择一重罪名处罚。比如,行为主体盗窃计算机信息系统中存储的数据,获得违法所得价值达到2.6万元的,适用特别法条即盗窃罪的规定反而比适用一般法条即非法获取计算机信息系统数据罪的规定处罚更轻,因而此时呈现的便是想象竞合关系,按此关系处理方能满足全面评价的要求。而且,要指出的是,此处的全面评价并非要数罪并罚,发生想象竞合的,由于有且只有一个不法事实,若要数罪并罚的话,则易导致犯罪评价与刑罚科处的失衡,相反择一重罪名处罚方能贯彻罪责刑相适应原则。诚如有论者所言的,量刑适当与否是衡量罪责刑相适应原则是否真正实现的唯一标准。[1]

二、数个网络犯罪行为下竞合关系的处理思路

由现有的处理方案可知,无论是按吸收关系处理,还是按牵连关系处理,抑或是按并罚关系处理,其实质都在于混同了有罪责的不法的罪名评价与刑罚科处之间的关系。就按吸收关系处理而言(以两个网络犯罪行为为例),只要认为一个网络犯罪行为与另一个网络犯罪行为存在吸收关系,就基于吸收犯的科处原则处理,即依照吸收行为所构成的犯罪科处,不实行数罪并罚。[2] 尽管这存在两个不法事实,但并不能因为两者之间有联系,就直接择一吸收进行刑罚科处。就按牵连关系处理而言(以两个网络犯罪行为为例),一个网络犯罪行为与另一个网络犯罪行为不论是手段行为与目的行为的牵连关系,还是原因行为与结果行为的牵连关系,都应按照牵连犯的科处原则"从一重处罚"。与按吸收关系处理类似,虽然有两个不法事实,但不能因为两个不法事实之间存在一定的联系就必然基于牵连犯的科处原则择一进行刑罚科处。就按并罚关系

---

〔1〕 参见周光权:《刑法总论》,中国人民大学出版社2011年版,第42页。
〔2〕 参见高铭暄、马克昌:《刑法学》,北京大学出版社2019年版,第193页。

处理而言(以两个网络犯罪行为为例),由于行为主体实施了两个网络犯罪行为,基于两个行为的存在进而就给出了并罚的刑罚科处,也过于绝对。

在本书看来,要处理好数个网络犯罪行为下网络犯罪的竞合关系,关键在于要明确罪名评价与刑罚科处之间的关系。依本书之见,罪名评价不同于刑罚科处,罪名评价是指根据刑法有关具体罪名规定的大前提对有罪责的不法事实进行涵射判断所得出的规范评价,而刑罚科处则是选择被评价的罪名所规定的刑罚进行处罚的情形。其中,罪名评价在前,而刑罚科处在后。在前的罪名评价会影响在后的刑罚科处,因为被评价的罪名之后都规定了刑罚。不过,就此要指出的是,这种影响并非指被评价的罪名所规定的刑罚都要科处在有罪责地造成不法的行为主体身上。相反,被评价的罪名与被科处的刑罚之间要保持适应性。毕竟这是《刑法》第 5 条罪责刑相适应原则所明确的,即刑罚的轻重应与犯罪分子所犯罪行和所承担的刑事责任相适应。

基于以上分析,面对数个网络犯罪行为下的竞合关系,无论是按吸收关系处理,还是按牵连关系处理,抑或是按并罚关系处理,在罪名评价上都是一致的,只不过在刑罚科处上存在不同的结论而已。具体而言,由于行为主体实施了两个网络犯罪行为,因而在罪名评价上是数罪,但在刑罚科处上并非就是数罪。理由有三:一是,当行为主体实施的两个网络犯罪行为指向同一法益时,则意味着前后两个网络犯罪行为之间存在吸收关系,因而择一给法益造成更重侵害的罪名规定进行论处。就前述先实施非法利用信息网络行为再实施后续的实行行为来讲,非法利用信息网络行为的实施既侵害阻挡层法益也侵害背后层法益,在本书看来,阻挡层法益为信息网络利用秩序,背后层法益乃受到非法利用信息网络行为影响的不法行为所侵犯的法益。若后续的实行行为是在非法利用信息网络行为影响下实施的,则表明非法利用信息网络行为与后续的实行行为能指向同一法益，此时应按吸收关系而非按并罚关系来处理。就前述先实施网络撞库行为再实施下游网络犯罪行为来讲，其所表明的是两个犯意共同叠加成同一的犯罪目的，这符合的是牵连关系而非吸收关系的特征，因而不宜按吸收关系来处理。二是，在行为主体实施的两个网络犯罪行为之间，如果能表明行为主体实施的意思决定只有一个的话，则意味着非难可能性降低，故择一非难可能性更高的罪名进行论处。以前述的欧阳某某等非法获取计算机信息系统数据案为例，欧阳某某通过专门软件获取上述账号并进行筛选、解密的行为与将这些成套的个人信息出售给他人的行为，在本书看来，欧阳某某的前行为为手段行为、后行为为目的行为，而且据证据显示"两个行为是基于一个犯罪目的"[1]，说明非难可能性降低，故而应按牵连关系来处理。三是，当行为主体实施的两个网络犯罪行为造成了不同的法益侵害且未使非难可能性降低时，也即，在法律没有明文规定的情况下既无吸收关系也无牵连关系时，此时罪名评价上的数罪也应在刑罚科处上得到数罪的论处，即按并罚关系处理。在前述的苏某信用卡诈骗、侵犯公民个人信息案中，苏某非法获取他人个人信息的行为与利用这些信息实施信用卡诈骗的行为并非指向的是同一法益，而且尚无充分的证据证明两者存在手段行为与目的行为、原因行为与结果行为的关系，因而按吸收关系、牵连关系处理难以贯彻罪责刑相适应原则，故而应按并罚关系来处理。

综上所述，就一个网络犯罪行为下网络犯罪竞合关系的处理而言，其在刑罚科处上是一罪，但在罪名评价上却有些不同。其中，当在一个网络犯罪行为所违反的网络罪名与其他罪名中择一罪名难以做到全面评价的，则是想象竞合关系。反之，当择一其中的罪名能做到全面评价的，则是法条竞合关系。就数

---

〔1〕 参见广东省珠海市中级人民法院刑事判决书，(2020)粤04刑终101号。

个网络犯罪行为下网络犯罪竞合关系的处理而言(以两个网络犯罪行为为例),其在罪名评价上是数罪,但在刑罚科处上要分情况,当作为科处的一罪能做到对罪责刑相适应原则予以贯彻的,不论行为主体所实施的两个网络犯罪行为之间是吸收关系还是牵连关系,都属于刑罚科处上的一罪。相反,当作为科处的一罪不能做到对罪责刑相适应原则予以遵守的,则为刑罚科处上的数罪,应按并罚关系处理。

第十一章　针对计算机信息系统的犯罪

针对计算机信息系统的犯罪，由刑法的规定可知，主要涉及五类：一是《刑法》第 285 条第 1 款规定的非法侵入计算机信息系统罪；二是《刑法》第 285 条第 2 款规定的非法获取计算机信息系统数据罪；三是《刑法》第 285 条第 2 款规定的非法控制计算机信息系统罪；[1] 四是《刑法》第 285 条第 3 款规定的提供侵入、非法控制计算机信息系统程序、工具罪；五是《刑法》第 286 条规定的破坏计算机信息系统罪。接下来，本章拟对这五类犯罪展开论述。

第一节　非法侵入计算机信息系统罪

所谓非法侵入计算机信息系统罪，指的是自然人或者单位违反国家规定，侵入国家事务、国防建设、尖端科学技术领域的计算机信息系统的行为。本罪属于 1997 年《刑法》规定的罪名，本罪的设立，对于保护计算机信息系统的安

〔1〕 尽管非法获取计算机信息系统数据罪、非法控制计算机信息系统罪一同被规定在《刑法》第 285 条第 2 款之中，统称为非法获取计算机信息系统数据、非法控制计算机信息系统罪，但考虑到两罪有不同的特点，故在本章拟分开论述。

全和正常运行具有重要意义。“如何确保计算机信息系统的安全和正常运行，对于保护国家和人民生命财产安全、促进经济发展和社会进步，起着十分重要的作用。尤其是国家事务、国防建设、尖端科学技术领域的计算机信息系统，一旦被非法侵入，就很可能造成严重的政治、经济损失，甚至还可能危及国家安全和人民生命财产安全。因此，本条增加规定了非法侵入国家重要领域计算机信息系统的犯罪。”〔1〕

一、非法侵入计算机信息系统罪的不法

对于本罪的行为主体，1997 年《刑法》起先只规定了自然人。随后，2015 年《刑法修正案（九）》增加一款，作为《刑法》第 285 条第 4 款，规定了单位也能成为本罪的行为主体。

成立本罪的行为，关键在于行为主体违反国家规定，侵入国家事务、国防建设、尖端科学技术领域的计算机信息系统。其中，违反国家规定，由《刑法》第 96 条的规定可知，是指违反全国人民代表大会及其常务委员会制定的法律和决定，国务院制定的行政法规、规定的行政措施、发布的决定和命令。对于“侵入”的理解，在本书看来，此乃违反国家规定未经授权或者未经许可地访问国家重要领域的计算机信息系统的行为。其实，这在实践中就已得到佐证。以 2017 年最高人民检察院第 9 批指导性案例中的卫梦龙、龚旭、薛东东非法获取计算机信息系统数据案为例，行为主体超出授权范围使用账号、密码登录计算机信息系统的，就属于侵入计算机信息系统的行为。此外，对于侵入的方式，根据本书前述主张，须是利用了计算机技术，单纯地利用物理的方式，例如，用铁棒插入国家事务、国防建设、尖端科学技术领域的计算机信

〔1〕 郎胜：《中华人民共和国刑法释解》，群众出版社 1997 年版，第 382～383 页。

息系统的,不构成本罪。

行为对象是国家事务、国防建设、尖端科学技术领域的计算机信息系统。根据2011年最高人民法院、最高人民检察院《关于办理危害计算机信息系统安全刑事案件应用法律若干问题的解释》第11条的规定,计算机信息系统是指具备自动处理数据功能的系统,包括计算机、网络设备、通信设备、自动化控制设备等。由此可知,事关国家事务、国防建设、尖端科学技术领域的计算机、网络设备、通信设备、自动化控制设备都属于本罪的行为对象。同时,根据该解释第10条的规定,当是否属于本罪的行为对象难以确定时,应委托省级以上负责计算机信息系统安全保护管理工作的部门检验。司法机关根据检验结论并结合案件的具体情况可以作出认定。

二、非法侵入计算机信息系统罪的罪责

根据《刑法》第285条第1款的规定,构成非法侵入计算机信息系统罪需要有罪责故意的存在。也即,只有行为主体故意地违反国家规定,侵入国家事务、国防建设、尖端科学技术领域的计算机信息系统的,才能以本罪评价。若行为主体是过失地进入这些国家重要领域的计算机信息系统的,由于罪责要素欠缺,故而不构成本罪。

三、非法侵入计算机信息系统罪的处罚

根据《刑法》第285条第1款的规定,构成本罪的,处3年以下有期徒刑或者拘役。单位犯本罪的,对单位判处罚金,并对其直接负责的主管人员和其他直接责任人员,依照《刑法》第285条第1款的规定处罚。

此外,需要指出的是,根据2007年最高人民法院《关于审理危害军事通信

刑事案件具体应用法律若干问题的解释》第6条第3款的规定，违反国家规定，侵入国防建设、尖端科学技术领域的军事通信计算机信息系统，尚未对军事通信造成破坏的，依照《刑法》第285条的规定定罪处罚；对军事通信造成破坏，同时构成《刑法》第285条、第286条、第369条第1款规定之罪的，依照处罚较重的规定定罪处罚。

第二节　非法获取计算机信息系统数据罪

非法获取计算机信息系统数据罪，是指自然人或者单位违反国家规定，侵入计算机信息系统或者采用其他技术手段，获取计算机信息系统中存储、处理或者传输的数据，情节严重的行为。

一、非法获取计算机信息系统数据罪的不法

由《刑法》第285第2款和第4款的规定可知，本罪的行为主体，与非法侵入计算机信息系统罪的行为主体相似，既可以是自然人，也可以是单位。

对于本罪的行为，需要把握的是：(1)对于“违反国家规定”。由于其与非法侵入计算机信息系统罪的表述类似，在此不再赘述。(2)对于“侵入前款规定以外的计算机信息系统或者采用其他技术手段”。其中，对于“侵入”一词的理解，与非法侵入计算机信息系统罪一致，其所采取的方式应是利用了计算机技术，其实这从“采用其他技术手段”的表述中也能看出，其实质应是技术手段。对于“前款规定以外”，理论上有不同的理解，一种观点认为这是真正的构成要件要素，另一种观点则认为这是不真正(表面)的构成要件要素。本书赞同后者，即侵入前款规定以内的计算机信息系统的行为，也属于本罪的行为。

比如,行为主体将国家事务、国防建设、尖端科学技术领域的计算机信息系统误认为是普通的计算机信息系统而获取其中存储、处理或者传输的数据的,也能以本罪评价。(3)对于“获取该计算机信息系统中存储、处理或者传输的数据”。此处的获取,表明的是行为主体违背他人意志地获取计算机信息系统中存储、处理、传输的部分数据或者全部数据。

对于本罪的行为对象,理论上争论不一,“目前刑事司法对‘数据’的理解尚未统一。我国刑法对‘数据’的保护依赖于规制计算机系统犯罪的罪名体系,包括《刑法》第285条第2款非法获取计算机信息系统数据罪与第286条第2款破坏计算机信息系统罪等罪名,而司法实践中对‘数据’的多重理解直接导致了计算机系统犯罪定性的任意性”[1]。在本书看来,由前文可知,本罪的行为对象应是存储、处理或者传输于计算机信息系统中的数据,其中这一计算机信息系统既可以是前款规定以外的计算机信息系统,也可以是前款规定以内的计算机信息系统。

此外,成立本罪,还需要达到情节严重。由《关于办理危害计算机信息系统安全刑事案件应用法律若干问题的解释》第1条第1款的规定可知,非法获取计算机信息系统数据,具有这些情形之一的,应当认定为“情节严重”:一是获取支付结算、证券交易、期货交易等网络金融服务的身份认证信息10组以上的;二是获取前项情形以外的身份认证信息500组以上的;三是违法所得5000元以上或者造成经济损失1万元以上的;四是有其他情节严重的情形。不过,理论上提出,获取大量非身份认证信息未获利也并未造成经济损失的,能否构成本罪?有论者认为:“以非结构化数据为例,此类数据规模大且增长速度快,

〔1〕 刘宪权:《“互联网3.0”时代计算机系统犯罪刑法规制的重构》,载《华东政法大学学报》2022年第5期。

从数据处理流程来看,此类数据有可能是初始数据,也可能是二手数据,极有可能被黑灰产业用于犯罪,因此对其应进行保护。"[1]在本书看来,关键在于这些大量获取的非身份认证信息的数据是否存储、处理或者传输于计算机信息系统之中,若是行为主体以未经授权或者未经许可的访问方式获取的,意味着侵害了本罪的法益,就能以本罪来评价。

二、非法获取计算机信息系统数据罪的罪责

根据《刑法》第285条第2款的规定,成立本罪需要有罪责故意的存在。也就是说,只有行为主体故意地违反国家规定,侵入计算机信息系统或者采用其他技术手段,获取计算机信息系统中存储、处理或者传输的数据,情节严重的,才能以本罪评价。若行为主体是过失地非法获取计算机信息系统中存储、处理或者传输的数据的,则不构成本罪。

本罪不属于目的犯,对于有论者所主张的,"'侵入'有双重含义:既包含了行为人实施了侵入这一犯罪行为,也对行为人的犯罪意图进行了描述,即行为人实施犯罪行为的目的是获取计算机信息系统中的数据"[2]。本书不予以认同。理由在于:一是《刑法》第285条第2款并未明确规定"为了获取计算机信息系统中的数据"这一目的;二是即使承认该论者所主张的这一"犯罪意图",其实质上体现的仍是故意要素,而不是超出故意要素之外的对侵入行为的内在意向。

---

〔1〕 詹红星、王李:《网络爬虫行为的入罪路径及其限度》,载《北京邮电大学学报(社会科学版)》2023年第1期。

〔2〕 路鹃:《新媒体环境下侵入他人计算机系统窃取信息的侵权责任认定》,载《兰州大学学报(社会科学版)》2016年第4期。

三、非法获取计算机信息系统数据罪的处罚

根据《刑法》第285条第2款的规定,犯本罪的,处3年以下有期徒刑或者拘役,并处或者单处罚金。情节特别严重的,处3年以上7年以下有期徒刑,并处罚金。

对于非法获取计算机信息系统中存储、处理或者传输的数据,达到情节特别严重的,根据《关于办理危害计算机信息系统安全刑事案件应用法律若干问题的解释》第1条第2款的规定,这一特别严重情节包括两类:一是数量或者数额达到第1款规定标准的5倍以上;二是有其他情节特别严重的情形。

此外,根据《刑法》第285条第4款的规定,单位犯本罪的,对单位判处罚金,并对其直接负责的主管人员和其他直接责任人员,依照《刑法》第285条第2款的规定处罚。

第三节　非法控制计算机信息系统罪

非法控制计算机信息系统罪,是指自然人或者单位违反国家规定,对计算机信息系统实施非法控制,情节严重的行为。

一、非法控制计算机信息系统罪的不法

根据《刑法》第285第2款和第4款的规定,本罪的行为主体,与非法获取计算机信息系统数据罪的行为主体一样,既可以是自然人,也可以是单位。

对于本罪的行为,需要把握的是:(1)对于“违反国家规定”。由于其与非

法获取计算机信息系统数据罪一样,故不再赘述。(2)对于"侵入前款规定以外的计算机信息系统或者采用其他技术手段"。诚如前述主张,侵入前款规定以内的计算机信息系统或者采用其他技术手段的,也属于本罪的行为。比如,行为主体将国家事务、国防建设、尖端科学技术领域的计算机信息系统误认为是普通的计算机信息系统而实施非法控制的,也能以本罪评价。(3)对于"对该计算机信息系统实施非法控制"。其所指的是完全或者部分地对他人的计算机信息系统实施控制,即利用计算机技术发出指令能使计算机信息系统完成相应操作的情形。以 2020 年最高人民法院第 145 号指导案例中的张竣杰等非法控制计算机信息系统案为例,通过植入木马程序的方式,非法获取网站服务器的控制权限,进而通过修改、增加计算机信息系统数据,向相关计算机信息系统上传网页链接代码的,应当认定为(采用其他技术手段)非法控制计算机信息系统的行为。

本罪的行为对象,乃计算机信息系统,如上所述,这一计算机信息系统不限于前款规定以外的计算机信息系统,即国家事务、国防建设、尖端科学技术领域的计算机信息系统也属于本罪的行为对象。

成立本罪,同样需要达到情节严重。由《关于办理危害计算机信息系统安全刑事案件应用法律若干问题的解释》第 1 条第 1 款的规定可知,非法控制计算机信息系统,具有这些情形之一的,应当认定为"情节严重":一是非法控制计算机信息系统 20 台以上的;二是违法所得 5000 元以上或者造成经济损失 1 万元以上的;三是有其他情节严重的情形。

二、非法控制计算机信息系统罪的罪责

根据《刑法》第 285 条第 2 款的规定,成立本罪需要行为主体存在罪责故

意。也即，只有行为主体故意违反国家规定，对计算机信息系统实施非法控制，情节严重的，才能以本罪评价。明知是他人非法控制的计算机信息系统，而对该计算机信息系统的控制权加以利用，达到情节严重的，也表明有罪责故意，也能以本罪来评价。若行为主体是过失地违反国家规定，对计算机信息系统实施非法控制，即使达到情节严重的，也不以本罪来评价。

三、非法控制计算机信息系统罪的处罚

根据《刑法》第285条第2款的规定，犯本罪的，处3年以下有期徒刑或者拘役，并处或者单处罚金。

就《刑法》第285条第2款规定的“情节特别严重”而言，这属于法定刑升格的条件，不影响本罪的定性，只影响量刑。“‘情节特别严重’的规定是对‘情节严重’的修正，但修正的仅仅是刑罚量，对于定性没有影响。”[1]因此，当行为主体违反国家规定，对计算机信息系统实施非法控制，达到情节特别严重的，直接在“处3年以上7年以下有期徒刑，并处罚金”中考虑处罚。而对于特别严重的情节，根据《关于办理危害计算机信息系统安全刑事案件应用法律若干问题的解释》第1条第2款的规定，包括两类情形：一是数量或者数额达到第1款规定标准的5倍以上；二是有其他情节特别严重的情形。

此外，根据《刑法》第285条第4款的规定，单位犯本罪的，对单位判处罚金，并对其直接负责的主管人员和其他直接责任人员，依照该条第2款的规定处罚。

---

〔1〕 米铁男：《基于法益保护的计算机犯罪体系之重构》，载《河南大学学报（社会科学版）》2014年第4期。

第四节　提供侵入、非法控制计算机信息系统程序、工具罪

提供侵入、非法控制计算机信息系统程序、工具罪，是指自然人或者单位提供专门用于侵入、非法控制计算机信息系统的程序、工具，或者明知他人实施侵入、非法控制计算机信息系统的违法犯罪行为而为其提供程序、工具，情节严重的行为。

一、提供侵入、非法控制计算机信息系统程序、工具罪的不法

对于本罪的行为主体，由《刑法》第 285 条第 3 款和第 4 款的规定可知，与前述罪名的行为主体相似，既可以是自然人，也可以是单位。

对于本罪的行为，主要涉及两类：一类是提供专门用于侵入、非法控制计算机信息系统的程序、工具的行为。根据《关于办理危害计算机信息系统安全刑事案件应用法律若干问题的解释》第 2 条的规定，具有这些情形之一的行为，都可以视为提供专门用于侵入、非法控制计算机信息系统的程序、工具的行为：一是提供具有避开或者突破计算机信息系统安全保护措施，未经授权或者超越授权获取计算机信息系统数据的功能的程序、工具的行为；二是提供具有避开或者突破计算机信息系统安全保护措施，未经授权或者超越授权对计算机信息系统实施控制的功能的程序、工具的行为；三是提供其他专门设计用于侵入、非法控制计算机信息系统、非法获取计算机信息系统数据的程序、工具的行为。与此同时，对于是否属于“专门用于侵入、非法控制计算机信息系统的程序、工具”难以确定的，根据《关于办理危害计算机信息系统安全刑事案件应用法律若干问题的解释》第 10 条的规定，应委托省级以上负责计算机信息系统安全保

护管理工作的部门检验。司法机关根据检验结论,并结合案件具体情况认定。另一类是明知他人实施侵入、非法控制计算机信息系统的违法犯罪行为而为其提供程序、工具的行为。而此处提供的程序、工具,指的就是专门用于侵入、非法控制计算机信息系统的程序、工具。

成立本罪,也要求达到情节严重。根据《关于办理危害计算机信息系统安全刑事案件应用法律若干问题的解释》第 3 条的规定,具有下列情形之一的,应当认定为本罪的"情节严重":(1)提供能够用于非法获取支付结算、证券交易、期货交易等网络金融服务身份认证信息的专门性程序、工具 5 人次以上的;(2)提供第 1 项以外的专门用于侵入、非法控制计算机信息系统的程序、工具 20 人次以上的;(3)明知他人实施非法获取支付结算、证券交易、期货交易等网络金融服务身份认证信息的违法犯罪行为而为其提供程序、工具 5 人次以上的;(4)明知他人实施第 3 项以外的侵入、非法控制计算机信息系统的违法犯罪行为而为其提供程序、工具 20 人次以上的;(5)违法所得 5000 元以上或者造成经济损失 1 万元以上的;(6)其他情节严重的情形。

二、提供侵入、非法控制计算机信息系统程序、工具罪的罪责

根据《刑法》第 285 条第 3 款的规定,成立本罪也需要有罪责故意的存在。也即,只有行为主体故意地提供专门用于侵入、非法控制计算机信息系统的程序、工具,或者明知他人实施侵入、非法控制计算机信息系统的违法犯罪行为而故意地为其提供程序、工具,情节严重的,才能以本罪评价。若行为主体是过失地提供侵入、非法控制计算机信息系统程序、工具的,不构成本罪。

三、提供侵入、非法控制计算机信息系统程序、工具罪的处罚

根据《刑法》第 285 条第 3 款的规定,并结合第 2 款的规定,犯本罪的,处 3

年以下有期徒刑或者拘役,并处或者单处罚金。

对于提供侵入、非法控制计算机信息系统程序、工具,达到情节特别严重的,处 3 年以上 7 年以下有期徒刑,并处罚金。其中,就特别严重的情节而言,由《关于办理危害计算机信息系统安全刑事案件应用法律若干问题的解释》第 3 条第 2 款的规定可知,其包括两类:(1)数量或者数额达到前款(即《关于办理危害计算机信息系统安全刑事案件应用法律若干问题的解释》第 3 条第 1 款)第 1 项至第 5 项规定标准 5 倍以上的情形;(2)其他情节特别严重的情形。

此外,根据《刑法》第 285 条第 4 款的规定,单位犯本罪的,对单位判处罚金,并对其直接负责的主管人员和其他直接责任人员,依照上述的规定处罚。

第五节 破坏计算机信息系统罪

破坏计算机信息系统罪,是指自然人或者单位违反国家规定,对计算机信息系统功能进行删除、修改、增加、干扰,造成计算机信息系统不能正常运行,或者违反国家规定,对计算机信息系统中存储、处理或者传输的数据和应用程序进行删除、修改、增加的操作,或者故意制作、传播计算机病毒等破坏性程序,影响计算机信息系统正常运行,后果严重的行为。

一、破坏计算机信息系统罪的不法

根据《刑法》第 286 条的规定,本罪的行为主体,与《刑法》第 285 条规定的罪名类似,既可以是自然人,也可以是单位。

根据《刑法》第 286 条的规定,符合本罪的构成要件行为,主要有三种:第一种是《刑法》第 286 条第 1 款规定的行为,即违反国家规定,对计算机信息系统功能进行删除、修改、增加、干扰，造成计算机信息系统不能正常运行，后果严重的行为，其也常被称为破坏计算机信息系统功能的行为。这里的造成计算机信息系统不能正常运行，不仅包括造成计算机信息系统不能运行，也涉及造成计算机信息系统不能按照原先的要求运行。第二种是《刑法》第 286 条第 2 款规定的行为，即违反国家规定，对计算机信息系统中存储、处理或者传输的数据和应用程序进行删除、修改、增加的操作，后果严重的行为，其也常被称为破坏计算机信息系统数据和应用程序的行为。第三种是《刑法》第 286 条第 3 款规定的行为，即故意制作、传播计算机病毒等破坏性程序，影响计算机系统正常运行，后果严重的行为。对于其中的计算机病毒等破坏性程序，由《关于办理危害计算机信息系统安全刑事案件应用法律若干问题的解释》第 5 条的规定可知，具有这些情形之一的程序，都可以被认定：(1)能够通过网络、存储介质、文件等媒介，将自身的部分、全部或者变种进行复制、传播，并破坏计算机系统功能、数据或者应用程序的；(2)能够在预先设定条件下自动触发，并破坏计算机系统功能、数据或者应用程序的；(3)其他专门设计用于破坏计算机系统功能、数据或者应用程序的程序。

成立本罪，还要求达到后果严重。其中，对于上述第一种行为、第二种行为所致的后果严重，根据《关于办理危害计算机信息系统安全刑事案件应用法律若干问题的解释》第 4 条第 1 款的规定，具有下列情形之一的，应当予以认定：(1)造成 10 台以上计算机信息系统的主要软件或者硬件不能正常运行的；(2)对 20 台以上计算机信息系统中存储、处理或者传输的数据进行删除、修改、增加操作的；(3)违法所得 5000 元以上或者造成经济损失 1 万元以上的；(4)造成为 100 台以上计算机信息系统提供域名解析、身份认证、计费等基础服务或者为 1 万以上用户提供服务的计算机信息系统不能正常运行累计 1 小时以上的;(5)造成其他严重后果的。对于第三种行为所致的后果严重,根据《关于办理危害计算机信息系统安全刑事案件应用法律若干问题的解释》第6条第1款的规定,具有下列情形之一的,应当予以认定:(1)制作、提供、传输第5条第1项规定的程序,导致该程序通过网络、存储介质、文件等媒介传播的;(2)造成20台以上计算机系统被植入第5条第2、3项规定的程序的;(3)提供计算机病毒等破坏性程序10人次以上的;(4)违法所得5000元以上或者造成经济损失1万元以上的;(5)造成其他严重后果的。此外,有关后果严重的认定,2020年3月28日最高人民检察院在发布的第18批指导性案例(检例第69号·姚晓杰等11人破坏计算机信息系统案)中也作了说明,即为有效打击网络攻击犯罪,检察机关应加强与公安机关的配合,及时介入侦查引导取证,结合案件特点提出明确具体的补充侦查意见。对被害互联网企业提供的证据和技术支持意见,应当结合其他证据进行审查认定,客观全面准确认定破坏计算机信息系统罪的危害后果。

实践中,构成破坏计算机信息系统罪的典型案件较多,不过,部分案件的认定存有争议。以2017年10月12日最高人民检察院发布的第9批指导性案例为例:以修改域名解析服务器指向的方式劫持域名,造成计算机信息系统不能正常运行的,构成本罪(检例第33号·李丙龙破坏计算机信息系统案);冒用购物网站买家身份进入网站内部评价系统删改购物评价,属于对计算机信息系统内存储数据进行的修改操作,构成本罪(检例第34号·李骏杰等破坏计算机信息系统案);锁定智能手机导致不能使用的,构成本罪(检例35号·曾兴亮、王玉生破坏计算机信息系统案)。再以2018年12月25日最高人民法院发布的第20批指导性案例为例:通过修改路由器、浏览器设置、锁定主页或者弹出新窗口等技术手段,强制网络用户访问指定网站的"DNS劫持"的,构成本罪

(指导案例102号·付宣豪、黄子超破坏计算机信息系统案);违反国家规定,对企业的机械远程监控系统功能进行破坏,造成计算机信息系统不能正常运行的,构成本罪(指导案例103号·徐强破坏计算机信息系统案);用棉纱等物品堵塞环境质量监测采样设备,干扰采样,致使监测数据严重失真的,构成本罪(指导案例104号·李森、何利民、张锋勃等人破坏计算机信息系统案)。在本书看来,上述有争议的案例主要是指导案例104号·李森、何利民、张锋勃等人破坏计算机信息系统案。结合案情来看,2016年2月4日,长安子站回迁至西安市长安区西安邮电大学南区动力大楼房顶。被告人李森利用协助子站搬迁之机私自截留子站钥匙并偷记子站监控电脑密码,此后至2016年3月6日间,被告人李森、张锋勃多次进入长安子站内,用棉纱堵塞采样器的方法,干扰子站内环境空气质量自动监测系统的数据采集功能。被告人何利民明知李森等人的行为而没有阻止,只是要求李森把空气污染数值降下来。李森还多次指使被告人张楠、张肖采用上述方法对子站自动监测系统进行干扰,造成该站自动监测数据多次出现异常,多个时间段内监测数据严重失真,影响了国家环境空气质量自动监测系统正常运行。[1] 由此可知,尽管这些被告人违反了《环境保护法》《大气污染防治法》《计算机信息系统安全保护条例》等国家规定,但他们用棉纱堵塞采样器的方法对长安子站监测数据进行弄虚作假的行为,既未以利用计算机技术的方式对计算机信息系统功能进行了删除、修改、增加、干扰,也未以利用计算机技术的方式对计算机信息系统中存储、处理或者传输的数据和应用程序进行删除、修改、增加的操作,因而以破坏计算机信息系统罪评价存在疑问。诚如有论者所言,这只是对需要由计算机处理的外部判断资料进行了干

---

〔1〕 参见陕西省西安市中级人民法院刑事判决书,(2016)陕01刑初233号。

扰,而非对计算机信息系统本身的破坏,[1]故未侵害本罪的法益,不宜以本罪论处。

二、破坏计算机信息系统罪的罪责

根据《刑法》第 286 条的规定,成立本罪需要行为主体存在罪责故意。也即,只有行为主体故意地违反国家规定,对计算机信息系统功能进行删除、修改、增加、干扰,造成计算机信息系统不能正常运行,后果严重的,或者故意地违反国家规定,对计算机信息系统中存储、处理或者传输的数据和应用程序进行删除、修改、增加的操作,后果严重的,或者故意制作、传播计算机病毒等破坏性程序,影响计算机系统正常运行,后果严重的,才能以本罪评价。若行为主体只是过失地造成计算机信息系统不能正常运行的,不构成本罪。

三、破坏计算机信息系统罪的处罚

构成破坏计算机信息系统罪的,根据《刑法》第 286 条第 1 款的规定,处 5 年以下有期徒刑或者拘役。

若要判处 5 年以上有期徒刑,需要达到后果特别严重。其中,对于第一种行为、第二种行为所致的后果特别严重,根据《关于办理危害计算机信息系统安全刑事案件应用法律若干问题的解释》第 4 条第 2 款的规定,包括四类情形:(1)数量或者数额达到前款(即《关于办理危害计算机信息系统安全刑事案件应用法律若干问题的解释》第 4 条第 1 款第 1 项至第 3 项规定标准 5 倍以上的;(2)造成为 500 台以上计算机信息系统提供域名解析、身份认证、计费等基础服务或者为 5 万以上用户提供服务的计算机信息系统不能正常运行累计 1

[1] 参见张明楷:《刑法学(下)》,法律出版社 2021 年版,第 1376 页。

小时以上的;(3)破坏国家机关或者金融、电信、交通、教育、医疗、能源等领域提供公共服务的计算机信息系统的功能、数据或者应用程序,致使生产、生活受到严重影响或者造成恶劣社会影响的;(4)造成其他特别严重后果的。对于第三种行为所致的后果特别严重,根据《关于办理危害计算机信息系统安全刑事案件应用法律若干问题的解释》第6条第2款的规定,包括三类情形:(1)制作、提供、传输第5条第1项规定的程序,导致该程序通过网络、存储介质、文件等媒介传播,致使生产、生活受到严重影响或者造成恶劣社会影响的;(2)数量或者数额达到前款(即《关于办理危害计算机信息系统安全刑事案件应用法律若干问题的解释》第6条第1款)第2项至第4项规定标准5倍以上的;(3)造成其他特别严重后果的。

此外,根据《刑法》第286条第4款的规定,单位犯本罪的,对单位判处罚金,并对其直接负责的主管人员和其他直接责任人员,依照《刑法》第286条第1款的规定处罚。

第十二章　不履行信息网络安全管理义务的犯罪

网络服务提供者负有各种类型的信息网络安全管理义务，不有效履行这些义务导致犯罪的，有以《刑法》第 286 条之一规定的拒不履行信息网络安全管理义务罪论处的可能。基于此，为了规制好不履行信息网络安全管理义务的犯罪，不仅需要了解信息网络安全管理义务，更需要厘清拒不履行信息网络安全管理义务罪的犯罪构成及其适用限度。

第一节　信息网络安全管理义务的类型

目前来看，无论是外国还是我国，为网络服务提供者赋予信息网络安全管理义务已成通行的做法。

一、外国有关信息网络安全管理义务的类型

梳理外国有关调整网络服务提供者的规范，发现网络服务提供者的信息网络安全管理义务主要分为以下几类。

(一)用户信息保护义务

无论是欧美还是亚洲的发达国家,都重视用户信息(数据)的保护,[1]明确要求网络服务提供者应有保护用户信息(数据)的义务。

第一,欧洲国家方面。2018 年欧盟《通用数据保护条例》(General Data Protection Regulation)为了给数据提供更为全面的法律保护,以专章的形式明确数据控制者和处理者的义务和权限,要求控制者应当在决定处理方式时和决定处理时,采取合适的技术与组织措施,并且在处理中整合必要的保障措施,以便符合本条例的要求和保护数据主体的权利,[2]而且控制者有责任采取适当的技术与组织措施,以保障在默认情况下,只有某个特定处理目的所必要的个人数据被处理。这种责任适用于收集的个人数据的数量、处理的限度、储存的期限及可访问性,尤其要注意的是,此类措施必须确保,在默认情况下,若没有个体介入,个人数据不能为不特定数量的自然人所访问。[3] 在德国,根据 2007 年《电信媒体法》第 12 条的规定,网络服务提供者承担保护用户数据的义务,只有在相关法律许可或者用户同意的情况下,为了提供电信多媒体服务或者为了其他目的才能收集和使用个人数据。第二,美洲国家方面。在美国,《消费者隐私保护法》规定:"部分公司企业拥有收集、使用、存储或发布个人身份敏感信息的权利,因此遵循合理的政策、程序来确保个人身份敏感信息的安全和隐私是至关重要的。"[4]第 202 条明确了消费者隐私和数据安全计划的要求,其中具体规定了消费者隐私和数据安全计划的三点设计要求,即一要确保敏感的个人身份信息的隐私和安全;二要防止任何预期的敏感的个人身份信息的隐

---

〔1〕 由于部分国家或者地区对用户信息与用户数据作等同理解,故在此一并予以表述。

〔2〕 See Article 25(1) of General Data Protection Regulation.

〔3〕 See Article 25(2) of General Data Protection Regulation.

〔4〕 Article 2(5) of Consumer Privacy Protection Act.

私和安全的漏洞;三要防止未经授权的访问、获取、披露或使用敏感的个人身份信息。[1]《加州消费者隐私法案》也规定:"收集消费者个人信息的企业应在收集时或收集前通知消费者关于要收集的个人信息的类别以及个人信息的使用目的。在未向消费者提供符合本节要求的通知情况下,企业不得收集额外类别的个人信息,或者将收集到的个人信息用于其他目的。"[2]第三,亚洲国家方面。在日本,《个人信息保护法》规定,个人信息处理业者(包括网络服务提供者)必须采取必要且适当的措施对个人数据进行安全管理,防止其所处理之个人数据的泄露、丢失或毁损等。[3] 新加坡《个人信息保护法》明确要求,包括网络服务提供者在内的机构应当保护其在监护或控制下的个人信息,采取合理的安全方法防止未经授权的获取、收集、使用、披露、拷贝、修改、处置或其他问题。[4]

(二)违法犯罪活动监管义务

在外国,不少国家明令要求网络服务提供者应履行监管违法犯罪活动的义务。

第一,欧洲国家方面。《欧盟电子商务指令》(Directive on Electronic Commerce,又称《Directive 2000/31/EC 指令》)要求信息社会服务提供者履行三类义务:一类是一般性监管义务和特殊情况下法律或明令规定的监督义务;另一类是知晓非法活动后迅速删除、阻止他人访问非法信息的义务;还有一类是对非法信息活动的注意义务。[5] 1997 年德国《电信服务法》第 5 条规定:

---

[1] See Article 202(1)(2) of Consumer Privacy Protection Act.

[2] Article 1798.100(b) of the California Consumer Privacy Act of 2018.

[3] 参见《個人情報の保護に関する法律》第 20 条。

[4] See Article 24 of Personal Data Protection Act 2012.

[5] See the Preface of Directive 2000/31/EC.

“(1)服务提供者根据一般的法律对自己提供的内容负责;(2)如果所提供的内容是他人的,那么只有在服务提供者知晓这些信息的内容并且在技术上有可能阻止且进行阻止不超过其承受能力的情况下,才承担责任……”第二,美洲国家方面。在美国,《加州消费者隐私法案》规定,如果企业或服务提供者(包括网络服务提供者)有必要维护消费者个人信息的,不应被要求遵守消费者请求删除其个人信息的规定,以便检测安全事件,防止恶意的、欺骗的、虚假的或非法活动;或起诉那些对此活动负责的人。[1] 分析该条发现,收集消费者个人信息的企业或服务提供者对违法犯罪活动具有一定的审查、监管义务。第三,亚洲国家方面。日本《个人信息保护法》要求个人信息处理业者令其从业者处理个人数据时,必须对该从业者进行必要且适当的监督,以保障对该个人数据的安全管理。[2] 同时该法也明确个人信息处理业者委托他人处理全部或部分个人数据时,应当对被委托人进行必要且适当的监督,以保障对被委托处理的个人数据的安全管理。[3] 韩国《信息通讯网法》第 44 条也规定,禁止用户在信息网络上传播侵犯他人隐私等信息。信息通讯服务提供者在自己管理运营的通讯网络里须尽力防止传播上述规定的相关信息。

(三)协助执法义务

协助执法义务,旨在强调网络服务提供者协助管理机关、侦查部门履行提供违法犯罪活动信息、报告安全风险以及在执法活动中提供其他技术或管理帮助的义务。

第一,欧洲国家方面。2001 年欧洲理事会《关于网络犯罪公约》第 20 条、

---

〔1〕 See Section 1798. 105(d) of the California Consumer Privacy Act of 2018.

〔2〕 参见《個人情報の保護に関する法律》第 21 条。

〔3〕 参见《個人情報の保護に関する法律》第 22 条。

第21条分别在对流量数据的实时收集和对内容数据的拦截时规定,"每一缔约方应当采取必要的立法和其他措施来促使服务提供商对本条规定的权力的执行事实以及与其有关的任何信息进行保密"。英国《数字经济法案》也从网络服务提供者的角度规定了协助义务,包括将侵权事实告知网络用户、根据政府指令对反复侵权的网络用户采取降低网速乃至暂时断网等措施。[1] 第二,美洲国家方面。为配合主管部门调查违法犯罪活动,《美国法典》对行为主体规定了数据留存义务。通常要求行为主体(包括网络服务提供者)披露用户的通信或记录,[2]以及做好留存数据的保护备份工作。[3] 第三,亚洲国家方面。日本《个人信息保护法》在个人信息处理业者的义务一章中指出,主管大臣可在实施本节规定所必需的限度内,要求个人信息处理业者提交个人信息处理报告。[4]

二、我国有关信息网络安全管理义务的类型

在我国,网络服务提供者的信息网络安全管理义务同国外发达国家类似,主要有以下四种类型。

(一)用户信息保护义务

在我国,用户信息保护义务规定在多种层级的法律规范之中。在法律、行政法规上,为了保护网络信息安全,保障公民、法人和其他组织的合法权益,2012年全国人民代表大会常务委员会制定《关于加强网络信息保护的决定》,规定网络服务提供者对在业务活动中收集的公民个人电子信息应严格保密,不

[1] See Sections 3 – 16 of Digital Economy Act.
[2] See Article 2703 of United States Code.
[3] See Article 2704 of United States Code.
[4] 参见《個人情報の保護に関する法律》第32条。

得泄露、篡改、毁损,不得出售或者非法向他人提供,同时应采取技术措施和其他必要措施,确保信息安全。2016 年出台的《网络安全法》以专章的形式明确"网络信息安全",要求网络运营者严格保密所收集的用户信息,并构建起用户信息保护制度。[1] 具体而言,网络运营者收集、使用个人信息时,应遵循合法、正当、必要的原则,不得收集与服务无关的个人信息,并依照法律、行政法规的规定和用户的约定,处理其保存的个人信息;[2]不得泄露、篡改、损毁其所收集的个人信息,应采取技术措施和其他必要措施,确保所收集个人信息的安全。[3] 2018 年通过的《电子商务法》对规范电子商务行为、维护电子商务秩序起积极作用。其中,在用户信息保护义务上明确了电子商务平台经营者的具体义务。例如,该法指出,电子商务平台经营者应保存平台上发布的商品和服务信息、交易信息,确保信息的完整性、保密性和可用性。[4] 2021 施行的《民法典》第 1038 条第 2 款指出:"信息处理者应当采取技术措施和其他必要措施,确保其收集、存储的个人信息安全,防止信息泄露、篡改、丢失;发生或者可能发生个人信息泄露、篡改、丢失的,应当及时采取补救措施,按照规定告知自然人并向有关主管部门报告。"2021 年通过的《个人信息保护法》第 9 条规定:"个人信息处理者应当对其个人信息处理活动负责,并采取必要措施保障所处理的个人信息的安全。"在部门规章和其他规范性文件上,也重视对用户信息的保护。比如,2017 年 12 月 29 日发布的《信息安全技术个人信息安全规范》在个人信息安全基本原则中确立了确保安全原则,要求个人信息控制者开展个人信息处理活动时,应具备与所面临的安全风险相匹配的安全能力,并采取足够的管理

---

〔1〕 参见《网络安全法》第 40 条。
〔2〕 参见《网络安全法》第 41 条。
〔3〕 参见《网络安全法》第 42 条。
〔4〕 参见《电子商务法》第 31 条。

措施和技术手段,保护个人信息的保密性、完整性和可用性。

(二)违法活动监管义务

网络服务提供者履行违法活动监管义务的规定也分布在各效力层级的规范之中。展开而言,在法律、行政法规上,《关于加强网络信息保护的决定》指出,网络服务提供者应加强管理用户发布的信息,发现违法发布、传输信息的,应停止传输,并采取处置措施,保存记录并报告主管部门。《网络安全法》规定,网络运营者发现法律、行政法规禁止发布或者传输的信息的,应立即停止传输该信息,采取消除等处置措施,防止信息扩散,保存有关记录,并履行好向主管部门报告的义务。[1] 发生安全事件,网络运营者应采取技术和其他必要措施,消除安全隐患防止危害扩大。[2] 《电子商务法》明确指出电子商务平台经营者应采取技术和其他必要措施防范网络违法犯罪活动,有效应对网络安全事件,保障电子商务交易安全。[3] 全国人民代表大会常务委员会《关于维护互联网安全的决定》第7条也规定,“从事互联网业务的单位要依法开展活动,发现互联网上出现违法犯罪行为和有害信息时,要采取措施,停止传输有害信息”。国务院《信息网络传播权保护条例》(2013年修订)第15条规定,网络服务提供者接到权利人的通知书后,应当立即删除涉嫌侵权的作品、表演、录音录像制品,或者断开与涉嫌侵权的作品、表演、录音录像制品的链接。在部门规章和其他规范性文件上,2015年公安部、国家互联网信息办公室、工业和信息化部、原环境保护部(现为生态环境部)、原工商总局(现为市场监管总局)、安全监管总局《关于互联网危险物品信息发布管理规定》第12条规定,网络服务提供者应

---

〔1〕 参见《网络安全法》第47条。

〔2〕 参见《网络安全法》第55条。

〔3〕 参见《电子商务法》第30条第1款。

当加强对接入网站及用户发布信息的管理，定期对发布信息进行巡查，对法律、法规和本规定禁止发布或者传输的危险物品信息，应当立即停止传输，采取消除等处置措施。

（三）协助监管部门执法义务

根据现有法律法规的规定，网络服务提供者负有协助监管部门执法的义务。在法律、行政法规上，《关于加强网络信息保护的决定》规定，有关主管部门在职权范围内依法履行职责，采取技术和其他必要措施，防范、制止和查处网络信息违法犯罪行为时，网络服务提供者应予以配合，提供技术支持。《未成年人保护法》（2020年修订）第80条第3款规定："网络服务提供者发现用户利用其网络服务对未成年人实施违法犯罪行为的，应当立即停止向该用户提供网络服务，保存有关记录，并向公安机关报告。"《网络安全法》要求网络运营者应当为公安机关、国家安全机关依法维护国家安全和侦查犯罪的活动提供技术支持和协助，[1]并对网信部门和有关部门依法实施的监督检查，应当予以配合。[2]《电子商务法》规定，电子商务平台经营者发现网络空间上有销售法律禁止销售商品或服务行为的，应依法采取处置措施，并报告有关主管部门。[3]全国人民代表大会常务委员会《关于维护互联网安全的决定》第7条规定，从事互联网业务的单位要依法开展活动，发现互联网上有违法犯罪活动，对其采取措施的同时，应及时向有关机关报告。2011年国务院修订的《计算机信息网络国际联网安全保护管理办法》第10条第6项也规定，互联单位、接入单位及使用计算机信息网络国际联网的法人和其他组织发现有本办法第4条（危害国

---

〔1〕参见《网络安全法》第28条。
〔2〕参见《网络安全法》第49条第2款。
〔3〕参见《电子商务法》第29条。

家安全等)、第5条(危害国家安全等)、第6条(破坏计算机信息系统)、第7条(侵犯通讯自由)所列情形之一的,应保留有关原始记录,并在24小时内向当地公安机关报告。国务院《互联网信息服务管理办法》第16条规定:“互联网信息服务提供者发现其网站传输的信息明显属于本办法第十五条所列内容之一的,应当立即停止传输,保存有关记录,并向国家有关机关报告。”部门规章和其他规范性文件上,公安部《关于贯彻落实网络安全等级保护制度和关键信息基础设施安全保护制度的指导意见》规定:“关键信息基础设施、第三级以上网络发生重大网络安全威胁和事件时,行业主管部门、网络运营者和公安机关应联合开展处置。电信业务经营者、网络服务提供者应提供支持及协助。网络运营者应配合公安机关打击网络违法犯罪行为;发现违法犯罪线索、重大网络安全威胁和事件时,应及时报告公安机关和有关部门并提供必要协助。”

(四)其他信息网络安全管理义务

网络服务提供者的其他信息网络安全管理义务主要表现在两方面:一是真实身份校验义务。在法律、行政法规上,根据《网络安全法》第24条的规定,网络运营者在与用户签订协议或确认提供服务时,应要求用户提供真实身份信息,未提供真实身份信息的,不得为用户提供相关服务。全国人民代表大会常务委员会《关于加强网络信息保护的决定》第6条规定,网络服务提供者为用户提供信息发布服务,应在与用户签订协议或确认提供服务时,要求用户提供真实身份信息。在部门规章和其他规范性文件上,《网络交易管理办法》规定,提供有关网络服务的经营者应要求申请者提供经营资格证明和个人真实身份信息,签订服务合同,依法记录其上网信息。二是技术安全维护义务。在法律、行政法规上,《网络安全法》第21条规定,网络运营者应按照网络安全等级保护制度的要求,履行安全保护义务,保障网络免受干扰、破坏或未经授权的访问,防止网络数据泄露或被窃取、篡改。[1]《互联网信息服务管理办法》第6条强调,从事经营性互联网信息服务的主体,应有健全的网络与信息安全保障措施,其中就包括网站安全保障措施。在部门规章和其他规范性文件上,公安部《关于贯彻落实网络安全等级保护制度和关键信息基础设施安全保护制度的指导意见》就规定,网络运营者应依据有关标准规范,对已定级备案网络的安全性进行检测评估,查找可能存在的网络安全问题和隐患。

第二节　拒不履行信息网络安全管理义务罪的犯罪构成

"互联网发展下新型风险的产生对风险的防控提出了新的要求。"[2]网络服务提供者不履行信息网络安全管理义务导致犯罪的,对此给予新的防控,亦不例外。为此,我国《刑法》286条之一规定了拒不履行信息网络安全管理义务罪。为了更好地规制此类犯罪行为,需要我们厘清本罪的犯罪构成。

一、拒不履行信息网络安全管理义务罪的不法

判断本罪的不法,离不开对本罪的行为主体即网络服务提供者的考察。对于本罪规定的网络服务提供者,根据2019年最高人民法院、最高人民检察院《关于办理非法利用信息网络、帮助信息网络犯罪活动等刑事案件适用法律若干问题的解释》第1条的规定,提供下列服务的单位和个人,应当认定为《刑法》第286条之一第1款规定的网络服务提供者:(1)网络接入、域名注册解析

---

〔1〕 参见《网络安全法》第21条。

〔2〕 童德华、马嘉阳:《拒不履行信息网络安全管理义务罪之"义务"的合理性论证及类型化分析》,载《法律适用》2020年第21期。

等信息网络接入、计算、存储、传输服务；(2)信息发布、搜索引擎、即时通讯、网络支付、网络预约、网络购物、网络游戏、网络直播、网站建设、安全防护、广告推广、应用商店等信息网络应用服务；(3)利用信息网络提供的电子政务、通信、能源、交通、水利、金融、教育、医疗等公共服务。归纳起来，网络服务提供者既可以是网络接入服务提供者，也可以是网络内容服务提供者。除此以外，若要适用本罪处罚网络服务提供者，还需在不法上满足以下条件。

(一)不履行信息网络安全管理义务

根据《刑法》第286条之一的规定，网络服务提供者不履行信息网络安全管理义务，通常要满足两大因素：一是网络服务提供者不履行的信息网络安全管理义务来源于法律和行政法规的规定。分析《刑法》第286条之一发现，该罪属于真正不作为犯，真正不作为犯的义务来源已有共识，即义务源自法律、法规的明确规定，“若各法规中已经明确规定不作为符合构成要件的前提条件，则成立所谓纯正的不作为犯”[1]。根据前文所述，《关于加强网络信息保护的决定》《网络安全法》《电子商务法》《消费者权益保护法》《关于维护互联网安全的决定》等法律、行政法规属于信息网络安全管理义务来源的根据。二是网络服务提供者不履行信息网络安全管理义务仅是以本罪来评价的前提。根据前文所述，网络服务提供者无论是履行用户信息保护义务，还是违法犯罪活动的监管义务，抑或是协助监管部门执法义务，并非网络服务提供者不履行这些义务便直接以本罪评价，而这只是适用本罪的前提要素。

(二)经监管部门责令采取改正措施而拒不改正

由前文可知，网络服务提供者不履行信息网络安全管理义务仅是以本罪评

[1] [德]乌尔斯·金德霍伊泽尔：《刑法总论教科书》，蔡桂生译，北京大学出版社2015年版，第386页。

价的前提,若适用本罪还须考察是否“经监管部门责令采取改正措施而拒不改正”。“经监管部门责令采取改正措施而拒不改正”具体涉及以下内容。

1. 监管部门

对于监管部门,通常认为,“是指依据法律、行政法规的规定对网络服务提供者负有监督管理职责的各个部门”[1]。也有论者经梳理指出,监管部门包括中央网络安全和信息化委员会、国务院及地方政府部门的互联网信息办公室、公安部门、国家安全部门和国家保密部门专门负责信息网络监管的部门、工业和信息化部所属的通信管理局以及省、自治区、直辖市所属通信管理局、文化和旅游部所属互联网文化监管部门、国务院及省级人民政府的新闻办公室等。[2]而《关于办理非法利用信息网络、帮助信息网络犯罪活动等刑事案件适用法律若干问题的解释》第2条将其解释为,是指网信、电信、公安等依照法律、行政法规的规定承担信息网络安全监管职责的部门。本书同意此种解释,不过,要注意的是,上述监管部门是从总体角度探讨的,考虑到网络服务提供者存在不同的类别,因而在具体判断监管部门时,有必要根据法律、行政法规的规定并结合网络服务提供者的自身特点来考虑。比如,以提供支付服务的网络服务提供者为例,中国人民银行就是其重要的监管部门。

2. 责令采取改正措施

监管部门在网络服务提供者不履行法律、行政法规规定的信息网络安全管理义务时通知其采取改正措施。可见,责令采取改正措施属于履行监管职责的监管部门实施的行为,通常涉及这些内容:一是行为实施的性质,监管部门责令网络服务提供者采取改正措施的行为性质如何?理论上有不同观点,一种观点

---

〔1〕 朗胜:《中华人民共和国刑法释义》,法律出版社2015年版,第498页。

〔2〕 参见谢望原:《论拒不履行信息网络安全管理义务罪》,载《中国法学》2017年第2期。

认为属于行政强制措施;另一种观点则主张是行政命令。有论者道明了这两种观点的区别,行政强制措施"系指行政主体为了维护和实施行政管理秩序,预防与制止社会危害事件与违法行为的发生与存在,依照法律、法规规定,针对特定公民、法人或者其他组织的人身、行为及财产进行约束与处置的限权性强制行为";而行政命令则"指由行政主体作出的强制要求相对人进行一定的作为或不作为的意思表示"。前者属于物理行为,而后者则是意思行为。[1] 本书认为,监管部门对网络服务提供者发出的"责令",旨在向网络服务提供者发出要求其采取改正措施的意思表示,属于意思行为,有必要将其界定为行政命令。二是行为实施的内容,即责令网络服务提供者应采取的改正措施。由于责令属于行政命令,不同于《行政诉讼法》第 13 条规定的"行政法规、规章或者行政机关制定、发布的具有普遍约束力的决定、命令",而是有明确行政相对人的具体行政行为。同时,责令采取改正措施是基于网络服务提供者未履行信息网络安全管理义务产生的,因此,责令采取的改正措施具有针对性、明确性,即具体指向网络服务提供者未履行的信息网络安全管理义务。基于此并结合前文发现,责令采取的改正措施更多地表现为保护用户信息、管控违法犯罪活动或者协助监管部门执法。三是行为实施的依据,监管部门责令网络服务提供者采取改正措施行为的依据如何?有论者鉴于实践中"责令整改"合法性判断的分歧,主张责令采取改正措施行为的依据应为"法律、法规的规定和相关刑法学理论"[2],本书认为,此种依据的范围过于宽泛,因为网络服务提供者不履行法律、行政法规规定的信息网络安全管理义务,所以监管部门才对其发布行政命令、责令其采取改正措施。因此,行为的依据有必要限定在法律、行政法规层

---

〔1〕 参见胡建淼:《论中国"行政强制措施"概念的演变及定位》,载《中国法学》2002 年第 6 期。
〔2〕 谢望原:《论拒不履行信息网络安全管理义务罪》,载《中国法学》2017 年第 2 期。

面,而应排除刑法学理论的影响。四是行为实施的程序。该程序主要表现在责令采取的改正措施以何种方式通知不履行信息网络安全管理义务的网络服务提供者,实践中常表现为非正式的通知和正式的通知两种方式。非正式的通知方式,主要表现为监管部门口头通知网络服务提供者采取改正措施。是否认可这种方式,理论上有不同的观点,有观点认为,若情况紧急,来不及以书面形式通知的,可以电话、电传、电子图片等形式通知;有的则主张,"监管部门不同级别的人都有可能通过电话、口头通知发布'责令',如果将这种非正式的通知包含在'责令'之内,会给企业履行义务带来困扰,导致入罪的风险过大"[1]。相比正式的通知方式,非正式的通知具有随意性,不仅很难全面、明确表达监管内容以致弱化行政命令的公信力,且易增加网络服务提供者履行信息网络安全管理义务不必要的"负担"。因此,本书认为,监管部门责令网络服务提供者采取改正措施应以正式的通知方式告知。为此,《关于办理非法利用信息网络、帮助信息网络犯罪活动等刑事案件适用法律若干问题的解释》第 2 条规定的"责令整改通知书或者其他文书形式",本书表示认同。五是行为引起的结果,即监管部门责令网络服务提供者采取改正措施引起的结果,如前文所述,责令采取改正措施的行为属于行政命令,但该命令在实践中并非独立作出,而是随行政处罚一并存在。例如,根据《网络安全法》第 64 条的规定,网络运营者未履行违法犯罪活动的监管义务,以致侵害个人信息的,由主管部门责令改正,可以根据情节单处或者并处警告、没收违法所得、处违法所得 1 倍以上 10 倍以下罚款,没有违法所得的,处 100 万元以下罚款,对直接负责的主管人员和其他直接责任人员处 1 万元以上 10 万元以下罚款。就此而言,监管部门责令网络服务提供者采取改正措施往往引起的是行政处罚的后果。

---

[1] 王文华:《拒不履行信息网络安全管理义务罪适用分析》,载《人民检察》2016 年第 6 期。

3. 拒不改正

拒不改正旨在强调网络服务提供者收到责令通知后拒绝按照责令的要求采取改正措施。一般情况下，拒不改正有两种表现形式：一种是网络服务提供者完全拒绝执行监管部门的责令；另一种是网络服务提供者的改正措施未达到责令的要求，即存在表面应付、实际不符合责令要求的执行。类似于有论者提出的"拒不改正既包含'不采取改正措施'行为要素，也包含'采取了改正措施但仍然没有达到预期目的'的结果要素"[1]。通常而言，拒不改正的判断取决于主观(后文详述)和客观两方面。客观方面，拒不改正的判断依赖于网络服务提供者的管控能力。管控能力，旨在说明网络服务提供者对于发生的违法犯罪活动和应需要保护的法益负有管控的职责，以阻止特定结果的发生。相比用户，网络服务提供者对网络空间具有很强的控制能力，或者对网络空间内他人行为引起的法益侵害事实存在较大控制的可能性，因此有必要赋予网络服务提供者管控违法犯罪活动和保护法益的职责，诚如有论者所指出的那样："开启或加入交往空间者对其中的他人负有管控义务，应在合理限度内照顾他人权益。"[2]然而，网络服务提供者的管控能力如何界定？网络空间与物理空间相比，相同点在于对其管控能力都取决于空间、场所提供者的实际管理能力，而不同点在于网络服务提供者拥有强大的网络技术提供、网络信息供给的能力。基于此，网络服务提供者的管控能力更多是以网络技术能力为支撑，即其管控网络空间中的违法犯罪活动和保护相关法益以阻止特定法益侵害结果发生时应具备技术可能性。"技术可能性是网络技术语境下的期待可能性理论，其含义

[1] 王文华：《拒不履行信息网络安全管理义务罪适用分析》，载《人民检察》2016 年第 6 期。

[2] Dieter Medicus, Stephan Lorenz, *Schuldrecht II Besonderer Teil*, 13, Aufl., C. H. Beck, 2006, Rn 751 – 756.

是在网络技术构建的特定时空中，基于网络信息技术，是否有可能期待行为人的合法行为。”[1]就此分析可知，网络服务提供者拒不改正的判断应从技术可能性上把握。对于技术可能性的考察，本书认为，应兼顾整个网络服务提供者的行业发展水平和涉案网络服务提供者的技术能力和经济实力。当涉案网络服务提供者技术上有能力履行管控，却未履行或履行达不到责令要求的效果时，可以将其解释为“完全拒绝改正或改正未达责令要求”。

(三)发生特定的法益侵害情形

根据《刑法》第286条之一的规定，网络服务提供者不履行信息网络安全管理义务易发生以下特定的法益侵害情形。

1. 致使违法信息传播

所谓违法信息，是指法律规范禁止传播的信息。致使违法信息传播这一特定法益侵害情形界定的关键，在于把握“违法”中的“法”，即所违反的法律规范范围。通常而言，违反的国家规定属于法律规范的范围没有疑问。换言之，根据《刑法》第96条的规定，全国人民代表大会及其常务委员会制定的法律和决定，国务院制定的行政法规、规定的行政措施、发布的决定和命令，属于法律规范的范围。但是，存在疑问的是法律、行政法规以外的规范是否属于所违反的法律规范范围呢？为此，有论者指出：“除了具有全国信息网络安全管理职权的国家级的部、委、办外，一般省部级部门制定的本部门、本地区的行政规范文件不应属于这里‘法’的范畴。”[2]本书认为，所违反的法律规范应以法律、行政法规为依据，对于违反其他规范性法律文件，若在法律、行政法规上能找寻对应规定的，方可纳入其范围。如此考虑，原因有两点：其一是网络服务提供者不

[1] 刘守芬：《技术制衡下的网络刑事法研究》，北京大学出版社2006年版，第5页。
[2] 谢望原：《论拒不履行信息网络安全管理义务罪》，载《中国法学》2017年第2期。

履行法律、行政法规规定的信息网络安全管理义务，责令采取改正措施未改正以致发生违法信息的传播，如此一来便能在违反法律规范的效力层级上形成对应；其二是若直接将法律、行政法规以外的规范性法律文件纳入所违反的法律规范范围，因“本部门、本地区”的不同特点限制了法律规范调整范围的统一性，不利于确立统一、明确的入罪标准；其三是对于违反其他规范性法律文件，若在法律、行政法规上能找到对应规定的，纳入“法”的范围，这并非以法律、行政法规以外的规范为依据，实质上仍是以法律、行政法规为所违反的法律规范范围，并未因“本部门、本地区”的不同特点而破坏了入罪标准的统一性、明确性。因此，对于网络服务提供者致使违法信息传播中的“违法信息”，应根据法律、行政法规的规定认定。对于违反其他规范性法律文件的信息，若在法律、行政法规层面能找到对应规定的，方可纳入所违反的法律规范范围。

2. 致使用户信息泄露

对于泄露，其所表明的是用户信息被不当公开。比如，网络服务提供者被责令采取改正措施未改正致使个人用户信息被不当获取、利用、提供，这些都属于泄露的表现。由此也可以表明，此处的用户信息是值得刑法保护的信息。诚如有论者所总结的那样：“这里的‘用户信息’只能是网络用户在注册账号或使用网络平台过程中所留下的客观、中性的信息，其本身并不违反任何法律或行政法规，但该信息一般仅仅由网络用户所拥有或知悉，法律保护其不暴露于公众的视野之下。既然如此，该信息必须具有被刑法保护的价值与必要性，例如网络用户的身份信息、银行账户信息、聊天记录、商业秘密、内幕信息、案件信息、国家秘密、军事秘密等。”〔1〕

〔1〕 李世阳：《拒不履行网络安全管理义务罪的适用困境与解释出路》，载《当代法学》2018 年第 5 期。

3. 致使刑事证据灭失

关于致使刑事证据灭失的认定，一要明确刑事证据的认定。刑事证据是指在刑事诉讼活动中以法律规定的形式证明案件事实情况的材料。一般而言，把握刑事证据，应考察其是否能对待证案件事实起证明作用以及依照法律规定具有作为证据的资格，即是否具有证明力和证据能力。比如，对于以电子记录方式保存的证据，首先要分析所保存的内容能否对刑事案件起证明作用，而后要分析其在法律上是否有证明资格，若同时存在，方可认定为刑事证据。二要明确刑事证据灭失的认定。刑事证据灭失旨在强调刑事证据已丧失证明案件事实的作用。实践中，对于刑事证据的灭失应区分两种情形：一种是证据内容本身的灭失，该类情形已丧失证明待证案件事实的作用，应直接认定为证据灭失；另一种则是证据内容并未丧失，而只是其存在的介质灭失，出现这种情形不应立即作出证据灭失的判断，而应分析存在的介质是否影响证据内容的恢复，若不能恢复或恢复的内容难以达到证明要求的，则认定为灭失，否则不能视为灭失。

4. 有其他严重情节

显然，这种情形属于立法设计的产物，是对其他特定的法益侵害情形作兜底性规定。通常而言，兜底性规定应遵循同类解释规则，即“同类事物作相同处理”[1]，应将其认定为属于与致使违法信息传播、致使用户信息泄露和致使刑事案件证据灭失危害程度相当的其他情形，但实践中有关其他情形的解释各行其是，很难形成统一的意见。为此，有必要参照司法解释的规定予以适用（后文详述）。

---

〔1〕［德］卡尔·拉伦茨：《法学方法论》，陈爱娥译，商务印书馆2003年版，第258页。

二、拒不履行信息网络安全管理义务罪的罪责

有关拒不履行信息网络安全管理义务罪的罪责，主要涉及以下两方面内容。

（一）罪责故意

有关本罪的罪责要素，在理论上主要有三种争议的观点：一是认为成立本罪，要求网络服务提供者有罪责故意。例如，有论者指出："本罪的责任形式是故意，行为人误以为信息不违法而没有采取改正措施时，属于事实认识错误，阻却故意的成立。"〔1〕有论者主张，"平台服务商的刑事责任不应是结果责任，需以其不及时履行控制、处理网络信息安全的管理职责为前提"〔2〕，言外之意，本罪的罪责为故意。也有论者甚至认为，本罪的罪责只能是直接故意。其所给出的理由是："由于本罪法条使用了'经监管部门责令采取改正措施而拒不改正'这样的语句，而'拒不改正'恰恰反映了行为人对危害后果的积极追求或希望态度，故本罪不可能由间接故意（单纯的放任）行为构成。"〔3〕二是主张成立本罪，要求网络服务提供者有罪责过失。比如，有论者指出："从主观上来看，'刑九'第28条规定的行为主观罪过形态是过失，无法作为共同犯罪处罚。"〔4〕也有论者从假设认定为故意的角度认为，"如果将该罪界定为故意犯罪，则势必造成法条之间的功能重叠，同时会造成处罚上的不周延，有必要对其主观要件进行重新解读"〔5〕，进而提出，"该罪实际上是引入了一种'过失

〔1〕 张明楷：《刑法学》，法律出版社2016年版，第1050页。

〔2〕 李源粒：《网络安全与平台服务商的刑事责任》，载《法学论坛》2014年第6期。

〔3〕 谢望原：《论拒不履行信息网络安全管理义务罪》，载《中国法学》2017年第2期。

〔4〕 陆旭：《网络服务提供者的刑事责任及展开——兼评〈刑法修正案（九）〉的相关规定》，载《法治研究》2015年第6期。

〔5〕 李本灿：《拒不履行信息网络安全管理义务罪的两面性解读》，载《法学论坛》2017年第3期。

责任’,这也是刑事立法分别设立帮助信息网络犯罪活动罪和拒不履行信息网络安全管理义务罪的意义所在”[1]。三是强调本罪的罪责形式呈现复合形态,既有罪责故意,也有罪责过失。具体而言,“不履行义务”的主观心理可以故意不履行,也可以过失不履行;“不改正”的主观心理是故意,“造成严重后果”的主观心理则是兼有自信的过失和间接故意,就此而论,“拒不履行信息网络安全管理义务罪可以说在一定程度上突破了故意和过失两种罪过泾渭分明的理论认知,引入了类似英美法系中‘过于自信’和‘间接故意’复合的‘轻率’主观罪过”。

本书认为,成立本罪,要求网络服务提供者存在罪责故意。理由包括:首先,在不履行信息网络安全管理义务阶段,不少监管部门就不时出台部门规章和其他规范性法律文件要求网络服务提供者履行更为细化的用户信息保护、违法犯罪活动监管,以及协助监管部门执法等义务,可以说,在信息网络安全管理义务履行之前网络服务提供者一般知晓审慎监管的内容,具备明知的态度,而其不履行,则表明主观上有对抗规范的故意。其次,在责令采取改正而拒不改正阶段,监管部门以正式通知的方式要求网络服务提供者采取改正措施,说明网络服务提供者对需要改正的内容有认识,却在意志上选择“拒”不改正,具有故意的主观心理。诚如有论者所言,本罪的罪责形式是故意,这点从该罪中的“拒”字便可佐证。[2] 最后,在发生特定的法益侵害情形阶段,网络服务提供者收到监管部门的责令通知却拒绝改正,说明在认识层面上能意识到特定法益侵害情形发生的可能性,认识到特定的法益侵害情形却选择拒绝改正措施,至少

---

[1] 李本灿:《拒不履行信息网络安全管理义务罪的两面性解读》,载《法学论坛》2017 年第 3 期。

[2] 参见王政勋:《论拒不履行网络安全管理义务罪的构成要件》,载赵秉志主编:《中国刑法改革与适用研究》,中国人民公安大学出版社 2016 年版。

表明其在意志层面上具有放任不管的心态,即在该阶段至少说明其有间接故意的罪责心态。总之,网络服务提供者只有存在罪责故意时,才能以本罪评价。

(二)违法性认识错误

违法性认识错误,是指行为主体实施了法律禁止的行为,却未认识到行为的违法性。违法性认识措施通常包括两方面:一是行为主体对法律不知情;二是行为主体错误地理解法律。对于行为主体产生违法性认识错误,一般遵循"不知法律不成为辩护事由"(Ignorantia Juris Neminem Excusat),即"不知法者不免责",而要求追究行为主体的刑事责任。然而,随着法定犯规定的不断增加,"不知法者不免责"的传统观念备受冲击。"一个多元社会里充斥着影响生活各个领域的刑事制裁,不可能指望每个人都知道什么是刑法,什么不是刑法。"[1]一味地遵循"不知法者不免责",不考虑普通人的正义直觉,就会降低它的道德信誉,也会降低普通人守法约束的水平。[2] 由此,违法性认识错误影响刑事责任的承担开始被广泛接纳。诚如有论者所言:"误解法令的结果,而错误地认识了构成要件要素的意义时,认为它是事实的错误而阻却故意。"[3]就此可以说,违法性认识错误的避免可能性就成为刑事责任承担的判断标准。"行为人认识到实施了刑法上违法的事实时,通常就能期待直接唤起其违法性的意识。因此,要承认免责,必须存在行为人不得不相信自己的行为合法从而使根据刑法追究责任无法被正当化的事实。在这个意义上,就有必要认为(行为人)陷入违法性错误具有相当的理由。"[4]

---

〔1〕［美］乔治·弗莱彻:《反思刑法》,邓子滨译,华夏出版社2008年版,第532页。

〔2〕 See Tom R. Tyler, "Why Do People Obey the Law?" *Journal of Public Administration Research and Theory*, Vol. 1, No. 2, 1991, pp. 235 239.

〔3〕［日］大冢仁:《刑法概说》,冯军译,中国人民大学出版社2009年版,第214页。

〔4〕［日］井田良:《講義刑法学·総論》,有斐阁2008年版,第379页。

随着计算机技术的进步和网络的不断发展与应用,无论是有关信息网络安全管理义务的法规,还是涉及责令采取改正措施的规范,都呈现“井喷式”增长的局面。实践中网络服务提供者对法律不知情的情形普遍较少,但面对不断增加的法律规范,却存在错误理解的可能。对此情形,有必要分析网络服务提供者错误地理解法律是否可以避免,若无法避免,则应否定适用本罪。《德国刑法典》第 17 条也规定:“行为人行为时没有认识其违法性,如该错误认识不可避免,则对其行为不负责任。如该错误认识可以避免,则依第 49 条第 1 款减轻处罚。”而且,正如有论者所言:“当行为人对违法性完全没有认识的可能性时,我们绝对不可就违法的行为决意对他进行谴责。”[1]就此而言,判断网络服务提供者的违法性认识错误是否可以避免,便成为能否适用本罪的关键,而判断是否避免存在基准。为此,有论者主张,“判断基准,不是‘一般人’,而是具体状况下的‘行为者个人的能力’”[2]。在本书看来,此观点欠妥当,而应既要考虑社会一般主体的认识能力,也要判断行为主体的认识能力,即应综合社会一般主体和涉案网络服务提供者的认识能力来考察涉案网络服务提供者有无违法性认识错误。具体而言,应从社会一般主体能否意识到法律规范有无冲突、涉案网络服务提供者认识法律规范内涵正确与否的程度,以及其是否应尽法律规范要求的注意义务上作出判断。

第三节　拒不履行信息网络安全管理义务罪的适用限度

为了更好地规制不履行信息网络安全管理义务的犯罪行为,除了需要厘清

〔1〕［德］汉斯·韦尔策尔:《目的行为论导论:刑法理论的新图景》,陈璇译,中国人民大学出版社 2015 年版,第 76 页。

〔2〕张明楷:《刑法学》,法律出版社 2016 年版,第 323 页。

拒不履行信息网络安全管理义务罪的犯罪构成外,也需要明确本罪的适用限度。

一、不适用本罪的情形

根据《刑法》第286条之一的规定,不适用拒不履行信息网络安全管理义务罪的情形常涉及以下三个方面。

(一)未出现不履行信息网络安全管理义务的情形

不履行信息网络安全管理义务作为适用本罪的前提要件,未出现不履行信息网络安全管理义务的情形无疑是阻却其承担本罪法律后果的首要条件。通常而言,网络服务提供者未出现不履行信息网络安全管理义务的情形表现在如下两方面。

1.缺乏履行信息网络安全管理义务的可能性

网络服务提供者不履行信息网络安全管理义务犯罪属于典型的不作为犯。成立不作为犯,需要行为主体负有作为义务,对于网络服务提供者而言,更多是要履行信息网络安全管理义务。然而,实践中,由于网络服务提供者自身原因或客观条件的变化,容易导致网络服务提供者存在缺乏履行信息网络安全管理义务的可能性。一般情况下,自身原因主要表现在网络服务提供者因主体地位的灭失而丧失履行信息网络安全管理义务的能力,例如,(单位)网络服务提供者被依法注销;客观条件主要表现在网络服务提供者依托现有的技术条件不能按要求履行信息网络安全管理义务,例如,网络服务提供者对网络空间内流动的违法犯罪信息不知情,且运用现有的技术不能有效审查时应阻却适用本罪。但是,对于出现网络服务提供者恶意陷入丧失履行信息网络安全管理义务能力的情形,例如,(单位)网络服务提供者为逃避信息网络安全管理义务的履行恶意注销单位或进行单位重组、合并时，应根据具体案件情况追究相应的法律责任。

2. 信息网络安全管理义务内容超出刑法规定的范围

关于作为义务内容的法律规定范围，理论上有不同观点，有论者主张，作为义务中的"义务"不仅包括刑法法规中的义务，也涉及非刑法法规中的义务。为此，有论者对将非刑法法规中的义务作为刑法上的作为义务提出批评，明确指出："这些民法上、合同上、事物管理上的作为义务违反，各自均具有相应的民法上的责任，将其直接转化为刑法上不真正不作为犯的作为义务，则是不恰当的。"[1]根据《刑法》第286条之一的规定，信息网络安全管理义务的内容应受限于刑法规定的范围，并非任何法律、行政法规规定的信息网络安全管理义务内容都属于本罪的评价范围。诚如有论者所言："当法律规定的作为义务是指纯正的不作为犯的作为义务时，一般会把这里的法律规定理解为刑法的规定。因为纯正的不作为犯都是由刑法明文规定的。"[2]因此，当网络服务提供者履行的信息网络安全管理义务内容超出刑法规定范围，如其未履行前文所述的真实身份校验义务、技术安全维护义务时，不能因其未履行这些义务而以本罪来评价。

(二) 缺乏采取改正措施的能力

通常而言，网络服务提供者对他人提供的内容承担责任需要具备一定的条件。根据1997年德国《电信服务法》的规定："(2)如果所提供的内容是他人的，那么只有在服务提供者知晓这些内容并且在技术上有可能阻止，而且进行

---

〔1〕 陈家林：《外国刑法理论的思潮与流变》，中国人民公安大学出版社2017年版，第198页。

〔2〕 陈兴良：《作为义务：从形式的义务论到实质的义务论》，载《国家检察官学院学报》2010年第3期。

阻止并不超过其承受能力的情况下才负有责任……(4)如果服务提供者在不违反《电信法》第85条关于保守通讯秘密规定的情况下知晓信息内容,有技术可能加以阻止,且阻止不超过其承受能力的,那么根据一般性的法律产生的对于违法内容的封锁义务并不受影响。"[1]分析该规定发现,网络服务提供者"知晓内容""技术上有可能阻止""阻止超过其承受能力"成为适用本罪的必备条件。换句话说,若网络服务提供者在技术上不可能采取改正措施或者采取改正措施超过其承受能力的,无疑会阻却本罪的适用,具体如下所述。

1. 技术上不可能改正

如前文所述,网络服务提供者拒不改正的判断应从技术可能性上把握。因此,网络服务提供者技术上不可能改正便成为其缺乏采取改正措施能力的首要表现。技术上不可能改正表明存在不具有可能性的行为,而不具有可能性的行为不会成为违反规范命令的行为。这意味着当某一特定的过滤措施在技术上是不可能时,他们的不作为并不会违反刑法上强调的行为义务。[2] 展开而论,网络服务提供者技术上不可能改正表现在:一是利用现有的网络技术不可能确保包括用户信息在内的数据的完整性、保密性和可用性,如网络服务提供者采用现有可能的网络内容过滤、逻辑访问控制、传输加密、网络监控、记录活动日志等技术措施仍不能防止用户信息的泄露、窃取和篡改,可视为技术不可能改正;二是按照网络安全等级保护制度的要求仍不能有效监测违法犯罪活动,以网络空间发生的掩饰、隐瞒犯罪所得为例,从开立账户接收犯罪所得资金,到转移赃款直至最终的清洗,其间涉及众多账户,在每个交易环节,所涉账户均有诸

---

〔1〕 Artikel 5 des Teledienstegesetz/TDG.

〔2〕 参见[德]乌尔里希·齐白:《网络服务提供者的刑法责任——刑法总论中的核心问题》,王华伟译,载赵秉志主编:《刑法论丛》第48卷,法律出版社2016年版。

多不同的可疑特征，若网络服务提供者利用现有技术仍不能有效监测并采取防范措施的，则意味着技术上不可能改正；三是利用现有技术仍不能防止刑事证据的灭失，即网络服务提供者按照现有风险管理的技术要求仍不能阻止证明刑事案件事实材料的丢失、篡改。

2. 改正超过承受能力

理论上，在不作为犯中，作为保证人应具有作为的可能性，其中作为可能性的表现之一就是具有作为的容易性。诚如有论者所说："尽管保证人具有履行作为义务、防止结果发生的能力，但如果在当时的场合作为义务的履行并不容易，那么，也不能认为行为人的行为构成不作为犯。"〔1〕在网络服务提供者责令采取改正措施环节，作为的可能性意味着采取改正措施不超过其承受能力。反过来说，若网络服务提供者根据责令要求采取改正措施超过其承受能力的，则不构成不作为犯，不成立本罪。通常而言，分析网络服务提供者根据责令要求采取改正措施是否超过承受能力，应采用行业的一般能力水平和涉案网络服务提供者的自身能力作为判断标准。若网络服务提供者采取的改正措施超过其承受能力，一般则会出现两类情形：一是网络服务提供者采取的改正措施超出行业的一般能力水平；二是涉案网络服务提供者采取改正措施的承受能力有限。

（三）避免特定法益侵害情形的发生

根据《刑法》第 286 条之一的规定，网络服务提供者不履行信息网络安全管理义务，经监管部门责令采取改正措施而拒不改正，发生特定法益侵害情形的才以本罪评价。显然，网络服务提供者即使不履行信息网络安全管理义务但能有效避免特定法益侵害情形发生的，也会阻却本罪的适用。另外，对于网络

〔1〕 钱叶六：《不作为犯的实行行为及其着手之认定》，载《法学评论》2009 年第 1 期。

服务提供者履行信息网络安全管理义务,仍不能阻止特定法益侵害情形发生的,也应阻却本罪的适用。对此情形,理论上将其视为结果回避可能性的缺乏。结果回避可能性在理论上属于客观规则理论的具体审查标准,通常存在假设性的分析过程,当结果情形发生后,需要分析法益侵害情形是否可以避免,若行为主体履行了注意义务,法益侵害情形依然发生的,则此情形属于客观上无法避免的结果,因而不能归责于行为主体。正如有论者所说:"由于存在威胁法益的替代因子,法益侵害变成几无可能回避的结果,基于此而排除结果归责的见解。"[1]"当合法的替代行为肯定会导致这个结果时,就应当排除一种归责,因为超越允许性风险不是在实际的事件过程中实现的。"[2]"若行为人依法所期待而为行为,在考虑其他替代条件下,依旧不可回避地发生法益侵害状态。"[3]就此而言,若网络服务提供者依照法律、行政法规的规定履行用户信息保护、违法犯罪活动监管、协助执法机关执法等信息网络安全管理义务,但仍不能避免违法信息传播、用户信息泄露、刑事案件证据灭失等法益侵害情形发生的,应阻却本罪的适用。

二、适用本罪评价与仅承担前置法责任的边界

根据《刑法》第286条之一的规定,信息网络安全管理义务来源于法律、行政法规的规定,而且发生的特定法益侵害情形只有达到情节严重的才受该条评价。因此,网络服务提供者不履行信息网络安全管理义务的行为不仅可能涉及

〔1〕 Thomas Hillenkamp, 32 *Probleme aus dem Strafrecht Allgemeiner Teil*, 10. Aufl., Franz Vahlen, 2001, S. 197ff.

〔2〕 [德]克劳斯·罗克辛:《德国刑法学总论》(第1卷),王世洲译,法律出版社2005年版,第257页。

〔3〕 [日]小林宪太郎:《いわゆる結果回避可能性について》,载《刑法雑誌》2003年第3号,第297~310页。

本罪,也可能涉及如何承担行政责任、民事责任。

（一）适用本罪评价与仅承担行政责任的边界

如前所述,网络服务提供者不履行信息网络安全管理义务存在适用本罪评价和承担行政责任的可能,而厘清两者的关键在于界定特定法益侵害情形中的严重情节。

1. 违法信息的大量传播

大量传播的界定涉及三方面内容:一是大量的界定,大量表明违法信息数量众多。二是众多的界定,根据“三人为众”的逻辑,“众多”至少说明违法信息的数量达到3个以上。三是传播的界定。传播,根据汉语词典的解释,是指“广泛散布”和“使普遍知道”。根据该解释,违法信息的传播,旨在说明违法信息散布范围的公开性和散布对象的不特定性。此外,违法信息的传播,并不要求造成特定的危害后果,只要一经向不特定对象公开散布,即构成传播。根据《关于办理非法利用信息网络、帮助信息网络犯罪活动等刑事案件适用法律若干问题的解释》第3条的规定,具有下列情形之一的,应认定为“致使违法信息大量传播”:(1)致使传播违法视频文件200个以上的;(2)致使传播违法视频文件以外的其他违法信息2000个以上的;(3)致使传播违法信息,数量虽未达到第1项、第2项规定标准,但是按相应比例折算合计达到有关数量标准的;(4)致使向2000个以上用户账号传播违法信息的;(5)致使利用群组成员账号数累计3000以上的通讯群组或者关注人员账号数累计30,000以上的社交网络传播违法信息的;(6)致使违法信息实际被点击数达到50,000以上的;(7)其他致使违法信息大量传播的情形。除此以外,对于低于违法信息大量传播要求的,监管部门应根据法律、行政法规的规定并结合违法信息传播情况决定网络服务提供者承担相应的行政责任。

2. 用户信息泄露的严重后果

严重后果的界定离不开以下内容的讨论：一是强调用户信息泄露的严重性；二是基于用户信息的泄露所导致的严重后果。基于此，《关于办理非法利用信息网络、帮助信息网络犯罪活动等刑事案件适用法律若干问题的解释》第4条才规定，具有下列情形之一的，应当认定为"造成严重后果"：(1)致使泄露行踪轨迹信息、通信内容、征信信息、财产信息500条以上的；(2)致使泄露住宿信息、通信记录、健康生理信息、交易信息等其他可能影响人身、财产安全的用户信息5000条以上的；(3)致使泄露第1项、第2项规定以外的用户信息50,000条以上的；(4)数量虽未达到第1项至第3项规定标准，但是按相应比例折算合计达到有关数量标准的；(5)造成他人死亡、重伤、精神失常或者被绑架等严重后果的；(6)造成重大经济损失的；(7)严重扰乱社会秩序的；(8)造成其他严重后果的。此外，对于用户信息泄露并未造成严重后果的，应根据案件情况决定是否以其他罪名评价或者要求其承担行政责任。

3. 刑事案件证据灭失的情节严重

情节严重尽管反映刑事案件证据灭失的严重性，能"对刑法处罚范围进行提示和限制，使立法和司法活动之间保持一定的张力"[1]，但在实践中对其界定易造成混乱，特别易将轻罪认定为"情节严重"，造成罪刑失衡。由于刑事案件证据的种类多、范围大，对于造成轻罪刑事案件证据灭失的，本书认为，对于这种未造成严重后果的行为，处以较重的行政处罚已经足够，不必追究刑事责任。目前，《关于办理非法利用信息网络、帮助信息网络犯罪活动等刑事案件适用法律若干问题的解释》也同意这种做法，并在第5条规定了5类"情节严重"的情形：(1)造成危害国家安全犯罪、恐怖活动犯罪、黑社会性质组织犯罪、

〔1〕 陈洪兵：《"情节严重"司法解释的纰缪及规范性重构》，载《东方法学》2019年第4期。

贪污贿赂犯罪案件的证据灭失的情形；(2)造成可能判处5年有期徒刑以上刑罚犯罪案件的证据灭失的情形；(3)多次造成刑事案件证据灭失的情形；(4)致使刑事诉讼程序受到严重影响的情形；(5)其他情节严重的情形。

4. 其他情节的严重情形

"其他严重情节"的认定标准相比刑事案件证据灭失中的情节严重更不明确，若直接交由法官酌情裁量，可能导致该罪的滥用。"'情节严重'已经足以让习惯于干预司法活动的行政官员或者干脆自己滥刑的法官如获至宝，同时也足以让每个可能遭遇刑事调查的公民心惊肉跳。"[1]为此，《关于办理非法利用信息网络、帮助信息网络犯罪活动等刑事案件适用法律若干问题的解释》第6条对"有其他严重情节"作出了解释：(1)对绝大多数用户日志未留存或者未落实真实身份信息认证义务的情形；(2)二年内经多次责令改正拒不改正的情形；(3)致使信息网络服务被主要用于违法犯罪的情形；(4)致使信息网络服务、网络设施被用于实施网络攻击，严重影响生产、生活的情形；(5)致使信息网络服务被用于实施危害国家安全犯罪、恐怖活动犯罪、黑社会性质组织犯罪、贪污贿赂犯罪或者其他重大犯罪的情形；(6)致使国家机关或者通信、能源、交通、水利、金融、教育、医疗等领域提供公共服务的信息网络受到破坏，严重影响生产、生活的情形；(7)其他严重违反信息网络安全管理义务的情形。

(二)适用本罪评价与仅承担民事责任的边界

根据前述，在公法领域，网络服务提供者应履行用户信息保护、违法犯罪活动监管、协助监管部门执法等信息网络安全管理义务，这些义务的履行在实践中往往会影响其有效履行民事义务。为此，有必要作出应对，以厘清适用本罪评价和仅承担民事责任的边界。

---

〔1〕 白建军：《坚硬的理论、弹性的规则——罪刑法定研究》，载《北京大学学报》2008年第6期。

1. 网络服务提供者不履行信息网络安全管理义务对民事义务履行所产生的不利影响

在民事领域，网络服务提供者一般不承担信息网络安全管理义务，特别是不承担违法犯罪活动的主动审查义务。从外国来看，美国《数字千年版权法》规定，网络服务提供者的责任限制不以其监督网络服务、主动查找侵权的事实为前提。[1]《欧盟电子商务指令》也规定："在服务提供者提供本指令第12条、第13条以及第14条规定的服务时，成员国不应当要求服务提供者承担审查其传输和存储的信息的一般性义务，也不应当要求服务提供者承担主动收集表明违法活动的事实或情况的一般性义务。"[2]在我国，尽管《民法典》第1195条规定网络服务提供者对发生侵权行为接到通知后未及时采取必要措施的情形担负责任，但并未明确表示其应有主动审查违法等侵权活动的义务，正如全国人民代表大会常务委员会法工委在解释该条时所指出的那样："提供技术服务的网络服务提供者没有普遍审查义务。"[3]

网络服务提供者的信息网络安全管理义务不应影响其履行民事义务，但在公法领域，特别是在行政法领域，如前所述，无论是在法律上还是在行政法规上，已明确要求网络服务提供者应积极履行违法犯罪活动的监管或者违法犯罪信息的审查义务。显然，公法义务上的"积极要求"和私法义务上的"主动避免"之间存在强烈的冲突。实践中不时出现网络服务提供者因未履行信息网络安全管理义务而承担侵权责任的情形。例如，在夏某与建设银行、支付宝侵权纠纷一案中，原告夏某收到附有网络链接的短信，点击以致银行卡内存款被

---

[1] See Article 512(m) of the Digital Millennium Copyright Act.

[2] Article 15 of Directive 2000/31/EC.

[3] 王胜明：《中华人民共和国侵权责任法释义》，法律出版社2013年版，第218页。

盗刷,夏某以支付系统存在漏洞和安全缺陷、缺少升级认证、未尽预警审查义务为由,要求建设银行和支付宝承担过错侵权责任。[1]

2. 对民事义务履行所产生不利影响的防范

公法上的信息网络安全管理义务,特别是违法犯罪活动的主动审查义务,对网络服务提供者民事责任承担产生不利影响的,有必要予以防范。从公法上看,对网络服务提供者规定信息网络安全管理义务,有助于保障网络安全。正如有论者所言:"为加强和规范网络安全技术防范工作,保障网络系统安全和网络信息安全,有关法律、行政法规对网络服务提供者规定了必要的网络安全管理义务。"[2]但在私法上,为促进信息网络的发展,更多地提倡平等主体之间的意思自治。为此,有必要在不同法领域之间形成有效"隔离",防范以公法中的网络安全管理为名不当干预私法中的自治活动。具体而言,本书认为,应在坚持公法与私法有别的基础上作些应对:一是在不同法领域之间确立责任转介机制,当发生侵权时,若网络服务提供者在公法上未履行违法犯罪活动的主动审查义务,不能就此要求网络服务提供者承担侵权责任,而应在民事规范上以侵权事实为基础具体分析侵权构成要件。客观要件上,出现他人在支付网络空间实施侵权行为,网络服务提供者接到被侵权人通知采取必要措施却未采取;主观要件上网络服务提供者对上述情形具有明知。当主客观要件符合时,方可将网络服务提供者转入民事责任的评价范围。二是网络服务提供者因履行违法犯罪活动的主动审查义务而接触到第三方内容,但因履行不当却承担了较重的民事责任,本书认为,此种做法欠妥,不能因为网络服务提供者履行公法义务(包括信息网络安全管理义务)不当便要求其承担更重的民事责任。因此,建

〔1〕 参见四平市铁东区人民法院民事判决书,(2017)吉0303民初892号。

〔2〕 朗胜:《中华人民共和国刑法释义》,法律出版社2015年版,第497页。

议司法机关出台解释设立免责条款,规定网络服务提供者不能因其履行违法犯罪活动的主动审查义务而实质地接触到第三方内容,就负有较重的民事义务进而承担更重的民事责任。

第十三章 利用信息网络实施的犯罪

对于利用信息网络实施的犯罪的规制,最早可追溯至1997年《刑法》的第287条。根据该条的规定,利用计算机实施金融诈骗、盗窃、贪污、挪用公款、窃取国家秘密或者其他犯罪的,依照本法有关规定定罪处罚。理论上,该条被称为注意规定,即在刑法已作基本规定的情况下提示司法工作人员注意,以免其忽略的规定。进一步讲,该条旨在调整传统犯罪网络化的情形,其实质并未改变以非网络罪名来评价利用计算机实施犯罪的情形,只是对适用非网络罪名的重申,即使不设置该条,遇到此类情形也应按照非网络罪名的规定来处理。然而,随着计算机技术的进步和网络的发展,利用信息网络实施的犯罪逐渐增加,一些传统犯罪出现了新的特点,实践中打击这类犯罪在证据提取、事实认定、法律适用等方面也面临新的问题,需要有针对性地对刑法相关规定作出调整和完善。[1] 为此,《刑法修正案(九)》便在第287条之后增设了非法利用信息网络罪(《刑法》第287条之一)和帮助信息网络犯罪活动罪(《刑法》第287条之二)。考虑到《刑法》第287条属于调整传统犯罪网络化的情形,其旨在适用非

〔1〕 参见王爱立:《中华人民共和国刑法修正案(九)(十)解读》,中国法制出版社2018年版,第203页。

网络罪名来评价,因而本章不再赘述,[1]故关注的重心在于非法利用信息网络罪和帮助信息网络犯罪活动罪。

第一节　非法利用信息网络罪

自《刑法修正案(九)》在《刑法》第 287 条之一增设非法利用信息网络罪以来,有关本罪的适用就存在分歧。尽管理论界为此提出了不少应对方案,但在解释本罪上仍有缺憾。因此,在当前阶段,应对本罪的适用分歧势在必行,而应对的关键在于宜在把握本罪的适用基础之上明确本罪的适用方向。[2]

一、非法利用信息网络罪的适用分歧

按照《刑法》第 287 条之一的规定,非法利用信息网络罪主要规定了三方面内容:一是在第 1 款规定了三类行为类型,即第一类为设立用于实施诈骗、传授犯罪方法、制作或者销售违禁物品、管制物品等违法犯罪活动的网站、通讯群组的行为,第二类为发布有关制作或者销售毒品、枪支、淫秽物品等违禁物品、管制物品或者其他违法犯罪信息的行为,第三类为为实施诈骗等违法犯罪活动发布信息的行为;二是在第 1 款规定了情节严重;三是在第 3 款规定了竞合条款,即"有前两款行为,同时构成其他犯罪的,依照处罚较重的规定定罪处罚"。然而,不论是行为类型,还是情节严重,抑或是竞合条款,在具体的适用中却有不少分歧。

---

〔1〕 参见汪恭政:《网络直播平台色情行为的刑法规制》,载《南京航空航天大学学报(社会科学版)》2018 年第 1 期;汪恭政:《网络交易平台刷单行为的类型梳理与刑法评价》,载《北京邮电大学学报(社会科学版)》2018 年第 3 期。

〔2〕 参见汪恭政:《非法利用信息网络罪的法益识别与适用方向》,载《学术界》2023 年第 7 期。

(一)行为类型的适用分歧

从实践来看,非法利用信息网络罪三类行为类型的适用分歧,目前集中表现在对"违法犯罪"有不同的理解。就第一类行为类型而言,其分歧表现在对"违法犯罪活动"有不同的理解。一种观点认为,适用本罪时,评价的是设立用于实施犯罪活动的网站、通讯群组。另一种观点则认为,设立用于实施违法活动的网站、通讯群组的,也可以本罪评价。之所以有此观点,理论上很早就有论者指出:"从'其他违法犯罪'或'等违法犯罪活动'的立法表述看,其服务目的不仅包括所有形式的犯罪活动,而且包括一般的违法行为。"[1]就第二类行为类型而言,其分歧体现在对"违法犯罪信息"有不一样的理解。一种观点认为,"违法犯罪信息"仅限于犯罪信息。另一种观点却认为,"违法犯罪信息"不仅包括犯罪信息,还涉及违法信息。就第三类行为类型而言,其分歧也表现在对"违法犯罪活动"有不同的理解。也即,是将"为实施诈骗等违法犯罪活动发布信息",解释为"为实施诈骗等犯罪活动发布信息",还是"为实施诈骗等违法或者犯罪活动发布信息"。

(二)情节严重的适用分歧

对于情节严重的适用分歧,主要体现在对其应作何解释。在本罪施行后、司法解释出台前,多数案件在适用本罪时,更多地只是在裁判文书中表述了情节严重,并未说明何为情节严重。值得肯定的是,也有些案件为了明确情节严重的适用,防止本罪的"口袋化"倾向,而强调了解释情节严重时应考虑的因素,只不过,常有解释分歧的发生。到了 2019 年 10 月 21 日,为依法惩治非法利用信息网络等新型网络犯罪,[2]最高人民法院、最高人民检察院出台了《关

〔1〕 车浩:《刑事立法的法教义学反思——基于〈刑法修正案(九)〉的分析》,载《法学》2015 年第 10 期。

〔2〕 周加海、喻海松:《〈关于办理非法利用信息网络、帮助信息网络犯罪活动等刑事案件适用法律若干问题的解释〉的理解与适用》,载《人民司法》2019 年第 31 期。

于办理非法利用信息网络、帮助信息网络犯罪活动等刑事案件适用法律若干问题的解释》。其中,该解释第 10 条,[1] 就从设立用于实施违法犯罪活动的网站数、通讯群组数及相关账号数、发布违法犯罪信息或者为违法犯罪活动发布信息的条数、相关账号数及相关成员数、违法所得数额、事前受过行政处罚上对情节严重进行了统一解释。这虽然在应对情节严重的适用分歧上有积极的作用,但仍有分歧之处,毕竟该解释第 10 条仍是以备受争议的"违法犯罪活动""违法犯罪信息"等词来解释情节严重的认定情形。特别是第 10 条第 7 项规定的"其他情节严重的情形",该如何理解,就有不同的观点:一种观点认为,应参照现有的解释规定进行判断。"定量因素的认定应参照司法解释的规定综合性地作出实质性判断。"[2] 另一种观点则认为,除了法律、司法解释明确规定的情形外,犯罪行为的方式、时间跨度、持续性及是否造成其他严重后果都应作为考量的因素。[3]

(三)竞合条款的适用分歧

对于"有前两款行为,同时构成其他犯罪的,依照处罚较重的规定定罪处罚"这一竞合条款,虽然理论上有论者认为本罪与其他犯罪很难发生竞合,说其"是限制刑罚处罚的提示性规定,本罪在实践中与关联犯罪的实质竞合概率

---

〔1〕《关于办理非法利用信息网络、帮助信息网络犯罪活动等刑事案件适用法律若干问题的解释》第 10 条规定:"非法利用信息网络,具有下列情形之一的,应当认定为刑法第二百八十七条之一第一款规定的'情节严重':(一)假冒国家机关、金融机构名义,设立用于实施违法犯罪活动的网站的;(二)设立用于实施违法犯罪活动的网站,数量达到三个以上或者注册账号数累计达到二千以上的;(三)设立用于实施违法犯罪活动的通讯群组,数量达到五个以上或者群组成员账号数累计达到一千以上的;(四)发布有关违法犯罪的信息或者为实施违法犯罪活动发布信息,具有下列情形之一的:1. 在网站上发布有关信息一百条以上的;2. 向二千个以上用户账号发送有关信息的;3. 向群组成员数累计达到三千以上的通讯群组发送有关信息的;4. 利用关注人员账号数累计达到三万以上的社交网络传播有关信息的;(五)违法所得一万元以上的;(六)二年内曾因非法利用信息网络、帮助信息网络犯罪活动、危害计算机信息系统安全受过行政处罚,又非法利用信息网络的;(七)其他情节严重的情形。"

〔2〕董璞玉:《非法利用信息网络罪的适用边界探析》,载《大连理工大学学报》2020 年第 6 期。

〔3〕参见江苏省高级人民法院:《江苏省高级人民法院公报》(2020 年第 6 辑),法律出版社 2021 年版,第 30 ~ 33 页。具体参阅案例 28 号黄杰明等人非法利用信息网络案。

应极低”[1]，但实践上本罪与其他犯罪发生竞合是常态。其中，分歧的焦点在于“同时构成其他犯罪”中的“同时”是限于一个犯罪行为，还是数个犯罪行为？实际上，若认为“同时构成其他犯罪”中的“同时”是一个犯罪行为的，则有想象竞合关系与法条竞合关系的不同情形。若认为“同时构成其他犯罪”中的“同时”是数个犯罪行为的，则有牵连犯与吸收犯的不同观点。

二、应对适用分歧的现有方案及其缺憾

面对非法利用信息网络罪的适用分歧，发挥法益的解释指导机能以应对这一分歧势在必行。然而，现有方案所识别出的法益，体现的都是单一法益观，仍面临解释的缺憾。

（一）现有方案

起初，在本罪增设后不久，主张从预备行为实行化的角度识别本罪法益的方案就比较流行。预备行为实行化强调的是，非法利用信息网络是预备行为，由于已被规定在《刑法》第287条之一中成为独立罪名，而刑法分则规定的罪名是围绕实行行为展开的，因而本罪的设立旨在将预备行为进行实行化处理。此主张一度在理论界赢得了不少论者的支持。比如，有观点认为，《刑法修正案（九）》增设本罪，集中解决的就是网络空间中预备行为的实行化问题。而这一问题的解决，能使预备行为独立成为罪名，不再从属于实行行为的同类罪名，可以成为扩张到全部犯罪的预备行为独立罪名。还有观点认为，从网络危害行为的特质上看，本罪就是网络预备行为的实行化。[2] 由这些主张可知，本罪的

---

〔1〕 孙道萃：《非法利用信息网络罪的适用疑难与教义学表述》，载《浙江工商大学学报》2018年第1期。

〔2〕 参见孙道萃：《非法利用信息网络罪的适用疑难与教义学表述》，载《浙江工商大学学报》2018年第1期。

法益应从实行化后的预备行为角度进行识别。考虑到本罪是一般性地规制利用信息网络设立用于实施违法犯罪活动的网站或者通讯群组、发布违法犯罪信息或者为违法犯罪活动发布信息的这一非法利用信息网络行为，因而持预备行为实行化的论者认为，本罪的法益应一般化地理解。也即，只有当严重破坏一般性的信息网络安全管理秩序时，才是本罪要保护的法益。[1]

随后，鉴于非法利用信息网络行为本身的独立危害性，理论界就有论者直接主张从犯罪独立性的角度识别本罪的法益。所谓犯罪独立性，这是由刑法分则将利用信息网络设立用于实施违法犯罪活动的网站或通讯群组、发布违法犯罪信息或者为实施违法犯罪活动发布信息的行为规定为独立罪名所决定的。不论是在事实上，还是在立法上，包括本罪在内的新型网络犯罪都具有独立性，“不应因其对其他犯罪有预备、未遂、帮助行为性质，就一概认定为相关犯罪的未完成形态或者共同犯罪形态，应割断其与其他犯罪的联系进行独立评价”[2]。而对于本罪法益的识别，持犯罪独立性的论者明确指出：“新型网络犯罪设在‘妨害社会管理秩序罪’章的‘扰乱公共秩序罪’一节中，‘利用信息网络’是法定的犯罪方法，表明其侵犯的法益是信息网络安全管理秩序。”[3]

近来，有不少论者坚持主张从实质预备犯的角度识别本罪的法益。其实，早在立法修订期间，就有观点认为本罪是其他犯罪的预备行为，应按其他犯罪的预备犯处理。[4] 也即，增设本罪旨在为利用信息网络实施其他犯罪的预备行为（以下简称“下游犯罪预备行为”）规定单独的预备犯。正如有论者所言，

〔1〕 参见孙道萃：《非法利用信息网络罪的适用疑难与教义学表述》，载《浙江工商大学学报》2018年第1期。

〔2〕 皮勇：《论新型网络犯罪立法及其适用》，载《中国社会科学》2018年第10期。

〔3〕 皮勇：《论新型网络犯罪立法及其适用》，载《中国社会科学》2018年第10期。

〔4〕 参见孙道萃：《非法利用信息网络罪的适用疑难与教义学表述》，载《浙江工商大学学报》2018年第1期。

本罪属于实质预备犯,不属于独立规定的违法犯罪类型,本质上是对下游犯罪预备行为的单独量刑规则,因而对其不再适用刑法总则预备犯的规定。[1] 或者说,虽然《刑法》第287条之一的规定是将预备行为提升为实行行为,但该行为并非像实行行为那样有造成法益侵犯的紧迫危险,实际上仍是预备犯。而且,该条将情节严重规定为构成要件要素也进一步佐证了这一主张。[2] 由此观之,本罪法益的识别,要立足于下游犯罪预备行为的角度考虑,所以持实质预备犯的论者才指出,本罪的法益是下游犯罪预备行为对重大法益或者大量法益造成的特定危险。[3]

综上,从预备行为实行化的角度看,本罪的法益为一般性的信息网络安全管理秩序;从犯罪独立性的角度看,本罪的法益为信息网络安全管理秩序;而从实质预备犯罪的角度看,本罪的法益为下游犯罪预备行为所侵犯的法益。总之,无论是将本罪的法益识别为信息网络安全管理秩序还是下游犯罪预备行为所侵犯的法益,本质上体现的都是单一法益观。也即,都只保护一层法益,要么是信息网络安全管理秩序,要么是下游犯罪预备行为所侵犯的法益,却不能兼而有之。

(二)现有方案的缺憾

在单一法益观下,无论是认为本罪的法益为信息网络安全管理秩序,还是下游犯罪预备行为所侵犯的法益,在应对本罪的适用分歧来发挥法益的解释指导机能时,仍有解释的缺憾。

---

〔1〕 参见姜金良:《法益解释论下非法利用信息网络罪的司法适用——基于〈刑法修正案(九)〉以来裁判文书样本的分析》,载《法律适用》2019年第15期。

〔2〕 参见张明楷:《刑法学(下)》,法律出版社2021年版,第1381页。

〔3〕 参见姜金良:《法益解释论下非法利用信息网络罪的司法适用——基于〈刑法修正案(九)〉以来裁判文书样本的分析》,载《法律适用》2019年第15期。

从预备行为实行化的角度看,若主张本罪的法益为一般性的信息网络安全管理秩序,那么解释的缺憾在于:首先,在行为类型的解释上,即使行为主体利用信息网络设立用于实施一般违法活动的网站或者通讯群组、发布一般违法信息或者为一般违法活动发布信息的行为,也能侵犯一般性的信息网络安全管理秩序,如此便扩大了本罪的适用范围。其次,在情节严重的解释上,规定情节严重,旨在要求非法利用信息网络行为的实施在情节上应满足严重性,才可以适用本罪。若从预备行为实行化的角度理解的话,单纯从设立用于实施一般违法活动的网站或者通讯群组、发布一般违法信息或者为一般违法活动发布信息上进行情节的考虑,也能侵犯一般性的信息网络安全管理秩序。比如,卖淫女利用信息网络单纯发布嫖娼信息或者为嫖娼活动发布信息时间长的,就可以认定为情节严重。所以实践中就有观点认为,当行为主体长期在其微信朋友圈分享并不断推广违法信息的,属于"其他情节严重的情形",应适用本罪评价。[1] 最后,在竞合条款的解释上,若认为非法利用信息网络行为侵犯的是一般性的信息网络安全管理秩序,说明已将利用信息网络实施一般违法活动的情形纳入本罪的调整范围,相比其他犯罪而言,远未达到犯罪的程度,因而很难"同时构成其他犯罪",而"只构成本罪",进而容易得出竞合概率低的结论。

从犯罪独立性的角度看,相比预备行为实行化,尽管其意在主张非法利用信息网络行为的独立评价性,但在法益的识别上与预备行为实行化类似,都认为本罪的法益为信息网络安全管理秩序。由此而言,其所面临的解释缺憾与预备行为实行化的类似。其一,在行为类型的解释上,利用信息网络设立用于实

〔1〕 参见江苏省高级人民法院:《江苏省高级人民法院公报》(2020年第6辑),法律出版社2021年版,第30~33页。也即,参阅案例28号黄杰明等人非法利用信息网络案。

施一般违法活动的网站或者通讯群组、发布一般违法信息或者为一般违法活动发布信息的，也能侵犯信息网络安全管理秩序，如此则导致本罪适用范围的扩大。其二，在情节严重的解释上，则是从非法利用信息网络行为自身的角度考虑情节的严重性，如“需结合本罪的独特性来认定‘情节严重’”〔1〕或说是应侧重考察信息网络安全法益的特性，〔2〕而忽视了非法利用信息网络行为对下游行为的实行所产生的严重影响。其三，在竞合条款的解释上，会更多地承认本罪与其他犯罪尤其与帮助信息网络犯罪活动罪存在竞合关系，但竞合关系到底如何，却未给出定论。“新型网络犯罪的罪行构造类似预备犯、未遂犯、帮助犯，该类犯罪之间也有竞合，应依据刑法的规定及该类犯罪的立法目的把握区别适用的标准。”〔3〕

从实质预备犯的角度看，本罪评价的是下游犯罪预备行为，故其所侵犯的法益乃下游犯罪预备行为侵犯的法益，而凭此法益解释本罪的缺憾在于：第一，在行为类型的解释上，非法利用信息网络行为，应理解为利用信息网络设立用于实施犯罪活动的网站或者通讯群组、发布犯罪信息或者为犯罪活动发布信息的行为。否则的话，正如有论者所言，若将非法利用信息网络意欲实施的下游行为包括违法活动在内的话，会使此类行为缺乏实质预备犯只侵犯重大法益的正当要求。〔4〕但疑问是，非法利用信息网络意欲实施的下游行为虽然属于违法活动，但积微成著而积量构罪的，〔5〕该如何评价？进一步地说，只从实质预

〔1〕 张尹：《非法利用信息网络罪的司法适用》，载《法律适用》2019年第15期。

〔2〕 参见孙道萃：《非法利用信息网络罪的适用疑难与教义学表述》，载《浙江工商大学学报》2018年第1期。

〔3〕 皮勇：《论新型网络犯罪立法及其适用》，载《中国社会科学》2018年第10期。

〔4〕 参见阎二鹏：《预备行为实行化的法教义学审视与重构——基于〈中华人民共和国刑法修正案（九）〉的思考》，载《法商研究》2016年第5期。

〔5〕 参见胡莎：《非法利用信息网络罪适用问题研究——“被虚置”与“口袋化”》，载《法治社会》2019年第3期。

备犯的角度评价下游犯罪预备行为,此时按照预备犯和下游犯罪具体罪名的规定就能妥当处理,那么再在《刑法》第287条之一中增设本罪,就缺乏了意义。第二,在情节严重的解释上,基于实质预备犯的主张,情节严重的解释便只依赖于下游行为。“鉴于本罪的预备性质,可从下游实行行为的危害性后果上把握‘情节严重’。”[1]然而事实上,最高人民法院、最高人民检察院在《关于办理非法利用信息网络、帮助信息网络犯罪活动等刑事案件适用法律若干问题的解释》中并非采取此方式,而是充分关注到了非法利用信息网络行为本身的危害。第三,在竞合条款的解释上,按照实质预备犯的理解,非法利用信息网络行为存在泛指的意义,即指所有能利用信息网络实施的下游犯罪预备行为。据此而言,《刑法》第287条之一的规定就不是罪名规定了,而是处罚所有下游犯罪预备行为的规定了。如此一来,本罪与其他犯罪竞合关系的讨论就缺乏意义。退一步讲,即使认为本罪与其他犯罪有竞合关系,当非法利用信息网络行为“同时构成其他犯罪的”,由于本罪的法益为下游犯罪预备行为侵犯的法益,其与下游行为所侵犯的法益同一,因而本罪与其他犯罪呈现的便是一般与特别的关系,即法条竞合关系,如此也就完全排除有想象竞合关系的可能了。

三、非法利用信息网络罪的适用基础

由上可知,无论是将本罪的法益识别为信息网络安全管理秩序还是下游犯罪预备行为所侵犯的法益,都不能有效应对本罪的适用分歧,毕竟这是由单一法益观决定的。因此,应对分歧的关键在于转变法益识别的立场,即由单一法益观转向层次法益观。由本书前述可知,本罪的法益具有层次性,既有阻挡层法益,即信息网络利用秩序,也有背后层法益,即受到非法利用信息网络行为影

[1] 张尹:《非法利用信息网络罪的司法适用》,载《法律适用》2019年第15期。

响的不法行为所侵犯的法益。鉴于本罪的法益具有层次性，有必要明确判断的要求，以为本罪的有效适用奠定基础。

（一）判断的先后性

之所以要求判断的先后性，这是由层次法益存在前后置关系决定的。因此，具体判断时，首先要判断阻挡层法益受侵犯的情形。通常认为，对于法益受侵犯的判断，要立足于构成要件判断行为对法益的危险程度。阻挡层法益也不例外，而判断的关键是要确定出本罪的实行行为。根据前述，既然承认《刑法》第287条之一为具体罪名的规定，而构成要件乃表明具体犯罪行为的类型或者观念形象，〔1〕那么符合本罪规定的构成要件行为，即利用信息网络设立用于实施违法犯罪活动的网站或者通讯群组、发布违法犯罪信息或者为违法犯罪活动发布信息的这一非法利用信息网络行为，就是实行行为。而实行行为的着手实施，意味着其对法益构成了具体危险。〔2〕“具有法益侵害的现实性危险，在形式上和实质上都符合构成要件的行为。”〔3〕就本罪而言，就是对阻挡层法益构成了具体危险。而后再判断背后层法益受侵犯的情形。同样道理，对背后层法益受侵犯的判断，也要立足于构成要件判断行为对法益的危险程度。由前文可知，当行为主体着手实行非法利用信息网络行为时，意味着对阻挡层法益构成了具体危险。那么疑问是，此时是否也对背后层法益构成了具体危险？本书认为，并非如此。毕竟本罪层次法益不是并列关系，而是前后置关系。况且非法利用信息网络行为的实行是为下游行为的实行准备了工具、制造了条件，由于下游行为还未着手实行，故非法利用信息网络行为对背后层法益构成的则是着

〔1〕参见［日］井田良：《講義刑法学·総論》，有斐阁2008年版，第87页。

〔2〕参见［日］平野龙一：《刑法総論Ⅱ》，有斐阁1972年版，第313页。

〔3〕［日］大谷实：《刑法讲义总论》，黎宏译，中国人民大学出版社2007年版，第125页。

手之前的危险,即抽象危险。质言之,当行为主体着手实行非法利用信息网络行为被本罪评价时,意味着其行为对阻挡层法益构成具体危险,对背后层法益构成抽象危险。若其行为除了对阻挡层法益构成具体危险外,还对背后层法益构成具体危险的,基于当然解释,也能成立实行行为。不过,这时也可能会与规制下游行为的相应罪名发生竞合(后文详述)。同样的,若要成立本罪的既遂,则意味着其行为实害了阻挡层法益,而对背后层法益至少也是构成了抽象危险。至于既给阻挡层法益造成了实际损害也给背后层法益造成了具体危险或者实际损害的,按照当然解释,成立本罪的既遂。

(二)判断的整体性

本罪层次法益受侵犯的判断,旨在为本罪的适用指明方向。因此,层次法益受侵犯的判断还要求在情节严重的基础上考虑,即要求判断的整体性。首先,就阻挡层法益受侵犯的判断而言,除了先判断阻挡层法益受侵犯外,还应在情节严重上考虑其受侵犯的程度。这是因为,根据《刑法》第287条之一的规定,要适用本罪评价行为主体,除了要求其实行非法利用信息网络行为外,还要求达到情节严重。"除了规定符合构成要件的举止,有的刑罚法规为了确定相应举止的不法,还作出了特别的规定。"[1]情节严重就是此处"特别的规定"之一,其决定了本罪的成立与否。由此而言,当适用本罪时,除了先判断阻挡层法益受侵犯外,还需在情节严重的基础上判断该层法益受侵犯的程度。其次,就背后层法益受侵犯的判断而言,还需对该层法益受侵犯的判断进行情节严重的整体评价。如前所言,非法利用信息网络行为对背后层法益构成的是抽象危险。但这一危险并非全部都是值得刑法关注的,如为了实行诈骗300元的下游

---

〔1〕［德］乌尔斯·金德霍伊泽尔:《刑法总论教科书》,蔡桂生译,北京大学出版社2015年版,第62页。

行为而非法利用信息网络的,尽管对背后层法益有抽象危险,但不足以值得刑法完整保护,因而要从整体上判断是否为了实行犯罪而实行非法利用信息网络行为。此点从犯罪的停止形态上就可以说明。根据《刑法》第 22 条第 1 款的规定:“为了犯罪,准备工具、制造条件的,是犯罪预备。”而犯罪预备行为会对法益构成抽象危险。[1] 就本罪来说,为了实行下游行为而非法利用信息网络的,尽管为下游行为的实行准备了工具、制造了条件,但此时并不一定就成立犯罪预备,根据《刑法》第 287 条之一的规定,还需达到情节严重,如此才是为了实行犯罪而非法利用信息网络。不过,相信会有论者质疑,根据《刑法》第 22 条第 2 款的规定,对于预备犯,可以比照既遂犯从轻、减轻处罚或者免除处罚。[2] 既然对预备犯已规定了处罚,那为什么还要对背后层法益构成抽象危险的行为主体适用本罪论处呢? 本书认为,其中一个重要的原因是,不同于预备犯的非类型化规定,《刑法》第 287 条之一是以罪名的方式将实行非法利用信息网络行为而为下游行为的实行做准备的情形予以类型化(定型化)。因此,适用本罪论处就有了罪刑依据,由此也佐证了背后层法益受侵犯的判断需要进行情节严重的整体评价。

综上,层次法益受侵犯的判断,不仅要求判断的先后性,即先判断阻挡层法益受侵犯的情形再判断背后层法益,不应颠倒判断的先后顺序;也要求判断的整体性,即在情节严重上判断阻挡层法益受侵犯程度的同时,还需对背后层法益受侵犯的判断进行情节严重的整体评价。

---

〔1〕 参见[日]大冢仁[ほか]编:《大コンメンタール刑法》,青林书院 1999 年版,第 19 页。

〔2〕 我国对预备犯规定了普遍处罚原则,尽管有不少论者认为我国处罚预备犯是例外,但这并不改变预备犯的犯罪预备行为会对法益造成抽象危险的事实。参见梁根林:《预备犯普遍处罚原则的困境与突围》,载《中国法学》2011 年第 2 期。

四、非法利用信息网络罪的适用方向

主张本罪既有阻挡层法益也有背后层法益的层次法益观，利于发挥法益的解释指导机能，更能为本罪行为类型、情节严重、竞合条款的有效适用指明方向。

（一）行为类型的适用方向

由前文可知，三类行为类型的适用分歧集中表现在对“违法犯罪”的理解上，在层次法益观下，其应理解为作为构成要件要素的行为。展开而言，非法利用信息网络行为若要成为本罪的实行行为，意味着其不仅对阻挡层法益构成了具体危险，也对背后层法益构成了抽象危险。单从阻挡层法益受侵犯的程度上看，将“违法犯罪”理解为包括所有的“违法”没有疑问。但是，单从背后层法益受侵犯的程度上看，如此理解却有疑问。毕竟要对背后层法益构成了抽象危险，在于非法利用信息网络行为是给下游行为的实行准备了工具、制造了条件。也即，是为了实行能侵犯背后层法益的行为而非法利用信息网络。而实行能侵犯背后层法益的行为，表明的是作为构成要件要素的行为，而其被规定在刑法分则之中，因而也常被称为刑法分则规定的行为。因此，对于《关于办理非法利用信息网络、帮助信息网络犯罪活动等刑事案件适用法律若干问题的解释》第7条将“违法犯罪”解释为“包括犯罪行为和属于刑法分则规定的行为类型但尚未构成犯罪的违法行为”，本书基本表示赞同。原因是，不论是犯罪行为，还是属于刑法分则规定的行为类型但尚未构成犯罪的违法行为，都能侵害法益。然而，有论者认为后一行为仍是一般违法行为，并不会因为属于刑法分则规定的行为类型，就与一般违法行为有着本质的差别，所以按此解释会导致利用信息网络实施一般违法行为的也构成犯罪。[1] 本书对此不认同，理由是，根

〔1〕 参见张明楷：《刑法学（下）》，法律出版社2021年版，第1381页。

据《刑法》第287条之一的规定,除了“利用信息网络实施下列行为之一”外,还要达到情节严重。因此,当“属于刑法分则规定的行为类型但尚未构成犯罪的违法行为”,在情节严重的整体评价下,能理解为“犯罪”的,就不会出现利用信息网络实施一般违法行为也构成犯罪的情形。不过,相信有论者还会质疑,据此是否会导致处罚的不协调?[1]举例来说,为诈骗3000元而向1个用户账号发送1条信息的和将涉及1元的诈骗信息分别向3000个用户账号发送的两类情形,该如何处理?本书认为,在层次法益观下依然能妥善处理。其中,对于前者,先判断受侵犯的是阻挡层法益,为诈骗3000元而向1个用户账号发送1条信息的,显然侵犯了该层法益,但因不符合情节严重,而阻却了本罪的适用,进而毋须再判断背后层法益是否受侵犯,符合诈骗罪预备或者实行的,按诈骗罪的规定论处即可;对于后者,先从阻挡层法益上看,不仅侵犯了阻挡层法益,也满足了情节严重,再从背后层法益上看,在情节严重的整体评价下能理解为“犯罪”,意味着对背后层法益构成了抽象危险,因而能适用本罪。这看似给危害相当的情形施加了不同的处罚,但从实质上讲,前者与普通诈骗没有区别,只是单纯利用了信息网络实施而已,但后者则不同,有积量构罪的特点,如此处理并未导致处罚的不协调,相反是贯彻了增设本罪以“打早打小”网络犯罪的初衷。[2] 总之,本罪的“违法犯罪”能理解为作为构成要件要素的行为,包括犯罪行为和属于刑法分则规定的行为类型但尚未构成犯罪的违法行为。基于此,以下行为类型的适用方向,便能明确。

具体而言:第一类行为类型的适用方向。在层次法益观下,应将第一类行

〔1〕 参见张明楷:《刑法学(下)》,法律出版社2021年版,第1381页。

〔2〕 参见缐杰、吴峤滨:《〈关于办理非法利用信息网络、帮助信息网络犯罪活动等刑事案件适用法律若干问题的解释〉重点难点问题解读》,载《检察日报》2019年10月27日,第003版。

为类型中的“违法犯罪活动”理解为作为构成要件要素的行为(活动),即刑法分则规定的行为(活动)。换句话说,利用信息网络设立的网站、通讯群组只能是用于实施刑法分则规定的行为(活动)而不能是刑法分则规定以外的行为(活动)。第二类行为类型的适用方向。类似第一类行为类型,第二类行为类型中的利用信息网络发布的“违法犯罪信息”,应限于刑法分则规定的行为(信息)。单纯发布刑法分则规定以外的行为(信息),由于对背后层法益难以构成抽象危险,故应排除在外。第三类行为类型的适用方向。与前述两类行为类型相似,第三类行为类型中的“违法犯罪活动”,应限于刑法分则规定的行为(活动)。单纯为刑法分则规定以外的行为(活动)发布信息的,尽管侵犯了阻挡层法益,但因难以对背后层法益构成抽象危险,故也应排除在外。

(二)情节严重的适用方向

层次法益观下情节严重的适用方向,应这样解释:首先,从非法利用信息网络行为自身的角度考虑阻挡层法益受侵犯的程度。具体可从能满足构成要件的行为方式、行为次数、行为对象的数量、结果的危害程度等要素上考虑。由此,就《关于办理非法利用信息网络、帮助信息网络犯罪活动等刑事案件适用法律若干问题的解释》第10条而言,除了该条第7项“其他情节严重的情形”这一兜底性规定外,第1项至第5项的规定反映了这些要素。但第6项反映的是行为主体的特殊预防必要性而非该层法益受侵犯的程度,故有必要调整。其次,从非法利用信息网络行为影响下游行为实行的角度考虑背后层法益受侵犯的程度,即应对该层法益受侵犯的判断进行情节严重的整体评价。如此说来,这就不仅要求《关于办理非法利用信息网络、帮助信息网络犯罪活动等刑事案件适用法律若干问题的解释》第10条规定的“违法犯罪活动”“违法犯罪信息”中的“违法犯罪”应作“刑法分则规定的行为”的理解,还要求考虑情节严重。

进一步讲,此时情节严重的作用在于,能在其整体评价下将本罪规定的“违法犯罪”理解为“犯罪”。因为只有这样,属于刑法分则规定的行为类型但尚未构成犯罪的违法行为,基于情节严重,才能整体评价为犯罪。总之,当从本罪层次法益受侵犯的程度都达到情节严重时,才能适用本罪。反之,一方未达到情节严重的,则不适用。例如,当行为主体在网站上一次发布涉及 1 元的诈骗信息 300 条,从阻挡层法益受侵犯的程度上看,虽然符合《关于办理非法利用信息网络、帮助信息网络犯罪活动等刑事案件适用法律若干问题的解释》第 10 条的规定,但从背后层法益受侵犯的程度上看,不能整体评价为犯罪,因而仍未达到情节严重,不适用本罪。据此,《关于办理非法利用信息网络、帮助信息网络犯罪活动等刑事案件适用法律若干问题的解释》第 10 条第 7 项规定的“其他情节严重的情形”就能很好地理解了。无论是前述争议案件所言的应参照现有的解释规定进行判断,还是从犯罪行为的方式、时间跨度、持续性及是否造成其他严重后果上进行评价。在本书看来,尽管这给我们提供了满足构成要件要考虑的要素,但都未揭示“其他情节严重的情形”的实质,而实质由情节严重的作用决定。具体而言,一要从能反映阻挡层法益受侵犯程度的要素上考虑,尤其从司法解释规定以外的要素如行为主体的身份、行为主体的人数、行为时间、财产损失结果上考虑;二要从能反映背后层法益受侵犯程度的要素上考虑,即在其整体评价下本罪规定的“违法犯罪”能理解为“犯罪”。只有二者都满足,才是最终意义上的“其他情节严重的情形”。

(三)竞合条款的适用方向

对于“有前两款行为,同时构成其他犯罪的,依照处罚较重的规定定罪处罚”这一竞合条款,在层次法益观下,非法利用信息网络罪与其他犯罪能发生竞合。理由是,若非法利用信息网络行为除了给阻挡层法益造成具体危险或者实际损害外,还给背后层法益造成具体危险或者实际损害的,在情节严重的整体评价下,下游行为能构成犯罪的,显然“同时构成其他犯罪”,发生竞合关系。而且,这里的“同时”应由非法利用信息网络行为所致,若另行实施其他犯罪行为的,则数罪并罚。比如,行为主体在通讯群组上发布了贩卖毒品的信息后,又给毒品需求者邮寄毒品的,则超出了“同时”的范围,属于两个犯罪行为,应以本罪与贩卖毒品罪并罚。不过,要讨论的是,“有前两款行为,同时构成其他犯罪的”情形成立的到底是法条竞合关系,还是想象竞合关系?由本书前述的主张可知,在层次法益观下,二者呈现的是动态变化的关系。具体而言,当非法利用信息网络行为既给阻挡层法益造成实际损害,也给背后层法益造成具体危险或者实际损害时,在情节严重的整体评价下,下游行为能构成犯罪的,由于既能被本罪评价,也能被其他犯罪评价,故此时就要判断:当一个非法利用信息网络行为能被本罪、其他犯罪进行全面评价违背禁止重复评价,适用其他犯罪能贯彻罪责刑相适应原则的,本书认为是法条竞合关系;反之,无论是单一适用本罪还是其他犯罪评价会有遗漏,需要坚持全面评价发挥明示机能的,则是想象竞合关系。

第二节　帮助信息网络犯罪活动罪

与非法利用信息网络罪一样,帮助信息网络犯罪活动罪也是在《刑法修正案(九)》中增设的,具体被规定在《刑法》第 287 条之二中。在本罪增设之初,有关本罪的性质之争备受关注,因而在把握本罪的犯罪构成之前有必要明确本罪的性质。

一、帮助信息网络犯罪活动罪的性质

面对帮助信息网络犯罪活动罪的性质之争，除了检讨各种争议观点所存在的不足外，更要明确本书有关本罪的性质定位。

（一）本罪的性质之争及其检讨

当前，有关帮助信息网络犯罪活动罪性质的探讨主要有以下三种观点，为此，有必要逐一检讨。

1. 帮助犯的正犯化及其检讨

（1）帮助犯的正犯化及其梳理。帮助犯的正犯化，“是指刑法分则条文直接将某种帮助行为规定为正犯行为，并且设置独立的法定刑”。[1] 在德日刑法中，共犯与正犯相互区分是二元分离体系下的产物，正犯是共同犯罪的核心，决定犯罪定性与刑罚裁量，教唆犯与帮助犯属于狭义共犯，其行为的评价从属于对正犯的行为评价。“共犯理论体系下，帮助行为依托于实行行为方能产生危害结果，脱离了实行行为则无法独立的对法益造成侵害。”[2] 长久以来，在二元分离体系中，界定正犯、共犯的概念和厘清彼此性质是该理论的主要义务。但随着网络犯罪的大量出现，侵害法益的行为样态发生变化，理论上的强行区分在现实中面临“阻力”。基于此，我国有部分学者开始从实质上探究两者的关联性，提出共犯的正犯化概念，帮助犯属于共犯之一，进而衍生出帮助犯的正犯化。在此背景下，“不管是认为网络帮助行为对于法益侵害结果具有犯罪事实支配，还是具有相当重要作用，帮助行为的正犯化都不可避免”。为此，有论者提出，设立提供技术支持或者其他帮助的帮助信息网络犯罪活动罪，将司法上、

〔1〕 张明楷：《论帮助信息网络犯罪活动罪》，载《政治与法律》2016 年第 2 期。

〔2〕 于冲：《帮助行为正犯化的类型研究与入罪化思路》，载《政法论坛》2016 年第 4 期。

理论上的"共犯行为的正犯化"通过立法实现。有的进一步主张:"《刑法修正案(九)》增设帮助信息网络犯罪活动罪,从而为对信息网络犯罪提供信息网络技术帮助的行为配置了独立的罪名和法定刑,开启了信息网络犯罪之帮助行为正犯化的立法进程。"[1]

(2)帮助犯正犯化的检讨。共犯与正犯属于不法层面的内容,与法益侵害紧密关联,这一点为帮助犯正犯化观点的提出遗留空间,但帮助犯的正犯化本质上依然为帮助犯,而非对明知他人利用信息网络实施犯罪而为其提供技术支持或者其他帮助的行为作独立性刑法评价。具体来说,将本罪的性质定位为帮助犯的正犯化将面临这些不足:第一,缺乏规范依据和学理支撑。在规范方面,根据前述研究,依据构成要件的实行情况区分正犯与共犯,以及根据构成要件的实现作用区分主犯与从犯,这是根据我国共同犯罪的规定得出的,此乃我国认定包括网络共同犯罪在内的共同犯罪的基本立场。由此可以看出,帮助犯的正犯化难以从我国共同犯罪的规定中得出。在学理方面,共犯与正犯在二元分离体系中存在理论的适用空间,帮助犯正犯化的提出,表面上看并未突破限制正犯概念的界限,但实际上基于帮助行为具有更为严重的社会危害性,而突破二元分离体系的理论"疆界",看似坚守正犯与共犯的区分,实则走向正犯、共犯融合的对立面。如此一来,为了形式上主张二元分离体系,而实际上推行正犯概念的实质化,[2]由此"带来的正犯扩张将会使得正犯与共犯之间的边界越发模糊,最终可能导致偏离限制正犯概念"[3]。第

---

〔1〕 王爱鲜:《帮助行为正犯化视野下的帮助信息网络犯罪活动罪研究》,载《河南大学学报(社会科学版)》2017年第2期。

〔2〕 扩张正犯概念认为,对构成要件结果赋予任何条件的人,包括亲自实施构成要件的人,利用他人为工具实现构成要件的人,教唆他人实施构成要件的人,帮助他人实施构成要件的人,都是正犯。

〔3〕 王华伟:《犯罪参与模式之比较研究——从分立走向融合》,载《法学论坛》2017年第6期。

二，帮助犯正犯化的实质仍为帮助犯，主张帮助犯的正犯化容易架空本罪的独立适用。帮助犯正犯化的提倡者们尽管已看到帮助行为的独立性，但并未深入发现行为本身的独立性危害，“帮助”字眼仅是为明知他人利用信息网络实施犯罪而为其提供技术支持或者其他帮助的特征描述，如若坚守帮助犯的性质定位，在提倡片面共犯的语境下，必然使本罪适用的空间受限。

2. 帮助犯的量刑规则及其检讨

（1）帮助犯的量刑规则及其梳理。帮助犯的量刑规则，“是指帮助犯没有被提升为正犯，帮助犯依然是帮助犯，只是因为分则条文对其规定了独立的法定刑，而不再适用刑法总则关于帮助犯（从犯）的处罚规定的情形”〔1〕。一般而言，区分帮助犯的量刑规则和帮助犯的正犯化很难从形式上作出判断，应从实质角度，即共犯从属性原理、关联罪名的保护法益及其法益侵害程度上作出判断。为此，有论者主张本罪属于帮助犯的量刑规则。详而论之，在共犯从属性方面，行为主体提供技术支持或者其他帮助的行为自身不具有独立的违法性，而是依赖于他人利用信息网络实施具体行为的违法性；在关联罪名的保护法益及其法益侵害程度方面，提供技术支持或者其他帮助的行为主体是否侵害法益以及侵害何种程度的法益取决于利用信息网络的他人的具体行为。〔2〕或者说，“从《刑法》第 287 条之二的罪状描述来看，显然其是在将本罪作为一个信息网络犯罪的帮助犯处理的，并没有将其作为一个完全独立于被帮助的正犯的存在”〔3〕。

（2）帮助犯量刑规则的检讨。有论者认为，本罪属于帮助犯的量刑规则，

〔1〕 张明楷：《论帮助信息网络犯罪活动罪》，载《政治与法律》2016 年第 2 期。
〔2〕 参见张明楷：《论帮助信息网络犯罪活动罪》，载《政治与法律》2016 年第 2 期。
〔3〕 黎宏：《论“帮助信息网络犯罪活动罪”的性质及其适用》，载《法律适用》2017 年第 21 期。

实质上仍是将其界定为帮助犯,如此一来在刑事实体和刑事程序上将面临以下缺憾。首先,否认独立犯罪化的价值。随着计算机技术的进步和网络的发展,技术性、网络性往往已成为网络犯罪的关键因素。“网络空间中大量的帮助行为的社会危害性已经远远超过了实行行为的危害性,为犯罪行为提供网络技术帮助的行为越来越重要,已经逐渐占据了主导地位,开始突破帮助行为在犯罪中的从属地位,并主导犯罪和引领犯罪。”其次,限制本罪的适用范围。主张本罪为帮助犯的量刑规则,则是主张本罪属于共犯中的帮助犯,依照二元分离体系的原理,共犯从属于正犯,共犯危害程度及其性质判断离不开正犯。但实践情况却是,为明知他人利用信息网络实施犯罪而为其提供技术支持或者其他帮助的行为主体在不法层面产生独立于正犯的法益侵害,从而使得从属于正犯罪质判断的局面面临失效。与此同时,将本罪界定为帮助犯的量刑规则,容易导致刑法总则的共犯规定无从适用,进而丧失刑法总则对刑法分则的指导意义。最后,诉讼价值难以实现。实践中他人利用信息网络实施的犯罪多为共同犯罪,且分工相对明确,提供技术支持或者其他帮助的行为主体背后往往依托的是技术型公司、企业,提供技术支持或者其他帮助已成为其日常经营的主要活动,获取经济收益已成为其主要经营目的。因而,利用信息网络实施犯罪的“他人”已逐渐成为其“客户”,由此服务于“客户”的趋向明显,长此以往,基于“客户”数量上的众多性、时间上的间断性、空间上的跨域性,便很难具体判断每位正犯的行为性质,从而影响本罪的有效适用。

3. 处罚中立帮助行为及其检讨

(1)处罚中立帮助行为及其梳理。中立帮助行为,又称为中性业务行为,指的是外观上具有日常生活性或者业务性,但客观上给他人犯罪提供了帮助的行为,即“从外形看不具有犯罪意义的行为在客观上促进了正犯行为实施的情形”[1]。中立帮助行为是基于法律所容许的目的且独立于犯罪或犯罪人之外的业务活动目的而从事交易或业务的行为。这一行为中的“中性”集中表现为,无论交易行为的对手方是犯罪者还是其他主体,业务的实施者都会以本人独立的目的,按照典型的业务要求从事相关行为或者交易。[2] 从社会相当性理论的角度看,中立帮助行为缺乏刑法评价有两大原因:一是具备社会正当性,“通常的中立行为,因为属于日常的生活行为而具有社会正当性,因此不符合构成要件该当性从而不具有可罚性”[3]。二是职业的相当性,“日常性、社会所允许的,并且合乎规则的职业性的行为”的问题,即使是职业行为者知道了主犯的犯罪计划,对于这样一些职业行为者,应当认可其“违法”被阻却了。[4] 对于帮助信息网络犯罪活动罪的设立,有论者直接认为“这是立法上试图对网络犯罪的帮助犯作出规定。但是,这一规定可能是将明显属于中立行为的情形认定为犯罪,是否妥当还值得推敲”[5]。很明显,按照传统理论,提供互联网接入、服务器托管、网络存储、通讯传输等技术支持或者提供广告推广、支付结算等帮助的行为与传统的日常交易行为、业务行为无异,“贸然”将该类行为入罪,有“草率之嫌”。诚如有论者所指出的那样,本罪的规定“将本来还存在理论争议的中立帮助行为,一下子提升为正犯处罚了”,此种立法“会不会给网络服务商赋予过重的、实际上也难以承担的审核和甄别的责任”[6]?

---

〔1〕 陈家林:《论帮助犯的因果关系》,载林维主编:《共犯论研究》,北京大学出版社 2014 年版。

〔2〕 Vgl. Claus Roxin, *Strafrecht Allgemeiner Teil*, Band Ⅱ, C. H. Beck, 2003, S. 220.

〔3〕 [日]西貝吉晃:《中立的行為による幇助における現代的課題》,载《東京大学法科大学院ローレビュー》2010 年第 5 卷。

〔4〕 Vgl. Winfried Hassemer, “Professionelle Adäquanz. Bankentypisches Verhalten Und Beihilfe Zur Steuerhinterziehung. T. 1.” *Wistra*, Heft 2, 1995, S. 41 – 46.

〔5〕 周光权:《网络服务商的刑事责任范围》,载《中国法律评论》2015 年第 2 期。

〔6〕 车浩:《刑事立法的法教义学反思——基于〈刑法修正案(九)〉的分析》,载《法学》2015 年第 10 期。

（2）处罚中立帮助行为的检讨。将与日常交易行为、业务行为无异的提供技术支持或者其他帮助的行为纳入刑法处罚范围，如上所述，部分学者已对此举的合理性产生怀疑。在本书看来，提供技术支持或者其他帮助的行为已产生独立的社会危害，并非是中立帮助行为，因而有独立纳入刑法评价的必要性和可行性。理由在于：首先，按照前置性规范的相关规定，提供技术支持或者其他帮助的行为主体应履行相应的禁止性规定，行为并非完全中立。比如，在互联网接入上，《互联网上网服务营业场所管理条例》规定上网服务营业场所经营单位应向依法取得经营许可证的互联网接入服务提供者接入互联网，不得采取其他方式接入互联网；〔1〕在服务器托管上，《互联网视听节目服务管理规定》要求任何单位不得向未持有《许可证》或备案的单位提供服务器托管等金融和技术服务；〔2〕在网络存储和通讯传输上，内蒙古自治区《计算机信息系统安全保护办法》规定，任何单位和个人不得实施为非法网站提供服务器托管、虚拟主机、网络存储空间以及明知是非法网站，向其提供互联网接入、通讯传输通道等服务；〔3〕在广告推广、支付结算等帮助上，《网络安全法》明确指出，明知他人从事危害网络安全的活动的，不得为其提供技术支持、广告推广、支付结算等帮助。〔4〕 由此可见，对于行为主体非法提供技术支持或者其他帮助的行为在前置性规范上已作出了禁止性规定，并非基于提供行为的日常生活性、业务性而未纳入规范的评价范围。其次，以中立帮助行为审视，会忽视这一帮助行为的独立性危害。以中立帮助行为的典型案件——日本“螺丝刀案”为例，〔5〕从客

〔1〕 参见国务院《互联网上网服务营业场所管理条例》第16条。

〔2〕 参见国家广播电视总局、工业和信息化部《互联网视听节目服务管理规定》第14条。

〔3〕 参见内蒙古自治区《计算机信息系统安全保护办法》第29条。

〔4〕 参见《网络安全法》第27条。

〔5〕 基本案情为，顾客去五金店购买螺丝刀，店员将螺丝刀卖给顾客，顾客最终使用该刀实施了住宅侵入罪。参见［日］西田典之：《刑法総論》，弘文堂2010年版，第343页。

观上讲,提供螺丝刀的行为与法益的最终侵害存在因果关系(条件说),但因其未对法益的侵害产生支配作用而排除对该类行为的刑法评价。而在网络犯罪的情况下,人们交往的非面对面性、即时性、广泛性,行为对法益的影响相比以往呈现出指数型增长,加上网络技术的普遍应用,提供网络技术相比提供“螺丝刀”,往往是突破网络犯罪实施障碍的关键因素,借助技术支持或者其他帮助实现“一对多”的危害影响,从而在法益侵害中实现其决定性、支配性作用,由此所引发的帮助行为便已成为刑法不可忽视的评价内容。

(二)本书有关本罪的性质定位

“新的技术的、经济的、社会的、政治的、文化的、道德的现象,强烈要求根据现有的法律规范作出法律判断。因此,我们就处在比历史的立法者自己所作的理解‘更好地去理解’制定法的境地之中。”〔1〕网络技术和网络服务为国民生活提供便利的同时,也引发促成网络犯罪的刑事风险,帮助信息网络犯罪活动罪的设立无疑是对这些风险的及时回应。作为新增罪名合理确定其性质,既关乎罪名适用的理性实践,也利于理论纷争的有效化解,由此需要我们站在社会发展变化的立场作出应有的审视。

展开而言,一是从犯罪事实上看,网络犯罪相比传统犯罪分工更为明确,同时基于网络技术需求、供给的影响,网络犯罪的实施往往离不开网络技术的支持或者帮助,犯罪的产业链特征明显。“网络服务提供者的技术支持和帮助行为具有明显的犯罪产业链行为特征,是整个网络犯罪链的重要环节,并非为帮助某一个具体的下游犯罪而单独存在,而是为了谋求自身独立的经济利益为众多下游网络犯罪提供服务。”〔2〕可见,提供技术支持或者其他帮助的行为在犯

〔1〕[德]卡尔·恩吉施:《法律思维导论》,郑永流译,法律出版社2004年版,第109~110页。

〔2〕皮勇:《论网络服务提供者的管理义务及刑事责任》,载《法商研究》2017年第5期。

罪事实中发挥着独立的作用,行为主体是实现该当构成要件的核心人物,“在实现犯罪中作为关键人物或核心人物对事件施加决定性影响的人,拥有犯罪事实支配,并且是正犯”[1]。因此,本罪的性质当属独立的犯罪,而非帮助犯。二是从法益保护上看,与非法利用信息网络罪相似,本罪既有阻挡层法益也有背后层法益。其中,阻挡层法益指的是信息网络利用秩序,背后层法益则是他人利用信息网络实施犯罪所侵害的法益。究其原因,就阻挡层法益而言,由于本罪设立在刑法分则第6章“妨害社会管理秩序罪”中的第1节“扰乱公共秩序罪”里,表明了其所保护的法益乃秩序型法益,同时规定在《刑法》第287条“利用计算机实施犯罪的定罪处罚”之下,表明的是对计算机利用秩序的保护,鉴于计算机的利用更多地表现为信息网络的利用,且本罪也是在此背景下设立的。因此,本罪的阻挡层法益乃信息网络利用秩序。有关其特点,主要有两类表现。其中,一类是信息网络利用秩序属于具体的秩序型法益,另一类是信息网络利用秩序要求信息网络利用的正常性、适法性。基于此,阻挡层法益的存在,意味着本罪属于独立的犯罪,而背后层法益的存在,则表明本罪对于其他犯罪而言又具有帮助性质。三是从罪刑规范结构上看,《刑法》第287条之二规定了独立法定刑,为行为主体给明知他人利用信息网络实施犯罪而为其提供技术支持或者其他帮助留下单独的评价空间。罪状乃对具体犯罪构成要件的描述,是将特定侵害法益的行为类型化。法定刑,作为刑法规定的刑罚,表明的是对这一特定侵害法益行为的单独处罚。既然刑法已对行为主体为他人信息网络犯罪提供技术支持或者其他帮助设置独立法定刑,则意味着刑法对该类行为赋予了单独的评价。由此可见,本书认为,帮助信息网络犯罪活动罪属于具有

---

[1] [德]克劳斯·罗克辛:《正犯与犯罪事实支配理论》,劳东燕译,载陈兴良主编:《刑事法评论》第25卷,北京大学出版社2009年版,第5页。

帮助性质的独立犯罪。

反过来说,若本罪不是具有帮助性质的独立犯罪而是帮助犯的话,则面临的解释障碍在于提供技术支持或者其他帮助的行为主体与利用信息网络实施犯罪的行为主体并非都有意思联络,毕竟以帮助犯认定时要考虑到意思联络。换句话说,选择以帮助信息网络犯罪活动罪来认定,既有关注意思联络的情形,也有弱化意思联络作用的情况。根据《刑法》第 287 条之二的规定,只要满足提供技术支持或者其他帮助的行为主体明知他人利用信息网络实施犯罪,为其犯罪提供技术支持或者其他帮助,情节严重的,就能以该罪认定。可以说,有无意思联络并非认定的关键。进一步而言,有两类表现:一类是提供技术支持或者其他帮助的行为主体无论是在他人利用信息网络实施犯罪的事前阶段还是事中阶段,只要与他人有意思联络而提供技术支持或者其他帮助,在符合情节严重的情况下,当然能以该罪认定;另一类是提供技术支持或者其他帮助的行为主体往往基于非法牟利的动机,利用网络空间提供一对多甚至多对多的无差别帮助服务时,只要认识到他人利用信息网络实施犯罪,而为其提供技术支持或者其他帮助,情节严重的,便能以该罪认定。对于后一表现,提供技术支持或者其他帮助的行为主体实际上可以不关心他人到底实施何种犯罪,彼此之间意思联络与否并不重要。诚如有论者所言,在传统的共犯理论中,帮助犯与被帮助犯之间的意思联络较强,否则无法成立共同犯罪,但在网络空间中却有大量意思联络趋弱甚至为零的帮助行为,且这样的行为愈来愈成为网络犯罪实现中的关键一环。[1]

综上所述,帮助信息网络犯罪活动罪是具有帮助性质的独立犯罪。其中,独立犯罪意味着为他人提供技术支持或者其他帮助的行为主体要对"自己的

〔1〕 参见江溯:《帮助信息网络犯罪活动罪的解释方向》,载《中国刑事法杂志》2020 年第 5 期。

不法”负责，同时考虑到这一行为也会侵犯背后层法益，因而对于他人利用信息网络实施的犯罪而言又具有帮助性质。[1]

二、帮助信息网络犯罪活动罪的犯罪构成

在明确帮助信息网络犯罪活动罪性质的基础上，帮助信息网络犯罪活动罪的犯罪构成有必要从以下角度去理解。

（一）帮助信息网络犯罪活动罪的不法

根据《刑法》第287条之二的规定，成立本罪，客观上要求行为主体为他人利用信息网络实施犯罪提供互联网接入、服务器托管、网络存储、通讯传输等技术支持，或者提供广告推广、支付结算等帮助，情节严重的行为。由此可知，为他人利用信息网络实施犯罪提供的帮助行为分为两类：一是技术支持行为；二是其他帮助行为。就技术支持行为而言，根据前述，其包括互联网接入、服务器托管、网络存储、通讯传输的行为。其中，互联网接入旨在为他人提供访问互联网或者在互联网发布信息通路的情形。工业和信息化部《电信业务分类目录》就曾规定：“互联网接入服务业务是指利用接入服务器和相应的软硬件资源建立业务节点，并利用公用通信基础设施将业务节点与互联网骨干网相连接，为各类用户提供接入互联网的服务。”由此表明，为网络犯罪提供互联网接入的实质在于帮助他人连接业务节点并通过该节点接入互联网。服务器托管，又称主机托管，指的是帮助他人将服务器及其相关设备托管至互联网数据中心机房的情形。网络存储，是指帮助他人将存储设备通过标准的网络拓扑结构连接到

[1] 对于本罪的法益，本书认为，帮助信息网络犯罪活动罪既有阻挡层法益，也有背后层法益。当行为主体为他人的网络犯罪提供帮助行为以该罪认定时，意味着其行为既侵害了阻挡层法益，也侵害了背后层法益。对于以该罪的既遂认定时，只需对阻挡层法益造成实际损害和对背后层法益造成危险即可。而且，对背后层法益造成的危险既可以是抽象危险，也可以是具体危险。

一群计算机上的情形，意在实现网络犯罪相关数据的存储、传输和共享。[1] 通讯传输，强调的是为他人传递信息，旨在实现网络犯罪相关信息的传输或者交换。就其他帮助行为而言，由《刑法》第 287 条之二可知，主要包括广告推广、支付结算的行为。其中，广告推广指的是帮助他人制作或者投放广告进行广告宣传，继而推广产品或者服务的情形。支付结算，根据中国人民银行《支付结算办法》第 3 条的规定，是指单位、个人在社会经济活动中使用票据、信用卡和汇兑、托收承付、委托收款等结算方式进行货币给付及其资金清算的行为。最高人民检察院《关于办理涉互联网金融犯罪案件有关问题座谈会纪要》在认定非法经营资金支付结算行为时也指出，支付结算业务是商业银行或者支付机构在收付款人之间提供的货币资金转移服务。由这些规定可见，支付结算体现的是资金流转的情形。[2] 需要说明的是，相比其他帮助行为，技术支持行为相对好理解，因为其所提供的一般都是网络帮助行为。诚如有论者所言："技术支持具有专业性和专门性，因而主要是针对互联网接入服务提供商等专业机构，或者其他具有专门技术的机构或者个人。"[3] 而对于其他帮助行为而言，若以帮助信息网络犯罪活动罪认定时，如前所述，此时的其他帮助行为应是网络帮助行为，否则便未侵害到本罪的阻挡层法益。

同时，成立本罪，需要达到情节严重的程度。根据《关于办理非法利用信息网络、帮助信息网络犯罪活动等刑事案件适用法律若干问题的解释》第 12 条的规定，具有下列情形之一的，应当认定为本罪的"情节严重"：(1) 为 3 个以上对象提供帮助的；(2) 支付结算金额 20 万元以上的；(3) 以投放广告等方式提

---

〔1〕 参见黎宏：《刑法学各论》，法律出版社 2016 年版，第 370 页。

〔2〕 参见刘仁文、汪恭政：《网络犯罪帮助行为的刑法认定》，载《法治研究》2023 年第 2 期。

〔3〕 陈兴良：《共犯行为的正犯化：以帮助信息网络犯罪活动罪为视角》，载《比较法研究》2022 年第 2 期。

供资金 5 万元以上的；(4)违法所得 1 万元以上的；(5)2 年内曾因非法利用信息网络、帮助信息网络犯罪活动、危害计算机信息系统安全受过行政处罚，又帮助信息网络犯罪活动的；(6)被帮助对象实施的犯罪造成严重后果的；(7)其他情节严重的情形。

(二)帮助信息网络犯罪活动罪的罪责

根据《刑法》第 287 条之二的规定，成立本罪，需要行为主体主观上具有明知，即明知他人利用信息网络实施犯罪。具体地说，对于本罪的明知，行为主体既可以是概括的明知，即知道他人准备或者正在实施网络犯罪即可，也可以是具体的明知，即知道他人准备或者正在实施何种网络犯罪。对于后者，若发生在他人利用信息网络实施犯罪的事中阶段的，意味着在他人利用信息网络实施犯罪的共犯与帮助信息网络犯罪活动罪之间发生竞合，此时按本书前述所主张的网络犯罪竞合关系来处理即可。

考虑到明知属于主观的内容，对其认定时，本书认为，既可以采取自白的方法，也可以用推定的方法。对于自白，强调的是"承认自己犯罪事实之全部或主要部分的被告人陈述"[1]。行为主体若未被刑讯逼供、威逼、利诱却能如实供述为网络犯罪提供帮助行为的，在有其他证据印证的情况下，[2]无疑能说明明知的存在。对于推定，指的是从行为主体已实施的帮助行为相关事实中推出其有明知。也即，由已知事实来推出未知事实(明知)的存在，且已知事实有确实、充分的证据证实。不过，既然选择推定，那么就有必要允许反证。"在逻辑意义上，事实推定无法精确地认定事实，主张适用事实推定的一方必然招致对

---

[1] [日]田口守一、川上拓一、田中利彦编：《確認刑事訴訟法用語 250》，成文堂 2009 年版，第 78 页。

[2] 参见汪恭政、刘仁文：《以全链条思维治理虚拟币洗钱》，载《检察日报》2021 年 8 月 19 日，第 003 版。

方的反驳。”[1]所以《关于办理非法利用信息网络、帮助信息网络犯罪活动等刑事案件适用法律若干问题的解释》第11条才规定，具有下列情形之一的，可以认定行为人明知他人利用信息网络实施犯罪，但是有相反证据的除外：(1)经监管部门告知后仍然实施有关行为的；(2)接到举报后不履行法定管理职责的；(3)交易价格或者方式明显异常的；(4)提供专门用于违法犯罪的程序、工具或者其他技术支持、帮助的；(5)频繁采用隐蔽上网、加密通信、销毁数据等措施或者使用虚假身份，逃避监管或者规避调查的；(6)为他人逃避监管或者规避调查提供技术支持、帮助的；(7)其他足以认定行为人明知的情形。而且，要强调的是，尽管明知的认定方法有自白也有推定，但认定时并非独自使用，综合使用恰是常态。为此，实践中不少规范性文件(包括司法解释)对此都表示认同。比如，最高人民法院、最高人民检察院、公安部《关于办理电信网络诈骗等刑事案件适用法律若干问题的意见(二)》第8条就规定：“认定刑法第二百八十七条之二规定的行为人明知他人利用信息网络实施犯罪，应当根据行为人收购、出售、出租前述第七条规定的信用卡、银行账户、非银行支付账户、具有支付结算功能的互联网账号密码、网络支付接口、网上银行数字证书，或者他人手机卡、流量卡、物联网卡等的次数、张数、个数，并结合行为人的认知能力、既往经历、交易对象、与实施信息网络犯罪的行为人的关系、提供技术支持或者帮助的时间和方式、获利情况以及行为人的供述等主客观因素，予以综合认定。”又如，2020年12月21日最高人民法院刑事审判第三庭、最高人民检察院第四检察厅、公安部刑事侦察局《关于深入推进“断卡”行动有关问题的会议纪要》第4条规定：“对于犯罪嫌疑人提出的主观明知方面的辩解，要高度重视、认真查证、综合认定。”再如，2022年3月22日最高人民法院刑

---

[1] 王彬：《事实推定中的后果考量》，载《法律科学》2021年第6期。

事审判第三庭、最高人民检察院第四检察厅、公安部刑事侦察局《关于“断卡”行动中有关法律适用问题的会议纪要》第1条也规定：“认定行为人是否‘明知’他人利用信息网络实施犯罪，应当坚持主客观相一致原则，即要结合行为人的认知能力、既往经历、交易对象、与信息网络犯罪行为人的关系、提供技术支持或者帮助的时间和方式、获利情况、出租、出售‘两卡’的次数、张数、个数，以及行为人的供述等主客观因素，同时注重听取行为人的辩解并根据其辩解合理与否，予以综合认定。”

三、帮助信息网络犯罪活动罪的处罚

犯本罪的，根据《刑法》第287条之二第1款的规定，处3年以下有期徒刑或者拘役，并处或者单处罚金。

单位犯本罪的，对单位判处罚金，并对其直接负责的主管人员和其他直接责任人员，依照《刑法》第287条之二第1款的规定处罚。

此外，对于“有前两款行为，同时构成其他犯罪的，依照处罚较重的规定定罪处罚”而言，需要指出的是，这里的“同时构成其他犯罪”，与非法利用信息网络罪的一致，指的是一个行为。不过，由此成立的是法条竞合关系还是想象竞合关系呢？在本书看来，在层次法益观下，二者呈现的是动态变化的关系。具体而言，当行为主体明知他人利用信息网络实施犯罪而提供技术支持或者其他帮助的行为既给阻挡层法益造成实际损害，也给背后层法益造成具体危险或者实际损害时，达到情节严重的，如果还构成其他犯罪（即他人利用信息网络实施的犯罪）的话，由于既能被本罪评价，也能被其他犯罪评价，那么此时就要判断：当一个提供技术支持或者其他帮助的行为能被本罪、其他犯罪进行全面评价违背禁止重复评价，适用其他犯罪能贯彻罪责刑相适应原则的，是法条竞合

关系,宜按法条竞合关系来处罚。反之,无论是单一适用本罪还是其他犯罪评价会有遗漏,需要坚持全面评价发挥明示机能的,则是想象竞合关系,此时按想象竞合关系论处即可。

第十四章　面向人工智能时代的网络犯罪

关于人工智能的提法,最早可以追溯至1956年在美国达特茅斯学院召开的以人工智能为内容的会议。在此以后,人工智能先后经历了第一次浪潮(20世纪60年代)、第二次浪潮(20世纪70年代、80年代)、平稳发展期(20世纪90年代),并在2005年波士顿动力公司推出一款四足机器人(Big Dog)后,正式进入了第三次浪潮。在此浪潮下,人工智能技术及其应用也得到了飞速发展。正如国务院发布的《新一代人工智能发展规划》所言:“经过60多年的演进,特别是在移动互联网、大数据、超级计算、传感网、脑科学等新理论新技术以及经济社会发展强烈需求的共同驱动下,人工智能加速发展,呈现出深度学习、跨界融合、人机协同、群智开放、自主操控等新特征。大数据驱动知识学习、跨媒体协同处理、人机协同增强智能、群体集成智能、自主智能系统成为人工智能的发展重点,受脑科学研究成果启发的类脑智能蓄势待发,芯片化硬件化平台化趋势更加明显,人工智能发展进入新阶段。”

第一节　人工智能体在刑法中的定位

人工智能体是指在某一特定的时空内持续自主地发挥作用,具备驻留性、反应性、社会性等特征的计算实体。[1] 一般认为,人工智能体分为弱人工智能体和强人工智能体。其中,弱人工智能体的表现形态更像是一种高端且新颖的机器,而非生物。诚如有论者所言,弱人工智能体通常是指专注于只能解决特定领域问题的人工智能机器人;[2]而强人工智能体被认为是真正能推理和解决问题且有"意识"的智能机器。按照强人工智能一词的创造者所言,计算机不仅是用来研究人的思维的一种工具;相反,只要运行适当的程序,计算机本身就是有思维的。[3]

一、人工智能体在刑法中的定位争论

由于人工智能体有弱人工智能体和强人工智能体之分,所以在刑法中的定位争论因两种人工智能体的不同而有不一样的表现。

(一)弱人工智能体在刑法中的定位争论

弱人工智能体在刑法中的定位争论,主要涉及弱人工智能体的犯罪到底由谁负责的问题。从目前的研究情况看,绝大多数论者对此的看法是,弱人工智能体能够完全根据人类预先设计好的程序进行工作,它们的决策和分析能力相对较弱,所以可以把它们看作犯罪工具,当其"从事"犯罪活动时,相关自然人应当承担刑事责任。[4] 毕竟弱人工智能体的本质是一种工具,在发生相关犯罪时,只需要把弱人工智能体当作一个特殊的犯罪工具。诚如有论者所言:

---

〔1〕 See Michael Wooldridge, Nicholas R. Jennings, "Intelligent Agents: Theory and Practice", *The Knowledge Engineering Review*, Vol. 10, 1995, pp. 115 – 152.

〔2〕 参见刘宪权:《人工智能时代的刑法观》,上海人民出版社2019年版,第5页。

〔3〕 See John R. Searle, "Minds, brains, and programs", *Behavioral and Brain Sciences*, Vol. 3, Issue 3, 1980, pp. 417 – 457.

〔4〕 参见蒋巍:《人工智能犯罪的主体定位与责任分配问题研究》,载《广西民族大学学报(哲学社会科学版)》2019年第5期。

“弱人工智能机器人是人类改造世界的新型工具……弱人工智能机器人的工具属性决定了其在犯罪中的地位,弱人工智能机器人不可能作为犯罪主体而承担刑事责任。”[1]还有些论者进一步强调如何追究弱人工智能体背后的研发者责任。比如,不少论者就认为,弱人工智能体的使用者在合乎操作规程的情况下产生的过失责任应由弱人工智能体的研发者承担。总之,不论具体观点如何,可以说,弱人工智能体只是人们编程控制下改造社会的工具,大多局限于特定领域的专用智能和感知智能,离通用智能、认知智能还有较大差距,由此可以成为行为对象或行为工具,但却没有独立的自主意识,这在学界基本取得了共识。

(二)强人工智能体在刑法中的定位争论

强人工智能体在刑法中的定位争论,主要是能否成为犯罪主体。持肯定态度的论者认为,强人工智能体能成为犯罪主体。比如,有论者认为,强人工智能体是超出设计和编制的程序范围,具有在自主意识和意志支配下的辨认能力和控制能力,应当被认定为刑事主体。[2] 或者认为,随着生命科学技术与人工智能技术的发展,强人工智能体可能会成为独立于人类之外的新物种。[3] 而持否定态度的论者则认为,强人工智能体不能成为犯罪主体。比如,有论者就强调,刑法不应将人工智能体规定为犯罪主体或者刑事责任主体,应当有效规制人工智能的发展应用,确保其可控、有益性发展。[4]

归纳起来,持肯定论的主要理由有:一是人工智能体具有辨认和控制的能力。“强人工智能产品具有辨认能力和控制能力,能在设计和编制的程序范围外实施危害社会的行为,其具有独立人格和刑事责任能力,可以将其实施的严

[1] 刘宪权:《人工智能时代的刑法观》,上海人民出版社2019年版,第19页。

[2] 参见刘宪权:《人工智能时代的刑法观》,上海人民出版社2019年版,第120页。

[3] 参见储陈城:《人工智能可否成为刑事责任主体》,载《检察日报》2018年4月19日,第1版。

[4] 参见皮勇:《人工智能刑事法治的基本问题》,载《比较法研究》2018年第5期。

重危害社会的行为认定为犯罪行为并给予刑罚处罚。"[1]二是人工智能体能被赋予独立的法律人格。"根据实质标准,除人类外包括法人、人工智能等在内的其他实体因为能够被赋予权利和义务,因而也可以具备法律人格。事实上,正因法律人格的实质标准有利于解决现实问题,即使持否定说的学者在该问题上也并非笃定的,在他们看来不赋予人工智能法律人格不应绝对化。"[2]三是人工智能体存在刑罚处罚的可能性。"无论是出于法律政策还是从刑罚目的理论层面考虑,电子人地位的采用都是有意义和必要的。对实现一般预防目的而言,仅确定可罚性是不够的,还必须向社会大众明确说明已实施的不法行为之可罚性,通过尽可能适当的量刑,对罪责非难进行量化,具体包括进行公益劳动、对机器人的身体进行干预、执行算法所违反规范的内容而进行重新编程、关闭机器人。人工智能的可罚性由此成为可能。"四是人工智能体的存在类似单位行为主体。"强人工智能拥有自主意识、具备深度学习能力,可以作出独立的意思表示。参照法人制度、设立人工智能赔偿基金与保险,可以为人工智能财产权的赋予及民事责任的承担觅得可能路径。类比刑法上的财产罚、单位犯罪,可以明确人工智能的刑事责任承担。"[3]

总结起来,持否定论的主要理由包括:一是面对人工智能体,刑法失去约束力。理由表现在,强人工智能体与人们之间的矛盾与冲突,刑法没法妥善解决,而且其所造成的社会风险也会超出刑法的调整范围,甚至可以说,"若强人工智能时代真的来临,刑事法律规范也将失去其功能性,强人工智能体是刑事责任主体就是个伪命题"[4]。二是人工智能体没必要视为行为主体。"人工智能

---

[1] 刘宪权:《人工智能时代的"内忧""外患"与刑事责任》,载《东方法学》2018 年第 1 期。

[2] 彭文华:《人工智能的刑法规制》,载《现代法学》2019 年第 5 期。

[3] 朱凌珂:《赋予强人工智能法律主体地位的路径与限度》,载《广东社会科学》2021 年第 5 期。

[4] 王充、董璞玉:《人工智能时代刑事责任主体之再审视》,载《广西社会科学》2020 年第 12 期。

体的法律地位应为‘物’，而非‘人’，是法律行为的‘客体’而非‘主体’。我们万不可仅仅因为其外观上的‘类人性’与‘智能性’就贸然地将其人格化，赋予其法律上的主体地位。”[1]三是无法对人工智能体进行刑罚处罚。也即，强人工智能体客观上不具备刑罚处罚的条件。[2] 理由在于：一来人工智能体无法感知刑罚所带来的痛苦。“为预防一个犯罪，抑制动机的力量必须超过诱惑动机。作为一个恐惧物的刑罚必须超过作为诱惑物的罪行。”[3]然而，人工智能体由于很难具有心理上、文化上的认知，故无法感知刑罚带来的痛苦，继而很难形成抑制动机的力量。诚如有论者所言：“对于人工智能系统，刑罚失掉了痛苦的本质，无法起到作为刑法目的与任务的手段。”[4]二来现行的刑罚种类难以有效地施加给人工智能体。无论是生命刑、自由刑，还是财产刑、权利刑，都无法有效作用于人工智能体。四是从人作为法律建构者的角度进行否定。比如，有论者直言，人类作为法律构建者的身份已经决定了人与人工智能体的关系，进而否定了其作为刑事责任主体的可能性。[5] 或者从反面说，一旦人工智能体取得刑事主体资格，基于刑罚权属于国家公权力机关，真实的人类对强人工智能体所实施的类似行为亦应被认定为对强人工智能体权利的侵害，如此一来，基于强人工智能体作为法律主体被赋予权利的确立，会使人类的权利范畴缩减。[6]

---

〔1〕 孙杰：《论人工智能体的刑法定位》，载《辽宁大学学报（哲学社会科学版）》2019年第4期。

〔2〕 参见魏柏峰：《浅议刑罚的功能、局限性及其影响因素》，载《前沿》2010年第20期。

〔3〕 [英]边沁：《立法理论——刑法典原理》，李贵方等译，中国人民公安大学出版社1993年版，第66～69页。

〔4〕 皮勇：《人工智能刑事法治的基本问题》，载《比较法研究》2018年第5期。

〔5〕 参见刘墒墒：《人工智能时代背景下的刑事责任主体化资格问题探析》，载《江汉论坛》2021年第11期。

〔6〕 参见孙笛：《人工智能体刑事主体资格否定论》，载《政法论丛》2022年第3期。

二、人工智能体在刑法中的定位方案

本书认为,人工智能体刑法定位的实质在于是否有“行为能力”和“责任能力”。为此,有必要立足不法、罪责的阶层犯罪论角度进行确定。

(一)弱人工智能体在刑法中的定位方案

从不法层面来看,根据现有刑法的规定,在不法上满足行为主体条件的是自然人和单位。但无论是自然人还是单位,在实行符合构成要件的行为时,都是受到意思支配而实施的。也即,自然人、单位有实行行为的意思,既包括进行积极活动的意思,也包括不进行积极活动的意思。因此,对于弱人工智能体,由于其不能独立地推理和解决问题,过早地承认其行为主体地位,例如,2010 年 11 月 7 日日本为宠物机器人帕罗建立户籍,2016 年 2 月 4 日美国国家公路交通安全管理局将谷歌自动驾驶汽车中的自动驾驶系统视为驾驶员,2017 年 10 月 25 日沙特政府授予“女性”机器人索菲娅公民身份等,并不代表这些人工智能体就有独立的行为意思的能力。与之相反,依本书之见,在弱人工智能时代,弱人工智能体由于缺乏自我行为的能力,更多地应将其视为行为的工具或对象,而非直接认定为行为主体。

从罪责层面来看,刑罚的适用是以罪责为前提的,正所谓“没有罪责就没有刑罚”。正如金德霍伊泽尔所言,罪责旨在表明,若行为主体的违法举止中显示出:他对法律欠缺足够忠诚的动机,那么就有必要对这种欠缺动机的行为主体进行答责。[1] 而要确定行为主体是否负有罪责,需要考虑行为主体是有罪责故意还是有罪责过失。就罪责故意而言,其“在罪责领域是犯罪行为的思

---

〔1〕 参见[德]乌尔斯·金德霍伊泽尔:《刑法总论教科书》,蔡桂生译,北京大学出版社 2015 年版,第 209 页。

想非价的载体,作为罪责的形式,罪责故意体现为行为人针对法律中举止规范的法敌对态度和法冷漠态度"[1]。就罪责过失而言,其在罪责上应考虑到,基于行为主体的个体能力,尤其是依照智力水平和经验知识,是否在主观上有能力遵循客观上所要求的谨慎。[2] 也即,行为主体是否有法益受侵犯的预见或避免的谨慎义务。与此同时,罪责能力、违法性认识和期待可能性虽然不是积极地加以确定的,但也会影响罪责的判断。"除了属于行为人主观方面的故意之外,还有过失,更进一步讲,像期待可能性、违法性意识等要素也都影响着被规范理解的责任,并在责任论之中占据着重要地位。"[3]其中,罪责能力是指对自己实施的符合构成要件行为承担责任的能力,违法性认识则是对自己的行为违反刑法的认识,而期待可能性则强调的是期待行为主体实施适法行为的可能性。总之,无论是罪责故意、罪责过失,还是罪责能力、违法性认识、期待可能性,重在强调对违反行为规范的行为主体所进行的非难。由此表明,行为主体要有罪责,意味着其有规范意识,诚如井田良所言:"根据规范意识赋予动机的可能性的是责任要素"[4]。基于此,若要人工智能体负有罪责,则意味着其有规范意识的能力,即根据规范意识赋予动机的能力。显然,目前来看,弱人工智能体仍缺乏这一能力。以阿尔法狗为例,虽然它可以"控制"自己去赢得比赛,但却不能根据自我的意识去决定是否去参加比赛以及为什么要赢得比赛。[5]

---

〔1〕 蔡桂生:《构成要件论》,中国人民大学出版社2015年版,第242页。

〔2〕 参见蔡桂生:《构成要件论》,中国人民大学出版社2015年版,第251页。

〔3〕 [日]山口厚:《刑法总论》,付立庆译,中国人民大学出版社2018年版,第195页。

〔4〕 [日]井田良:《刑法总论的理论构造》,秦一禾译,中国政法大学出版社2021年版,第15页。

〔5〕 参见朱凌珂:《赋予强人工智能法律主体地位的路径与限度》,载《广东社会科学》2021年第5期。

(二)强人工智能体在刑法中的定位方案

从不法层面来看,强人工智能体能否成为行为主体,关键在于其所实施的行为能否受到意思支配。换言之,人工智能体能否有受意思支配的行为能力(行为意思的能力),即是否有辨认能力和控制能力,毕竟其能够"为了实现自己的意志、自主决策并自主实施"行为,或者具有"自主性"抑或"拥有自我的意识"。[1] 就强人工智能体而言,其是被希冀于拥有独立意识的人工智能体,是弱人工智能体的升级强化版。在抛开刑法条文现有规定的情况下,以强人工智能体的智能化程度及其推理和解决问题的能力,可以认为其是具有行为意思能力的。不过,考虑到现今距离强人工智能时代为时尚早,刑法作为保障法,有必要恪守谦抑性,不宜过早地承认强人工智能体行为主体的地位。若要承认其主体地位,则其要有类似自然人和单位的行为意思的能力,即有辨认能力和控制能力。"由人类设计、编制的程序使智能机器人具有了独立思考和学习的能力,智能机器人具有辨认能力和控制能力,可以成为犯罪主体。"[2] 当强人能智能体具有辨认能力和控制能力时,不能就此直接将这种具有高度智力的机器人、人造人解释为人。[3] 这就好比单位一样,起初在单位行为主体入刑之前,单位的行为也是在单位整体意志的支配下实施的,但并不因为其有自主决策进而自主行为的能力,就直接解释为行为主体。因此,本书认为,强人工智能体与之类似,应首先基于刑事立法来确定强人工智能体的行为主体地位,否则就有类推解释的嫌疑,毕竟行为主体的法定化是防止类推解释的有效手段。若强人工智能体被赋予了行为主体的地位,对其造成的不

---

〔1〕 参见皮勇:《人工智能刑事法治的基本问题》,载《比较法研究》2018 年第 5 期。

〔2〕 刘宪权:《人工智能时代机器人行为道德伦理与刑法规制》,载《比较法研究》2018 年第 4 期。

〔3〕 参见周子实:《强人工智能刑事主体地位的折衷说——阶层论视域下"准主体"的教义学证成》,载《广西社会科学》2021 年第 8 期。

法,有必要采取防卫措施,其中,保安处分便是必不可少的手段。“在应对人工智能等科技产品危害社会的风险时,只要有客观危害产生或者有危险存在,对实施了社会危害行为或者由危险性的人工智能就应当适用具有保安处分性质的技术消除措施。”[1]具体而言,司法机关可以对涉事人工智能体采用删除数据、修改程序、永久销毁的技术消除措施,以应对人工智能体所造成的法益侵害。

从罪责层面来看,不同于行为意思的能力,规范意识的能力的要求更高。理由在于:一是后者需要的是以行为主体的生物性、社会性为基础,而强人工智能体行为的动机和意思更多地依赖于逻辑、效率及其他与计算机运行相关的因素。二是与前者重视对事实感知的能力不同,虽然强人工智能体“可以通过其‘电子眼’‘电子耳’认识到事实”[2],但后者能力则更多地依赖于对规范的认识和选择,即要有规范意识。然而,强人工智能体是否有这种能力,令人质疑。诚如有论者指出的那样:“只有那些摆脱人类控制、依靠自身进化出认识且认同人类社会法律规范的价值和意义的人工智能系统,才可能具有犯罪故意或过失,其活动才可能成立犯罪,而这种可能性是否存在值得怀疑。”[3]或如有论者所言,在罪责上进行实质的考察,否认人工智能体具有刑事责任能力,不视为责任能力主体。[4]

总而言之,强人工智能体若要成为行为主体,关键在于要有行为意思的能力。不过,即使有这种能力时,也不能直接将其解释为刑法上的人,必须通过刑

---

〔1〕 黄云波:《论人工智能时代的刑事责任主体:误区、立场与类型》,载《中国应用法学》2019年第2期。

〔2〕 刘宪权:《人工智能时代的“内忧”“外患”与刑事责任》,载《东方法学》2018年第1期。

〔3〕 皮勇:《人工智能刑事法治的基本问题》,载《比较法研究》2018年第5期。

〔4〕 参见周子实:《强人工智能刑事主体地位的折衷说——阶层论视阈下“准主体”的教义学证成》,载《广西社会科学》2021年第8期。

事立法的方式确定其行为主体的地位。由此对其所造成的法益侵害,可以适用包括“删除数据”“修改程序”“永久销毁”在内的保安处分进行处理。成为行为主体,并不意味着就能适用刑罚的处罚,毕竟这需要人工智能体负有罪责,即要有规范意识,但目前来看,人工智能体能否走到这一步令人质疑。即使人工智能体走到这一步,是否能受到刑法的有效调整也是值得进一步思考的问题。

第二节 人工智能犯罪的基本类型

关于人工智能犯罪的类型划分,理论上存在不同的观点。有论者认为,可以分为侵犯人工智能系统安全犯罪、利用人工智能实施的犯罪、利用人工智能侵犯个人信息的犯罪、独立的外围人工智能犯罪及违反人工智能安全管理义务的犯罪五类。〔1〕也有论者认为,可以分为直接对人工智能的智能系统实施犯罪、利用人工智能技术实施传统犯罪及对人工智能产品未尽安全生产、管理义务的犯罪三类。〔2〕还有论者认为,可以分为现行刑法能够规制的涉人工智能犯罪、现行刑法规制不足的涉人工智能犯罪及现行刑法无法规制的涉人工智能犯罪。〔3〕抑或有论者将其分为涉及人工智能内部刑事风险的犯罪和涉及外部刑事风险的犯罪两类,其中,内部风险涉及弱人工智能被作为犯罪对象时会存在数据信息泄露的风险和弱人工智能机器人系统故障进而错误决策

---

〔1〕 参见皮勇:《人工智能刑事法治的基本问题》,载《比较法研究》2018 年第 5 期。

〔2〕 参见高铭暄、王红:《互联网 + 人工智能全新时代的刑事风险与犯罪类型化分析》,载《暨南学报(哲学社会科学版)》2018 年第 9 期。

〔3〕 参见刘宪权、房慧颖:《涉人工智能犯罪的前瞻性刑法思考》,载《安徽大学学报(哲学社会科学版)》2019 年第 1 期。

引发的风险；外部风险则表现为滥用人工智能的刑事风险和人工智能内部风险转化为现实危害的刑事风险。[1] 尽管这些分类都有一定的道理，但从前文人工智能体难以成为刑罚处罚主体的角度来看，人工智能犯罪可以分为三类，即对象型人工智能犯罪、工具型人工智能犯罪和管理型人工智能犯罪。

一、对象型人工智能犯罪

对象型人工智能犯罪，强调的是以人工智能为对象实施的犯罪，主要涉及的是侵犯人工智能系统安全的犯罪，包括非法侵入人工智能系统、非法获取人工智能系统数据及破坏人工智能系统三类犯罪。而要了解这三类犯罪，则离不开对人工智能系统的把握。相比计算机信息系统，人工智能系统的范围则更为广泛。诚如有论者所言："人工智能系统可以只是智能计算机信息系统，未来更多的由智能信息系统、智能传感器和机械系统组成的智能机器。"[2] 如此一来，非法侵入人工智能系统、非法获取人工智能系统数据及破坏人工智能系统三类犯罪的规制就难以被现有的网络罪名所涵盖。由此可以预见，人工智能系统的大规模应用向包括刑法在内的法律提出了巨大挑战。[3] 具体来说：就非法侵入人工智能系统而言，虽然违反国家规定侵入国家事务、国防建设、尖端科学技术领域的人工智能系统（仅含计算机信息系统）能以非法侵入计算机信息系统罪来评价，但目前对于非法侵入计算机信息系统以外的重要领域的人工智能系统却缺乏有效的刑法规制。因此，有必要根据本

---

〔1〕 参见赵秉志、詹奇玮：《现实挑战与未来展望：关于人工智能的刑法学思考》，载《暨南学报（哲学社会科学版）》2019 年第 1 期。

〔2〕 皮勇：《人工智能刑事法治的基本问题》，载《比较法研究》2018 年第 5 期。

〔3〕 参见［德］托马斯・维施迈尔：《人工智能系统的规制》，马可译，赵精武校，载《法治社会》2021 年第 5 期。

书有关网络犯罪刑法立法的立场,即前置性规范对此类情形作出行为规范的规定且当原有保护法益的网络罪名不能予以有效规制时,应考虑增设新的网络罪名。就非法获取人工智能系统数据而言,与前述的情形类似,非法获取仅含计算机信息系统的人工智能系统中存储、处理或者传输的数据,情节严重的,当然能以非法获取计算机信息系统数据罪评价,但对于非法获取计算机信息系统以外的人工智能系统中存储、处理或者传输的数据,却难以以本罪评价。同样的,违反国家规定对计算机信息系统以外的人工智能系统功能进行删除、修改、增加、干扰造成其不能正常运行的,或者对这类系统中存储、处理或者传输的数据和应用程序进行删除、修改、增加的,又或者制作、传播破坏性程序影响这类系统正常运行的,也难以以破坏计算机信息系统罪评价。对于这些情形,本书依然认为,前置性规范对这些情形作出行为规范的规定且当原有保护法益的网络罪名不能予以有效规制时,就可以考虑增设新的网络罪名。正如有论者所建议的那样,对侵犯人工智能系统安全的犯罪适用侵犯计算机信息系统安全犯罪立法是有局限性的,未来有必要研究制定侵犯有关人工智能系统安全的犯罪。[1]

二、工具型人工智能犯罪

工具型人工智能犯罪,指的是以人工智能系统为犯罪工具所实施的犯罪。此类犯罪主要涉及两类:一是利用人工智能系统侵犯个人信息的犯罪,即利用人工智能系统非法获取、利用、提供个人信息的情形;二是传统犯罪的人工智能化情形,包括非法利用人工智能系统的犯罪、为传统犯罪提供人工智能技术支持或者其他帮助的犯罪。对于前一类犯罪,有必要区分情形进行讨论:第一,在

---

〔1〕 参见皮勇:《人工智能刑事法治的基本问题》,载《比较法研究》2018 年第 5 期。

非法获取个人信息上,若行为主体只获取个人信息,根据《刑法》第 253 条之一的规定,其侵害了权利存在层,不论利益反映层所反映的是何种生活利益,[1] 都该当《刑法》第 253 条之一的构成要件,直接以侵犯公民个人信息罪定罪处罚。第二,在非法利用个人信息上,若行为主体利用了个人信息,由于利用行为未被纳入《刑法》第 253 条之一的规定中来,所以认定的重心转为是否有利益反映层现实化值得以他罪评价的情形。若行为主体利用个人信息导致利益反映层现实化的,即侵犯他罪法益的,则以他罪定罪处罚。例如,行为主体非法利用他人个人信息窃取其电子账户资金的,基于以利用个人信息为实行手段侵犯他罪法益(财产权)的,则以盗窃罪评价。不过,也有些利用个人信息所现实化的生活利益并非是当前刑法保护的,例如,行为主体经个人的知情同意收集了 5000 人的个人信息(姓名 + 电话),并利用这些信息深夜拨打电话进行长期骚扰的。相比前述情形,这种利用情形的特点在于,不仅权利存在层的侵害未被规定在《刑法》第 253 条之一中,而且利益反映层的现实化也未受到刑法的应有保护。但是,鉴于其与非法获取个人信息行为所造成的侵害具有相当性,因而有必要将此情形纳入该罪的评价范围。可以说,这也是对部分论者所言"对数据滥用的行为缺乏必要的规制"[2] 的积极回应。据此而言,建议在《刑法》第 253 条之一中增加"利用"的行为要素,同时,考虑到利益反映层现实化受他罪评价的可能,建议增设利用个人信息同时构成他罪依照处罚较重的规定定罪处罚的条款,以应对罪名重复评价的困境。第三,在非法提供个人信息上,只要

---

〔1〕 权利存在层直指权利本身,其不仅强调的是个人对其个人信息享有的处理权限,而且其指向的并非单一权利,而是以知情同意为核心所构建的权利集合;利益反映层旨在反映生活利益,既可以反映个人的生活利益,也可以反映超个人的生活利益,还可以是对两类生活利益的复合反映。参见汪恭政:《侵犯公民个人信息罪认定的应然转向》,载《西南政法大学学报》2022 年第 3 期。

〔2〕 劳东燕:《个人数据的刑法保护模式》,载《比较法研究》2020 年第 5 期。

行为主体实施了此类行为,意味着侵害了权利存在层,但囿于利益反映层现实化与否,所以要考虑:其一,单纯实施非法提供个人信息行为的,即不属于为他人利用个人信息犯罪提供帮助的情形,不论其如何影响利益反映层,都构成对侵犯公民个人信息罪法益的侵犯,应以该罪评价。其二,实施非法提供个人信息行为,为他人利用个人信息犯罪提供了帮助的,要结合利益反映层现实化的具体情形来判断。展开而论,若他人因利用个人信息现实化了利益反映层而被他罪评价的,就行为主体而言,应在他罪(帮助犯)与本罪之间择一重罪评价;若行为主体同时实施了非法获取个人信息、非法提供个人信息行为的,如既获取他人个人信息又提供给他人的,当非法提供的行为不成立他罪(帮助犯)的,即非法获取个人信息、非法提供个人信息行为都只对权利存在层、利益反映层构成侵害的,则只以本罪评价。反之,若出现利益反映层现实化,符合多个构成要件的,[1]才考虑罪名之间的竞合关系。举例来说,当行为主体明知他人获取个人财产信息用于诈骗犯罪,仍向其提供的,则行为主体触犯了侵犯公民个人信息罪,同时,由于为他人诈骗现实化的财产利益提供了犯罪帮助,因而也构成诈骗罪(帮助犯)。基于只有"提供"这一个不法行为,为了防止重复评价,则行为主体应在侵犯公民个人信息罪和诈骗罪(帮助犯)之间择一重罪评价;而他人此时既有非法获取个人信息行为,又因利用个人财产信息使被害人财产利益受到侵害的,则应两罪并罚。此外,对于有论者指出的,在网上非法买卖身份证、银行卡等身份信息的黑色产业链中,个人信息的"叫卖者"为防范法律风险,会与愿意出售自身信息的公民签订"个人信息转让授权书"大量获取个人信息,而后将其转卖他人进而用于售假、诈骗的情形,[2]关键要判断个人是否

---

〔1〕 Vgl. Maurach, Gössel, Zipf, *Strafrecht Allgemeiner Teil*, Teilband 2, C. F. Müller, 2014, S. 659.

〔2〕 参见高艳东:《经同意买卖个人信息也属违法犯罪》,载《检察日报》2018年8月15日,第3版。

有授权权限，若有授权权限，但"个人信息转让授权书"未告知其再转让的情形，行为主体违约转让的，则侵害了权利存在层、利益反映层。若这些公民知情同意再转让的，则"叫卖者"未侵害权利存在层，但明知他人利用这些信息进行售假、诈骗而为其提供的，则现实化了利益反映层，符合售假、诈骗犯罪规定的，应以该类犯罪（帮助犯）认定。〔1〕 对于后类犯罪，由于我国刑法规定的犯罪大多数不限定犯罪方法和环境，诚如《刑法》第287条规定的那样，利用计算机实施金融诈骗、盗窃、贪污、挪用公款、窃取国家秘密或者其他犯罪的，依照本法有关规定定罪处罚。因此，本书认为，传统犯罪的人工智能化情形一般依照《刑法》第287条的规定定罪论处即可。

三、管理型人工智能犯罪

管理型人工智能犯罪，指的是人工智能系统研发者、人工智能系统提供者、人工智能系统使用者违反有关人工智能安全管理义务所构成的不作为犯罪。鉴于三者对人工智能发展应用的作用不同，有必要分别予以讨论：就人工智能系统研发者而言，为了在人工智能领域更好地保护法益和强化对危险源的监管，未来有必要赋予人工智能系统研发者的人工智能系统研发安全管理义务，诚如有论者所言，"涉人工智能刑事风险的源头即是研发者设计和编制的程序。要想从根本上保证人工智能技术遵循'有益于人类'的正确发展方向，就必须管理和控制研发者为智能机器人设计和编制程序的行为，为研发者的研发行为设定相应的义务"〔2〕。这种义务首先可以在法律、行政法规上予以规定并

〔1〕 参见汪恭政：《侵犯公民个人信息罪认定的应然转向》，载《西南政法大学学报》2022年第3期。

〔2〕 刘宪权：《涉人工智能犯罪中研发者主观罪过的认定》，载《比较法研究》2019年第4期。

明确违反时所面临的具体法律后果，而后当原有保护法益的网络罪名不能有效规制时，有必要适时增加新罪名以确立人工智能系统研发者的保证人地位。就人工智能系统提供者而言，其在将人工智能系统投入社会应用时扮演着关键的角色，为了更好地维护人工智能系统的应用安全，有必要赋予其人工智能系统应用安全管理义务。不过，相比人工智能系统研发者的人工智能系统研发安全管理义务而言，人工智能系统应用安全管理义务主要涉及用户信息保护、违法活动监管、协助监管部门执法等方面。当人工智能系统提供者不履行这些义务，经涉人工智能的监管部门责令采取改正措施而拒不改正，导致法益遭受侵害的，可以拒不履行信息网络安全管理义务罪认定。就人工智能系统使用者而言，如果要认定其在使用人工智能系统时构成不作为犯的话，则在于这一不作为行为的实施是在其意思支配下产生的，否则应排除其构成不作为犯的认定。

附　录

一、刑法及其修正案中的相关条款

中华人民共和国刑法(节录)

(1997年3月14日第八届全国人民代表大会第五次会议修订,1997年3月14日中华人民共和国主席令第八十三号公布,1997年10月1日起施行)

第二百八十五条　违反国家规定,侵入国家事务、国防建设、尖端科学技术领域的计算机信息系统的,处三年以下有期徒刑或者拘役。

第二百八十六条　违反国家规定,对计算机信息系统功能进行删除、修改、增加、干扰,造成计算机信息系统不能正常运行,后果严重的,处五年以下有期徒刑或者拘役;后果特别严重的,处五年以上有期徒刑。

违反国家规定,对计算机信息系统中存储、处理或者传输的数据和应用程序进行删除、修改、增加的操作,后果严重的,依照前款的规定处罚。

故意制作、传播计算机病毒等破坏性程序,影响计算机系统正常运行,后果严重的,依照第一款的规定处罚。

第二百八十七条　利用计算机实施金融诈骗、盗窃、贪污、挪用公款、窃取国家秘密或者其他犯罪的,依照本法有关规定定罪处罚。

中华人民共和国刑法修正案(七)(节录)

(2009年2月28日第十一届全国人民代表大会常务委员会第七次会议通过,2009年2月28日中华人民共和国主席令第十号公布,自公布之日起施行)

九、在刑法第二百八十五条中增加两款作为第二款、第三款:“违反国家规定,侵入前款规定以外的计算机信息系统或者采用其他技术手段,获取该计算机信息系统中存储、处理或者传输的数据,或者对该计算机信息系统实施非法控制,情节严重的,处三年以下有期徒刑或者拘役,并处或者单处罚金;情节特别严重的,处三年以上七年以下有期徒刑,并处罚金。

“提供专门用于侵入、非法控制计算机信息系统的程序、工具,或者明知他人实施侵入、非法控制计算机信息系统的违法犯罪行为而为其提供程序、工具,情节严重的,依照前款的规定处罚。”

中华人民共和国刑法修正案(九)(节录)

(2015年8月29日第十二届全国人民代表大会常务委员会第十六次会议通过,2015年8月29日中华人民共和国主席令第三十号公布,自2015年11月1日起施行)

二十六、在刑法第二百八十五条中增加一款作为第四款:“单位犯前三款罪的,对单位判处罚金,并对其直接负责的主管人员和其他直接责任人员,依照各该款的规定处罚。”

二十七、在刑法第二百八十六条中增加一款作为第四款:“单位犯前三款罪的,对单位判处罚金,并对其直接负责的主管人员和其他直接责任人员,依照第一款的规定处罚。”

二十八、在刑法第二百八十六条后增加一条,作为第二百八十六条之一:“网络服务提供者不履行法律、行政法规规定的信息网络安全管理义务,经监管部门责令采取改正措施而拒不改正，有下列情形之一的，处三年以下有期徒刑、拘役或者管制，并处或者单处罚金：

“（一）致使违法信息大量传播的；

“（二）致使用户信息泄露，造成严重后果的；

“（三）致使刑事案件证据灭失，情节严重的；

“（四）有其他严重情节的。

“单位犯前款罪的，对单位判处罚金，并对其直接负责的主管人员和其他直接责任人员，依照前款的规定处罚。

“有前两款行为，同时构成其他犯罪的，依照处罚较重的规定定罪处罚。”

二十九、在刑法第二百八十七条后增加二条，作为第二百八十七条之一、第二百八十七条之二：

“第二百八十七条之一　利用信息网络实施下列行为之一，情节严重的，处三年以下有期徒刑或者拘役，并处或者单处罚金：

“（一）设立用于实施诈骗、传授犯罪方法、制作或者销售违禁物品、管制物品等违法犯罪活动的网站、通讯群组的；

“（二）发布有关制作或者销售毒品、枪支、淫秽物品等违禁物品、管制物品或者其他违法犯罪信息的；

“（三）为实施诈骗等违法犯罪活动发布信息的。

“单位犯前款罪的，对单位判处罚金，并对其直接负责的主管人员和其他直接责任人员，依照第一款的规定处罚。

“有前两款行为，同时构成其他犯罪的，依照处罚较重的规定定罪处罚。

“第二百八十七条之二　明知他人利用信息网络实施犯罪，为其犯罪提供互联网接入、服务器托管、网络存储、通讯传输等技术支持，或者提供广告推广、支付结算等帮助,情节严重的,处三年以下有期徒刑或者拘役,并处或者单处罚金。

“单位犯前款罪的,对单位判处罚金,并对其直接负责的主管人员和其他直接责任人员,依照第一款的规定处罚。

“有前两款行为,同时构成其他犯罪的,依照处罚较重的规定定罪处罚。”

二、司法解释的相关条款

最高人民法院关于审理危害军事通信刑事案件具体应用法律若干问题的解释(节录)

(2007年6月18日最高人民法院审判委员会第1430次会议通过,2007年6月26日最高人民法院公告公布,自2007年6月29日起施行 法释〔2007〕13号)

第六条第三款 违反国家规定,侵入国防建设、尖端科学技术领域的军事通信计算机信息系统,尚未对军事通信造成破坏的,依照刑法第二百八十五条的规定定罪处罚;对军事通信造成破坏,同时构成刑法第二百八十五条、第二百八十六条、第三百六十九条第一款规定的犯罪的,依照处罚较重的规定定罪处罚。

最高人民法院、最高人民检察院关于办理危害计算机信息系统安全刑事案件应用法律若干问题的解释

(2011年6月20日最高人民法院审判委员会第1524次会议、2011年7月11日最高人民检察院第十一届检察委员会第63次会议通过,2011年8月1日最高人民法院、最高人民检察院公告公布,自2011年9月1日起施行 法释〔2011〕19号)

为依法惩治危害计算机信息系统安全的犯罪活动,根据《中华人民共和国刑法》、《全国人民代表大会常务委员会关于维护互联网安全的决定》的规定,

现就办理这类刑事案件应用法律的若干问题解释如下：

第一条 非法获取计算机信息系统数据或者非法控制计算机信息系统，具有下列情形之一的，应当认定为刑法第二百八十五条第二款规定的“情节严重”：

（一）获取支付结算、证券交易、期货交易等网络金融服务的身份认证信息十组以上的；

（二）获取第（一）项以外的身份认证信息五百组以上的；

（三）非法控制计算机信息系统二十台以上的；

（四）违法所得五千元以上或者造成经济损失一万元以上的；

（五）其他情节严重的情形。

实施前款规定行为，具有下列情形之一的，应当认定为刑法第二百八十五条第二款规定的“情节特别严重”：

（一）数量或者数额达到前款第（一）项至第（四）项规定标准五倍以上的；

（二）其他情节特别严重的情形。

明知是他人非法控制的计算机信息系统，而对该计算机信息系统的控制权加以利用的，依照前两款的规定定罪处罚。

第二条 具有下列情形之一的程序、工具，应当认定为刑法第二百八十五条第三款规定的“专门用于侵入、非法控制计算机信息系统的程序、工具”：

（一）具有避开或者突破计算机信息系统安全保护措施，未经授权或者超越授权获取计算机信息系统数据的功能的；

（二）具有避开或者突破计算机信息系统安全保护措施，未经授权或者超越授权对计算机信息系统实施控制的功能的；

（三）其他专门设计用于侵入、非法控制计算机信息系统、非法获取计算机信息系统数据的程序、工具。

第三条 提供侵入、非法控制计算机信息系统的程序、工具，具有下列情形之一的，应当认定为刑法第二百八十五条第三款规定的“情节严重”：

（一）提供能够用于非法获取支付结算、证券交易、期货交易等网络金融服务身份认证信息的专门性程序、工具五人次以上的；

（二）提供第（一）项以外的专门用于侵入、非法控制计算机信息系统的程序、工具二十人次以上的；

（三）明知他人实施非法获取支付结算、证券交易、期货交易等网络金融服务身份认证信息的违法犯罪行为而为其提供程序、工具五人次以上的；

（四）明知他人实施第（三）项以外的侵入、非法控制计算机信息系统的违法犯罪行为而为其提供程序、工具二十人次以上的；

（五）违法所得五千元以上或者造成经济损失一万元以上的；

（六）其他情节严重的情形。

实施前款规定行为，具有下列情形之一的，应当认定为提供侵入、非法控制计算机信息系统的程序、工具“情节特别严重”：

（一）数量或者数额达到前款第（一）项至第（五）项规定标准五倍以上的；

（二）其他情节特别严重的情形。

第四条 破坏计算机信息系统功能、数据或者应用程序，具有下列情形之一的，应当认定为刑法第二百八十六条第一款和第二款规定的“后果严重”：

（一）造成十台以上计算机信息系统的主要软件或者硬件不能正常运行的；

（二）对二十台以上计算机信息系统中存储、处理或者传输的数据进行删除、修改、增加操作的；

（三）违法所得五千元以上或者造成经济损失一万元以上的；

（四）造成为一百台以上计算机信息系统提供域名解析、身份认证、计费等基础服务或者为一万以上用户提供服务的计算机信息系统不能正常运行累计一小时以上的；

（五）造成其他严重后果的。

实施前款规定行为，具有下列情形之一的，应当认定为破坏计算机信息系统“后果特别严重”：

（一）数量或者数额达到前款第（一）项至第（三）项规定标准五倍以上的；

（二）造成为五百台以上计算机信息系统提供域名解析、身份认证、计费等基础服务或者为五万以上用户提供服务的计算机信息系统不能正常运行累计一小时以上的；

（三）破坏国家机关或者金融、电信、交通、教育、医疗、能源等领域提供公共服务的计算机信息系统的功能、数据或者应用程序，致使生产、生活受到严重影响或者造成恶劣社会影响的；

（四）造成其他特别严重后果的。

第五条　具有下列情形之一的程序，应当认定为刑法第二百八十六条第三款规定的“计算机病毒等破坏性程序”：

（一）能够通过网络、存储介质、文件等媒介，将自身的部分、全部或者变种进行复制、传播，并破坏计算机系统功能、数据或者应用程序的；

（二）能够在预先设定条件下自动触发，并破坏计算机系统功能、数据或者应用程序的；

（三）其他专门设计用于破坏计算机系统功能、数据或者应用程序的程序。

第六条　故意制作、传播计算机病毒等破坏性程序，影响计算机系统正常运行，具有下列情形之一的，应当认定为刑法第二百八十六条第三款规定的“后果严重”：

（一）制作、提供、传输第五条第（一）项规定的程序，导致该程序通过网络、存储介质、文件等媒介传播的；

（二）造成二十台以上计算机系统被植入第五条第（二）、（三）项规定的程序的；

（三）提供计算机病毒等破坏性程序十人次以上的；

（四）违法所得五千元以上或者造成经济损失一万元以上的；

（五）造成其他严重后果的。

实施前款规定行为，具有下列情形之一的，应当认定为破坏计算机信息系统“后果特别严重”：

（一）制作、提供、传输第五条第（一）项规定的程序，导致该程序通过网络、存储介质、文件等媒介传播，致使生产、生活受到严重影响或者造成恶劣社会影响的；

（二）数量或者数额达到前款第（二）项至第（四）项规定标准五倍以上的；

（三）造成其他特别严重后果的。

第七条 明知是非法获取计算机信息系统数据犯罪所获取的数据、非法控制计算机信息系统犯罪所获取的计算机信息系统控制权，而予以转移、收购、代为销售或者以其他方法掩饰、隐瞒，违法所得五千元以上的，应当依照刑法第三百一十二条第一款的规定，以掩饰、隐瞒犯罪所得罪定罪处罚。

实施前款规定行为，违法所得五万元以上的，应当认定为刑法第三百一十二条第一款规定的“情节严重”。

单位实施第一款规定行为的，定罪量刑标准依照第一款、第二款的规定执行。

第八条 以单位名义或者单位形式实施危害计算机信息系统安全犯罪，达到本解释规定的定罪量刑标准的，应当依照刑法第二百八十五条、第二百八十六条的规定追究直接负责的主管人员和其他直接责任人员的刑事责任。

第九条 明知他人实施刑法第二百八十五条、第二百八十六条规定的行为，具有下列情形之一的，应当认定为共同犯罪，依照刑法第二百八十五条、第二百八十六条的规定处罚：

（一）为其提供用于破坏计算机信息系统功能、数据或者应用程序的程序、工具，违法所得五千元以上或者提供十人次以上的；

（二）为其提供互联网接入、服务器托管、网络存储空间、通讯传输通道、费用结算、交易服务、广告服务、技术培训、技术支持等帮助，违法所得五千元以上的；

（三）通过委托推广软件、投放广告等方式向其提供资金五千元以上的。

实施前款规定行为，数量或者数额达到前款规定标准五倍以上的，应当认定为刑法第二百八十五条、第二百八十六条规定的“情节特别严重”或者“后果特别严重”。

第十条 对于是否属于刑法第二百八十五条、第二百八十六条规定的“国家事务、国防建设、尖端科学技术领域的计算机信息系统”、“专门用于侵入、非法控制计算机信息系统的程序、工具”、“计算机病毒等破坏性程序”难以确定的，应当委托省级以上负责计算机信息系统安全保护管理工作的部门检验。司法机关根据检验结论，并结合案件具体情况认定。

第十一条 本解释所称“计算机信息系统”和“计算机系统”，是指具备自动处理数据功能的系统，包括计算机、网络设备、通信设备、自动化控制设备等。

本解释所称“身份认证信息”,是指用于确认用户在计算机信息系统上操作权限的数据,包括账号、口令、密码、数字证书等。

本解释所称“经济损失”,包括危害计算机信息系统犯罪行为给用户直接造成的经济损失,以及用户为恢复数据、功能而支出的必要费用。

最高人民法院关于审理毒品犯罪案件适用法律若干问题的解释(节录)

(2016年1月25日最高人民法院审判委员会第1676次会议通过,自2016年4月11日起施行 法释〔2016〕8号)

第十四条 利用信息网络,设立用于实施传授制造毒品、非法生产制毒物品的方法,贩卖毒品,非法买卖制毒物品或者组织他人吸食、注射毒品等违法犯罪活动的网站、通讯群组,或者发布实施前述违法犯罪活动的信息,情节严重的,应当依照刑法第二百八十七条之一的规定,以非法利用信息网络罪定罪处罚。

实施刑法第二百八十七条之一、第二百八十七条之二规定的行为,同时构成贩卖毒品罪、非法买卖制毒物品罪、传授犯罪方法罪等犯罪的,依照处罚较重的规定定罪处罚。

最高人民法院、最高人民检察院关于办理侵犯公民个人信息刑事案件适用法律若干问题的解释(节录)

(2017年3月20日最高人民法院审判委员会第1712次会议、2017年4月26日最高人民检察院第十二届检察委员会第63次会议通过,自2017年6月1日起施行 法释〔2017〕10号)

第八条 设立用于实施非法获取、出售或者提供公民个人信息违法犯罪活动的网站、通讯群组,情节严重的,应当依照刑法第二百八十七条之一的规定,以非法利用信息网络罪定罪处罚;同时构成侵犯公民个人信息罪的,依照侵犯公民个人信息罪定罪处罚。

第九条　网络服务提供者拒不履行法律、行政法规规定的信息网络安全管理义务,经监管部门责令采取改正措施而拒不改正,致使用户的公民个人信息泄露,造成严重后果的,应当依照刑法第二百八十六条之一的规定,以拒不履行信息网络安全管理义务罪定罪处罚。

最高人民法院、最高人民检察院关于办理组织、强迫、引诱、容留、介绍卖淫刑事案件适用法律若干问题的解释(节录)

(2017年5月8日由最高人民法院审判委员会第1716次会议、2017年7月4日由最高人民检察院第十二届检察委员会第66次会议通过,自2017年7月25日起施行　法释〔2017〕13号)

第八条第二款　利用信息网络发布招嫖违法信息,情节严重的,依照刑法第二百八十七条之一的规定,以非法利用信息网络罪定罪处罚。同时构成介绍卖淫罪的,依照处罚较重的规定定罪处罚。

最高人民法院、最高人民检察院关于办理组织考试作弊等刑事案件适用法律若干问题的解释(节录)

(2019年4月8日最高人民法院审判委员会第1765次会议、2019年6月28日最高人民检察院第十三届检察委员会第二十次会议通过,自2019年9月4日起施行　法释〔2019〕13号)

第十一条　设立用于实施考试作弊的网站、通讯群组或者发布有关考试作弊的信息,情节严重的,应当依照刑法第二百八十七条之一的规定,以非法利用信息网络罪定罪处罚;同时构成组织考试作弊罪、非法出售、提供试题、答案罪、非法获取国家秘密罪等其他犯罪的,依照处罚较重的规定定罪处罚。

最高人民法院、最高人民检察院关于办理非法利用信息网络、帮助信息网络犯罪活动等刑事案件适用法律若干问题的解释

(2019年6月3日最高人民法院审判委员会第1771次会议、2019年9月4日最高人民检察院第十三届检察委员会第二十三次会议通过,自2019年11月1日起施行 法释〔2019〕15号)

为依法惩治拒不履行信息网络安全管理义务、非法利用信息网络、帮助信息网络犯罪活动等犯罪,维护正常网络秩序,根据《中华人民共和国刑法》《中华人民共和国刑事诉讼法》的规定,现就办理此类刑事案件适用法律的若干问题解释如下:

第一条 提供下列服务的单位和个人,应当认定为刑法第二百八十六条之一第一款规定的"网络服务提供者":

(一)网络接入、域名注册解析等信息网络接入、计算、存储、传输服务;

(二)信息发布、搜索引擎、即时通讯、网络支付、网络预约、网络购物、网络游戏、网络直播、网站建设、安全防护、广告推广、应用商店等信息网络应用服务;

(三)利用信息网络提供的电子政务、通信、能源、交通、水利、金融、教育、医疗等公共服务。

第二条 刑法第二百八十六条之一第一款规定的"监管部门责令采取改正措施",是指网信、电信、公安等依照法律、行政法规的规定承担信息网络安全监管职责的部门,以责令整改通知书或者其他文书形式,责令网络服务提供

者采取改正措施。

认定“经监管部门责令采取改正措施而拒不改正”，应当综合考虑监管部门责令改正是否具有法律、行政法规依据，改正措施及期限要求是否明确、合理，网络服务提供者是否具有按照要求采取改正措施的能力等因素进行判断。

第三条　拒不履行信息网络安全管理义务，具有下列情形之一的，应当认定为刑法第二百八十六条之一第一款第一项规定的“致使违法信息大量传播”：

（一）致使传播违法视频文件二百个以上的；

（二）致使传播违法视频文件以外的其他违法信息二千个以上的；

（三）致使传播违法信息，数量虽未达到第一项、第二项规定标准，但是按相应比例折算合计达到有关数量标准的；

（四）致使向二千个以上用户账号传播违法信息的；

（五）致使利用群组成员账号数累计三千以上的通讯群组或者关注人员账号数累计三万以上的社交网络传播违法信息的；

（六）致使违法信息实际被点击数达到五万以上的；

（七）其他致使违法信息大量传播的情形。

第四条　拒不履行信息网络安全管理义务，致使用户信息泄露，具有下列情形之一的，应当认定为刑法第二百八十六条之一第一款第二项规定的“造成严重后果”：

（一）致使泄露行踪轨迹信息、通信内容、征信信息、财产信息五百条以上的；

（二）致使泄露住宿信息、通信记录、健康生理信息、交易信息等其他可能影响人身、财产安全的用户信息五千条以上的；

（三）致使泄露第一项、第二项规定以外的用户信息五万条以上的；

（四）数量虽未达到第一项至第三项规定标准，但是按相应比例折算合计达到有关数量标准的；

（五）造成他人死亡、重伤、精神失常或者被绑架等严重后果的；

（六）造成重大经济损失的；

（七）严重扰乱社会秩序的；

（八）造成其他严重后果的。

第五条　拒不履行信息网络安全管理义务，致使影响定罪量刑的刑事案件证据灭失，具有下列情形之一的，应当认定为刑法第二百八十六条之一第一款第三项规定的“情节严重”：

（一）造成危害国家安全犯罪、恐怖活动犯罪、黑社会性质组织犯罪、贪污贿赂犯罪案件的证据灭失的；

（二）造成可能判处五年有期徒刑以上刑罚犯罪案件的证据灭失的；

（三）多次造成刑事案件证据灭失的；

（四）致使刑事诉讼程序受到严重影响的；

（五）其他情节严重的情形。

第六条　拒不履行信息网络安全管理义务，具有下列情形之一的，应当认定为刑法第二百八十六条之一第一款第四项规定的“有其他严重情节”：

（一）对绝大多数用户日志未留存或者未落实真实身份信息认证义务的；

（二）二年内经多次责令改正拒不改正的；

（三）致使信息网络服务被主要用于违法犯罪的；

（四）致使信息网络服务、网络设施被用于实施网络攻击，严重影响生产、生活的；

（五）致使信息网络服务被用于实施危害国家安全犯罪、恐怖活动犯罪、黑社会性质组织犯罪、贪污贿赂犯罪或者其他重大犯罪的；

（六）致使国家机关或者通信、能源、交通、水利、金融、教育、医疗等领域提供公共服务的信息网络受到破坏，严重影响生产、生活的；

（七）其他严重违反信息网络安全管理义务的情形。

第七条 刑法第二百八十七条之一规定的"违法犯罪"，包括犯罪行为和属于刑法分则规定的行为类型但尚未构成犯罪的违法行为。

第八条 以实施违法犯罪活动为目的而设立或者设立后主要用于实施违法犯罪活动的网站、通讯群组，应当认定为刑法第二百八十七条之一第一款第一项规定的"用于实施诈骗、传授犯罪方法、制作或者销售违禁物品、管制物品等违法犯罪活动的网站、通讯群组"。

第九条 利用信息网络提供信息的链接、截屏、二维码、访问账号密码及其他指引访问服务的，应当认定为刑法第二百八十七条之一第一款第二项、第三项规定的"发布信息"。

第十条 非法利用信息网络，具有下列情形之一的，应当认定为刑法第二百八十七条之一第一款规定的"情节严重"：

（一）假冒国家机关、金融机构名义，设立用于实施违法犯罪活动的网站的；

（二）设立用于实施违法犯罪活动的网站，数量达到三个以上或者注册账号数累计达到二千以上的；

（三）设立用于实施违法犯罪活动的通讯群组，数量达到五个以上或者群组成员账号数累计达到一千以上的；

（四）发布有关违法犯罪的信息或者为实施违法犯罪活动发布信息，具有下列情形之一的：

1. 在网站上发布有关信息一百条以上的；

2. 向二千个以上用户账号发送有关信息的；

3. 向群组成员数累计达到三千以上的通讯群组发送有关信息的；

4. 利用关注人员账号数累计达到三万以上的社交网络传播有关信息的；

（五）违法所得一万元以上的；

（六）二年内曾因非法利用信息网络、帮助信息网络犯罪活动、危害计算机信息系统安全受过行政处罚，又非法利用信息网络的；

（七）其他情节严重的情形。

第十一条 为他人实施犯罪提供技术支持或者帮助，具有下列情形之一的，可以认定行为人明知他人利用信息网络实施犯罪，但是有相反证据的除外：

（一）经监管部门告知后仍然实施有关行为的；

（二）接到举报后不履行法定管理职责的；

（三）交易价格或者方式明显异常的；

（四）提供专门用于违法犯罪的程序、工具或者其他技术支持、帮助的；

（五）频繁采用隐蔽上网、加密通信、销毁数据等措施或者使用虚假身份，逃避监管或者规避调查的；

（六）为他人逃避监管或者规避调查提供技术支持、帮助的；

（七）其他足以认定行为人明知的情形。

第十二条 明知他人利用信息网络实施犯罪，为其犯罪提供帮助，具有下列情形之一的，应当认定为刑法第二百八十七条之二第一款规定的“情节严重”：

（一）为三个以上对象提供帮助的；

（二）支付结算金额二十万元以上的；

（三）以投放广告等方式提供资金五万元以上的；

（四）违法所得一万元以上的；

（五）二年内曾因非法利用信息网络、帮助信息网络犯罪活动、危害计算机信息系统安全受过行政处罚，又帮助信息网络犯罪活动的；

（六）被帮助对象实施的犯罪造成严重后果的；

（七）其他情节严重的情形。

实施前款规定的行为，确因客观条件限制无法查证被帮助对象是否达到犯罪的程度，但相关数额总计达到前款第二项至第四项规定标准五倍以上，或者造成特别严重后果的，应当以帮助信息网络犯罪活动罪追究行为人的刑事责任。

第十三条　被帮助对象实施的犯罪行为可以确认，但尚未到案、尚未依法裁判或者因未达到刑事责任年龄等原因依法未予追究刑事责任的，不影响帮助信息网络犯罪活动罪的认定。

第十四条　单位实施本解释规定的犯罪的，依照本解释规定的相应自然人犯罪的定罪量刑标准，对直接负责的主管人员和其他直接责任人员定罪处罚，并对单位判处罚金。

第十五条　综合考虑社会危害程度、认罪悔罪态度等情节，认为犯罪情节轻微的，可以不起诉或者免予刑事处罚；情节显著轻微危害不大的，不以犯罪论处。

第十六条　多次拒不履行信息网络安全管理义务、非法利用信息网络、帮助信息网络犯罪活动构成犯罪，依法应当追诉的，或者二年内多次实施前述行为未经处理的，数量或者数额累计计算。

第十七条 对于实施本解释规定的犯罪被判处刑罚的,可以根据犯罪情况和预防再犯罪的需要,依法宣告职业禁止;被判处管制、宣告缓刑的,可以根据犯罪情况,依法宣告禁止令。

第十八条 对于实施本解释规定的犯罪的,应当综合考虑犯罪的危害程度、违法所得数额以及被告人的前科情况、认罪悔罪态度等,依法判处罚金。

第十九条 本解释自2019年11月1日起施行。

最高人民法院、最高人民检察院关于办理环境污染刑事案件适用法律若干问题的解释(节录)

(2023年3月27日最高人民法院审判委员会第1882次会议、2023年7月27日最高人民检察院第十四届检察委员会第十次会议通过,自2023年8月15日起施行　法释〔2023〕7号)

第十一条 违反国家规定,针对环境质量监测系统实施下列行为,或者强令、指使、授意他人实施下列行为,后果严重的,应当依照刑法第二百八十六条的规定,以破坏计算机信息系统罪定罪处罚:

(一)修改系统参数或者系统中存储、处理、传输的监测数据的;

(二)干扰系统采样,致使监测数据因系统不能正常运行而严重失真的;

(三)其他破坏环境质量监测系统的行为。

重点排污单位、实行排污许可重点管理的单位篡改、伪造自动监测数据或者干扰自动监测设施,排放化学需氧量、氨氮、二氧化硫、氮氧化物等污染物,同时构成污染环境罪和破坏计算机信息系统罪的,依照处罚较重的规定定罪处罚。

从事环境监测设施维护、运营的人员实施或者参与实施篡改、伪造自动监测数据、干扰自动监测设施、破坏环境质量监测系统等行为的,依法从重处罚。

参考文献

一、著作类文献

1.［德］埃里克·希尔根多夫:《德国刑法学:从传统到现代》,江溯、黄笑岩等译,北京大学出版社 2015 年版。

2.［德］恩施特·贝林:《构成要件理论》,王安异译,中国人民公安大学出版社 2006 年版。

3.［德］弗兰茨·冯·李斯特、埃贝哈德·施密特:《德国刑法教科书》,徐久生译,法律出版社 2000 年版。

4.［德］冈特·施特拉腾韦特、洛塔尔·库伦:《刑法总论Ⅰ——犯罪论》,杨萌译,法律出版社 2004 年版。

5.［德］汉斯·海因里希·耶塞克、托马斯·魏根特:《德国刑法教科书》,徐久生译,中国法制出版社 2001 年版。

6.［德］汉斯·韦尔策尔:《目的行为论导论:刑法理论的新图景》,陈璇译,中国人民大学出版社 2015 年版。

7.［德］卡尔·恩吉施:《法律思维导论》,郑永流译,法律出版社 2004 年版。

8. [德]卡尔·拉伦茨:《德国民法通论》,王晓晔等译,法律出版社 2003 年版。

9. [德]卡尔·拉伦茨:《法学方法论》,陈爱娥译,商务印书馆 2003 年版。

10. [德]克劳斯·罗克辛:《德国刑法学总论》(第 1 卷),王世洲译,法律出版社 2005 年版。

11. [德]克劳斯·罗克辛:《德国刑法学总论(第 2 卷)》,王世洲译,法律出版社 2013 年版。

12. [德]克劳斯·罗克辛:《刑事政策与刑法体系》,蔡桂生译,中国人民大学出版社 2011 年版。

13. [德]李斯特:《德国刑法教科书》,徐久生译,法律出版社 2006 年版。

14. [德]乌尔里希·齐白:《全球风险社会与信息社会中的刑法:二十一世纪刑法模式的转换》,周遵友、江溯等译,中国法制出版社 2012 年版。

15. [德]乌尔斯·金德霍伊泽尔:《刑法总论教科书》,蔡桂生译,北京大学出版社 2015 年版。

16. [德]雅克布斯:《行为　责任　刑法——机能性描述》,冯军译,中国政法大学出版社 1997 年版。

17. [德]约翰内斯·韦塞尔斯:《德国刑法总论》,李昌珂译,法律出版社 2008 年版。

18. [法]达尼埃尔·马丁、弗雷德里克-保罗·马丁:《网络犯罪:危险、风险与反击》,卢建平译,中国大百科全书出版社 2002 年版。

19. [法]孟德斯鸠:《波斯人信札》,罗大冈译,人民文学出版社 1958 年版。

20. [美]曼纽尔·卡斯特:《网络社会的崛起》,夏铸九等译,社会科学文献出版社 2001 年版。

21. [美]乔治·弗莱彻:《反思刑法》,邓子滨译,华夏出版社 2008 年版。

22. [美]维纳:《控制论》,郝季仁译,科学出版社 1963 年版。

23. [美]休伯特·德雷福斯:《计算机不能做什么——人工智能的极限》,宁春岩译,三联书店 1986 年版。

24. [日]川端博:《現代刑法理論の現状と課題:川端博対談集》,成文堂 2005 年版。

25. [日]林干人:《刑法総論》,東京大学出版会 2008 年版。

26. [日]木村龟二:《新刑法読本》,法文社 1959 年版。

27. [日]平野龙一:《刑法総論Ⅱ》,有斐阁 1972 年版。

28. [日]佐伯千仞:《刑法における期待可能性の思想》,有斐阁 1947 年版。

29. [日]曾根威彦:《刑法総論》,弘文堂 2008 年版。

30. [日]曾根威彦:《刑法学基础》,黎宏译,法律出版社 2005 年版。

31. [日]川端博:《刑法総論講義》,成文堂 2006 年版。

32. [日]大谷实:《刑法讲义总论》,黎宏译,中国人民大学出版社 2007 年版。

33. [日]大谷实:《刑法总论》,黎宏译,法律出版社 2003 年版。

34. [日]大冢仁:《刑法概说》,冯军译,中国人民大学出版社 2009 年版。

35. [日]大冢仁:《刑法概说》,有斐阁 2008 年版。

36. [日]大冢仁[ほか]编:《大コンメンタール刑法》,青林书院 1999 年版。

37. [日]高桥则夫:《共犯体系和共犯理论》,冯军、毛乃纯译,中国人民大学出版社 2010 年版。

38. [日]高桥则夫:《刑法総論》,成文堂2016年版。

39. [日]关哲夫:《講義刑法総論》,成文堂2015年版。

40. [日]井田良:《講義刑法学·総論》,有斐阁2008年版。

41. [日]井田良:《刑法总论的理论构造》,秦一禾译,中国政法大学出版社2021年版。

42. [日]井田良:《刑法総論の理論構造》,成文堂2005年版。

43. [日]立石二六:《刑法総論》,成文堂2008年版。

44. [日]立石二六:《刑法総論30講》,成文堂2007年版。

45. [日]铃木茂嗣:《刑法総論(犯罪論)》,成文堂2001年版。

46. [日]齐藤金作:《共犯理論の研究》,有斐阁1954年版。

47. [日]前田雅英:《刑法总论讲义》,曾文科译,北京大学出版社2017年版。

48. [日]前田雅英:《刑法総論講義》,东京大学出版会2019年版。

49. [日]浅田和茂:《刑法総論》,成文堂2007年版。

50. [日]桥本正博:《行為支配論と正犯理論》,有斐阁2000年版。

51. [日]山口厚:《危険犯の研究》,东京大学出版会1982年版。

52. [日]山口厚:《刑法各论》,王昭武译,中国人民大学出版社2011年版。

53. [日]山口厚:《刑法总论》,付立庆译,中国人民大学出版社2018年版。

54. [日]山口厚:《刑法総論》,有斐阁2007年版。

55. [日]山中敬一:《刑法各論》,成文堂2004年版。

56. [日]山中敬一:《刑法総論》,成文堂2015年版。

57. [日]松原芳博:《刑法総論》,日本评论社2013年版。

58. [日]田口守一、川上拓一、田中利彦编:《確認刑事訴訟法用語250》,成文堂 2009 年版。

59. [日]团藤重光:《刑法綱要総論》,创文社 1990 年版。

60. [日]西田典之:《日本刑法总论》,王昭武、刘明祥译,法律出版社 2013 年版。

61. [日]西田典之:《刑法総論》,弘文堂 2010 年版。

62. [日]西田修:《浅谈电子计算机犯罪》,何为译,群众出版社 1986 年版。

63. [日]西原春夫:《刑法総論(上卷)》,成文堂 1993 年版。

64. [日]西原春夫:《刑法総論(下卷)》,成文堂 1993 年版。

65. [日]小野清一郎:《犯罪構成要件の理論》,有斐阁 1953 年版。

66. [日]小野清一郎:《新訂刑法講義總論》,有斐阁 1952 年版。

67. [日]佐伯仁志:《刑法总论的思之道·乐之道》,于佳佳译,中国政法大学出版社 2017 年版。

68. [意]贝卡里亚:《论犯罪与刑罚》,黄风译,中国大百科全书出版社 1993 年版。

69. [意]卢西亚诺·弗洛里迪:《计算与信息哲学导论(上册)》,刘钢译,商务印书馆 2010 年版。

70. [英]边沁:《立法理论——刑法典原理》,李贵方等译,中国人民公安大学出版社 1993 年版。

71. [英]哈特:《法律的概念》,许家馨、李冠宜译,法律出版社 2018 年版。

72.《刑法学》编写组:《刑法学(上册·总论)》,高等教育出版社 2019 年版。

73. 蔡桂生:《构成要件论》,中国人民大学出版社 2015 年版。

74. 陈洪兵:《中国式的刑法竞合问题研究》,中国政法大学出版社 2016

年版。

75. 陈家林:《论帮助犯的因果关系》,载林维主编:《共犯论研究》,北京大学出版社 2014 年版。

76. 陈家林:《外国刑法理论的思潮与流变》,中国人民公安大学 2017 年版。

77. 陈奎、刘宇晖:《网络法十六讲》,对外经济贸易大学出版社 2014 年版。

78. 陈兴良:《本体刑法学》,商务印书馆 2001 年版。

79. 陈兴良:《教义刑法学》,中国人民大学出版社 2017 年版。

80. 陈兴良:《口授刑法学》,中国人民大学出版社 2007 年版。

81. 陈兴良:《罪名指南》,中国人民大学出版社 2007 年版。

82. 陈子平:《刑法总论》,中国人民大学出版社 2009 年版。

83. 邓世昆:《计算机网络》,北京理工大学出版社 2018 年版。

84. 甘添贵:《罪数理论之研究》,中国人民大学出版社 2008 年版。

85. 高铭暄、马克昌:《刑法学》,北京大学出版社 2019 年版。

86. 高铭暄、赵秉志:《新中国刑法立法文献资料总览》,中国人民公安大学出版社 2015 年版。

87. 葛磊:《〈刑法修正案(七)〉深度解读与实务》,中国法制出版社 2009 年版。

88. 公安部计算机管理监察司:《计算机安全必读》,群众出版社 1988 年版。

89. 郭达伟、张胜兵、张隽:《计算机网络》,西北大学出版社 2019 年版。

90. 黄茂荣:《法学方法与现代民法》,中国政法大学出版社 2001 年版。

91. 黄荣坚:《刑法问题与利益思考》,中国人民大学出版社 2009 年版。

92. 江苏省高级人民法院:《江苏省高级人民法院公报》(2020 年第 6 辑),法律出版社 2021 年版。

93. 姜涛:《刑法总论入门笔记》,法律出版社 2018 年版。

94. 姜伟:《罪过形式论》,北京大学出版社 2008 年版。

95. 郎胜:《中华人民共和国刑法释解》,群众出版社 1997 年版。

96. 郎胜:《中华人民共和国刑法释义》,法律出版社 2015 年版。

97. 黎宏:《日本刑法精义》,法律出版社 2008 年版。

98. 黎宏:《刑法学各论》,法律出版社 2016 年版。

99. 黎宏:《刑法学总论》,法律出版社 2016 年版。

100. 黎宏:《刑法总论问题思考》,中国人民大学出版社 2007 年版。

101. 黎宏:《刑法总论问题思考》,中国人民大学出版社 2016 年版。

102. 李道亮、傅泽田、田东:《智能系统:基础、方法及其在农业中的应用》,清华大学出版社 2004 年版。

103. 李建松、唐雪华:《地理信息系统原理》,武汉大学出版社 2015 年版。

104. 林山田:《刑法特论(上册)》,台北,三民书局 1978 年版。

105. 林山田:《刑法通论(下册)》,北京大学出版社 2012 年版。

106. 刘广三:《计算机犯罪论》,中国人民大学出版社 1999 年版。

107. 刘守芬:《技术制衡下的网络刑事法研究》,北京大学出版社 2006 年版。

108. 刘宪权:《人工智能时代的刑法观》,上海人民出版社 2019 年版。

109. 罗琼:《计算机科学导论》,北京邮电大学出版社 2016 年版。

110. 聂军:《计算机导论》,北京理工大学出版社 2021 年版。

111. 欧阳本祺:《实质刑法基本立场与方法》,法律出版社 2021 年版。

112. 潘淑岩:《网络虚拟财产继承法律制度研究》,中国政法大学出版社2017年版。

113. 皮勇:《网络犯罪比较研究》,中国人民公安大学出版社2005年版。

114. 曲伶俐:《刑法修正案(七)及网络犯罪实务问题研究》,中国人民公安大学出版社2010年版。

115. 全国人大常委会法制工作委员会刑法室:《〈刑法修正案(九)〉最新问答》,法律出版社2015年版。

116. 全国人大常委会法制工作委员会刑法室:《〈中华人民共和国刑法〉释义及实用指南》,中国民主法制出版社2016年版。

117. 任彦君:《犯罪的网络异化与治理研究》,中国政法大学出版社2017年版。

118. 施鹤群:《人工智能简史》,上海科学技术文献出版社2020年版。

119. 孙道萃:《罪责刑关系论》,法律出版社2015年版。

120. 孙景仙、安永勇:《网络犯罪研究》,知识产权出版社2006年版。

121. 田宏杰:《违法性认识研究》,中国政法大学出版社1998年版。

122. 汪恭政、皮勇:《第三方支付平台犯罪及刑事责任研究》,中国社会科学出版社2020年版。

123. 王爱立:《中华人民共和国刑法修正案(九)(十)解读》,中国法制出版社2018年版。

124. 王光宇、李海玉:《计算机科学概论》,电子科技大学出版社2016年版。

125. 王胜明:《中华人民共和国侵权责任法释义》,法律出版社2013年版。

126. 王肃之:《网络犯罪原理》,人民法院出版社2019年版。

127. 王小青:《刑法学总论重点与常见疑难问题探讨》,中国政法大学出版社 2015 年版。

128. 王云斌:《网络犯罪》,经济管理出版社 2002 年版。

129. 邬焜:《信息哲学——理论、体系、方法》,商务印书馆 2005 年版。

130. 夏锦尧:《计算机犯罪问题的调查分析与防范》,中国人民公安大学出版社 2001 年版。

131. 谢望原、赫兴旺:《刑法分论》,中国人民大学出版社 2016 年版。

132. 徐恪、李沁:《算法统治世界:智能经济的隐形秩序》,清华大学出版社 2017 年版。

133. 许玉秀:《主观与客观之间——主观理论与客观归责》,法律出版社 2008 年版。

134. 严耕:《网络伦理》,北京出版社 1998 年版。

135. 郭旨龙:《网络刑法的逻辑与经验》,中国法制出版社 2015 年版。

136. 喻海松:《网络犯罪二十讲》,法律出版社 2018 年版。

137. 张明楷:《法益初论(上册)》,商务印书馆 2021 年版。

138. 张明楷:《外国刑法纲要》,法律出版社 2020 年版。

139. 张明楷:《刑法的基本立场》,中国法制出版社 2002 年版。

140. 张明楷:《刑法学(上)》,法律出版社 2021 年版。

141. 张明楷:《刑法学(下)》,法律出版社 2021 年版。

142. 张明楷:《刑法学》,法律出版社 2016 年版。

143. 张新宝:《互联网上的侵权问题研究》,中国人民大学出版社 2003 年版。

144. 赵秉志:《刑法总论》,中国人民大学出版社 2016 年版。

145. 赵廷光、朱华池、皮勇:《计算机犯罪的定罪与量刑》,人民法院出版社2000年版。

146. 郑健才:《刑法总则》,台北,三民书局1982年版。

147. 周光权:《刑法总论》,中国人民大学出版社2011年版。

148. 周光权:《刑法总论》,中国人民大学出版社2016年版。

149. 周光权:《行为无价值论的中国展开》,法律出版社2015年版。

150. 庄劲:《罪数的理论与实务》,中国人民公安大学出版社2012年版。

二、论文类文献

1. [德]克劳斯·罗克辛:《正犯与犯罪事实支配理论》,劳东燕译,载陈兴良主编:《刑事法评论》第25卷,北京大学出版社2009年版。

2. [德]洛塔尔·库伦:《法益理论与新形式犯罪类型》,载《苏州大学学报(法学版)》2021年第2期。

3. [德]托马斯·维施迈尔:《人工智能系统的规制》,马可译,赵精武校,载《法治社会》2021年第5期。

4. [德]乌尔里希·齐白:《网络服务提供者的刑法责任——刑法总论中的核心问题》,王华伟译,载赵秉志主编:《刑法论丛》第48卷,法律出版社2016年版。

5. [德]乌尔斯·金德霍伊泽尔:《法益保护与规范效力的保障:论刑法的目的》,陈璇译,载《中外法学》2015年第2期。

6. [德]雅克布斯:《刑法保护什么:法益还是规范效力?》,载渥美东洋等编:《刑事法学的现实和发展:齐藤诚二先生古稀纪念文集》,信山社2003年版。

7. [俄]康斯坦丁・科林:《信息的现实结构、本质和信息科学的哲学基础》,邬焜译,载《西北大学学报(哲学社会科学版)》2012 年第 2 期。

8. [日]后藤启介:《間接正犯論の新展開:ドイツ刑法の現状が日本刑法に示唆するもの》,载《慶應法学》2012 年第 24 号。

9. [日]曽根威彦:《客観的帰属論の体系論的考察ーロクシンの見解を中心としてー》,载西原春夫先生古稀祝贺论文集编集委员会编:《西原春夫先生古稀祝賀論文集》,成文堂 1998 年版。

10. [日]辰井聡子:《因果関係論》,载川端博、浅田和茂、山口厚、井田良编:《理論刑法学の探究》,成文堂 2008 年版。

11. [日]成瀬幸典:《条件関係について》,载森本益之、加藤久雄、生田胜义编:《刑事法学の潮流と展望:大野眞義先生古稀祝賀》,世界思想社 2000 年版。

12. [日]虫明满:《法条競合と包括一罪(二)》,载《香川法学》1983 年第 2 期。

13. [日]川端博:《正犯と共犯の区別の基準》,载《現代刑事法:その理論と実務》1999 年第 2 号。

14. [日]川口浩一:《ドイツにおける法益保護主義批判とそれに対する反論》,载《刑法雑誌》2007 年第 1 号。

15. [日]井田良:《講演　量刑をめぐる理論と実務》,载《司法研修所論集》2004 年第 2 号。

16. [日]井田良:《刑法上行为非价与结果非价之未解争议》,薛智仁译,载《月旦法学杂志》2018 年第 6 期。

17. [日]齐藤金作:《共犯立法について》,载《早稲田法学》1958

年第 3 号。

18. [日]藤本哲也:《信息化社会和电子计算机的犯罪》,高作宾译,载《国外社会科学》1987 年第 3 期。

19. [日]西贝吉晃:《中立的行為による幇助における現代的課題》,载《東京大学法科大学院ローレビュー》2010 年第 5 卷。

20. [日]小林宪太郎:《いわゆる結果回避可能性について》,载《刑法雑誌》2003 年第 3 号。

21. [日]只木诚:《観念的競合における明示機能》,载《研修》2011 年第 754 号。

22. [英]丹尼斯・贝克:《运用刑法总则理论治理网络犯罪》,高艳东、张琼珲译,载《人民检察》2019 年第 5 期。

23. [英]L・弗洛里迪:《信息哲学的若干问题》,刘钢译,载《世界哲学》2004 年第 5 期。

24. 白建军:《坚硬的理论、弹性的规则——罪刑法定研究》,载《北京大学学报》2008 年第 6 期。

25. 北京师范大学刑事法律科学研究院:《徐强破坏计算机信息系统案(最高人民法院指导案例 103 号)》,载《刑事法判解研究》2018 年第 38 辑。

26.《创新科技》编辑部:《1983 年中国第一台巨型计算机问世》,载《创新科技》2009 年第 10 期。

27. 蔡桂生:《论故意在犯罪论体系中的双层定位——兼论消极的构成要件要素》,载《环球法律评论》2013 年第 6 期。

28. 蔡荣、刘嘉毅:《数字时代网络撞库行为的刑法规制》,载《重庆行政》2022 年第 3 期。

29. 常磊:《犯罪对象概念的批判性考察》,载《法制与社会发展》2009 年第 4 期。

30. 车浩:《刑事立法的法教义学反思——基于〈刑法修正案(九)〉的分析》,载《法学》2015 年第 10 期。

31. 陈国庆、韩耀元、吴峤滨:《〈关于办理危害计算机信息系统安全刑事案件应用法律若干问题的解释〉理解与适用》,载《人民检察》2011 年第 20 期。

32. 陈洪兵:《"情节严重"司法解释的纰缪及规范性重构》,载《东方法学》2019 年第 4 期。

33. 陈洪兵:《不必严格区分法条竞合与想象竞合——大竞合论之提倡》,载《清华法学》2012 年第 1 期。

34. 陈洪兵:《论拒不履行信息网络安全管理义务罪的适用空间》,载《政治与法律》2017 年第 12 期。

35. 陈结淼、董杰:《论信息网络犯罪的适用——以〈刑法修正案(九)〉新增为例》,载《南华大学学报(社会科学版)》2017 年第 1 期。

36. 陈罗兰:《虚拟财产的刑法意义》,载《法学》2021 年第 11 期。

37. 陈帅:《论强人工智能体刑事责任主体之否定》,载《成都理工大学学报(社会科学版)》2021 年第 2 期。

38. 陈兴良:《"无行为则无犯罪"——为一条刑法格言辩护》,载《中外法学》1999 年第 5 期。

39. 陈兴良:《共犯行为的正犯化:以帮助信息网络犯罪活动罪为视角》,载《比较法研究》2022 年第 2 期。

40. 陈兴良:《刑法分则规定之明知:以表现犯为解释进路》,载《法学家》2013 年第 3 期。

41. 陈兴良:《刑法教义学中的规范评价》,载《法律科学》2023 年第 2 期。

42. 陈兴良:《虚拟财产的刑法属性及其保护路径》,载《中国法学》2017 年第 2 期。

43. 陈兴良:《作为义务:从形式的义务论到实质的义务论》,载《国家检察官学院学报》2010 年第 3 期。

44. 储槐植、汪永乐:《刑法因果关系研究》,载《中国法学》2001 年第 2 期。

45. 崔铁军、李莎莎:《人和人工智能系统的概念形成过程研究》,载《智能系统学报》2022 年第 5 期。

46. 崔征:《论我国网络犯罪行为的刑法规制》,载《人民论坛》2016 年第 22 期。

47. 董璞玉:《非法利用信息网络罪的适用边界探析》,载《大连理工大学学报》2020 年第 6 期。

48. 董玉庭:《再论计算机犯罪概念》,载《当代法学》2005 年第 6 期。

49. 杜磊:《网络犯罪的特征与刑法规制路径》,载《河北法学》2017 年第 7 期。

50. 杜宇:《刑法学上“类型观”的生成与展开:以构成要件理论的发展为脉络》,载《复旦学报(社会科学版)》2010 年第 5 期。

51. 冯军:《刑法教义学的立场和方法》,载《中外法学》2014 年第 1 期。

52. 付晓雅:《〈中华人民共和国刑法修正案(九)〉专题研究》,载《法学杂志》2015 年第 11 期。

53. 高富平:《个人信息保护:从个人控制到社会控制》,载《法学研究》2018 年第 3 期。

54. 高铭暄、王红:《互联网 + 人工智能全新时代的刑事风险与犯罪类型化分析》,载《暨南学报(哲学社会科学版)》2018 年第 9 期。

55. 顾万炎:《对“依照处罚轻重的规定定罪处罚”的重新理解》,载《中国检察官》2011 年第 2 期。

56. 郭旨龙:《非法获取计算机信息系统数据罪的规范结构与罪名功能——基于案例与比较法的反思》,载《政治与法律》2021 年第 1 期。

57. 何庆仁:《归责视野下共同犯罪的区分制与单一制》,载《法学研究》2016 年第 3 期。

58. 何荣功:《预防刑法的扩张及其限度》,载《法学研究》2017 年第 4 期。

59. 何向东、王磊:《中西哲学因果关系研究的回顾及其启示》,载《哲学研究》2010 年第 2 期。

60. 胡建淼:《论中国“行政强制措施”概念的演变及定位》,载《中国法学》2002 年第 6 期。

61. 胡莎:《非法利用信息网络罪适用问题研究——“被虚置”与“口袋化”》,载《法治社会》2019 年第 3 期。

62. 胡云腾、周加海、周海洋:《〈关于办理盗窃刑事案件适用法律若干问题的解释〉的理解与适用》,载《人民司法》2014 年第 15 期。

63. 黄云波:《论人工智能时代的刑事责任主体:误区、立场与类型》,载《中国应用法学》2019 年第 2 期。

64. 纪海龙:《数据的私法定位与保护》,载《法学研究》2018 年第 6 期。

65. 贾银生:《类型重塑与体系协调:网络服务提供者的刑事归责路径》,载《法律适用》2021 年第 6 期。

66. 贾银生:《流量造假犯罪刑法规制核心问题研究》,载《当代法学》2023 年第 2 期。

67. 江溯:《帮助信息网络犯罪活动罪的解释方向》,载《中国刑事法杂志》2020 年第 5 期。

68. 江溯:《论犯罪故意在三阶层体系中的地位》,载《法学论坛》2022 年第 1 期。

69. 姜金良:《法益解释论下非法利用信息网络罪的司法适用——基于〈刑法修正案(九)〉以来裁判文书样本的分析》,载《法律适用》2019 年第 15 期。

70. 姜涛:《人之图像与刑法实质解释》,载《政法论坛》2013 年第 3 期。

71. 蒋巍:《人工智能犯罪的主体定位与责任分配问题研究》,载《广西民族大学学报(哲学社会科学版)》2019 年第 5 期。

72. 金鸿浩:《互联网时代传播淫秽物品罪的实务反思与规则重塑——基于对 368 份传播淫秽物品罪判决书的分析》,载《华东政法大学学报》2016 年第 2 期。

73. 敬力嘉:《论拒不履行网络安全管理义务罪——以网络中介服务者的刑事责任为中心展开》,载《政治与法律》2017 年第 1 期。

74. 蓝学友:《规制抽象危险犯的新路径:双层法益与比例原则的融合》,载《法学研究》2019 年第 6 期。

75. 劳东燕:《个人数据的刑法保护模式》,载《比较法研究》2020 年第 5 期。

76. 黎宏:《论"帮助信息网络犯罪活动罪"的性质及其适用》,载《法律适用》2017 年第 21 期。

77. 黎宏:《刑法因果关系论考察》,载《清华法学》2022 年第 3 期。

78. 黎其武:《浅析惩治淫秽信息犯罪案件司法解释》,载《信息网络安全》2010 年第 6 期。

79. 李本灿:《拒不履行信息网络安全管理义务罪的两面性解读》,载《法学论坛》2017 年第 3 期。

80. 李怀胜:《网络空间中的技术过失行为初论》,载《政法论坛》2011 年第 3 期。

81. 李世阳:《拒不履行网络安全管理义务罪的适用困境与解释出路》,载《当代法学》2018 年第 5 期。

82. 李遐桢、侯春平:《论非法获取计算机信息系统数据罪的认定——以法解释学为视角》,载《河北法学》2014 年第 5 期。

83. 李源粒:《网络安全与平台服务商的刑事责任》,载《法学论坛》2014 年第 6 期。

84. 梁根林:《传统犯罪网络化:归责障碍、刑法应对与教义限缩》,载《法学》2017 年第 2 期。

85. 梁根林:《间接正犯的中国命运》,载《比较法研究》2019 年第 5 期。

86. 梁根林:《预备犯普遍处罚原则的困境与突围》,载《中国法学》2011 年第 2 期。

87. 廖斌、何显兵:《论网络虚假信息的刑法规制》,载《法律适用》2015 年第 3 期。

88. 廖瑜:《计算机犯罪概念析》,载《西南民族学院学报(哲学社会科学版)》2001 年第 4 期。

89. 林旭霞:《虚拟财产权性质论》,载《中国法学》2009 年第 1 期。

90. 林亚刚:《试论德、日刑法中犯罪过失在犯罪论体系中的地位》,载《国家检察官学院学报》2000 年第 1 期。

91. 刘畅、吴倩:《非法控制计算机信息系统罪的构成》,载《人民司法》2021 年第 23 期。

92. 刘刚:《论罪数评价》,载《法律科学》2011 年第 3 期。

93. 刘明祥:《窃取网络虚拟财产行为定性探究》,载《法学》2016 年第 1 期。

94. 刘仁文、汪恭政:《网络犯罪帮助行为的刑法认定》,载《法治研究》2023 年第 2 期。

95. 刘仁文、杨学文:《帮助行为正犯化的网络语境——兼及对犯罪参与理论的省思》,载《法律科学》2017 年第 3 期。

96. 刘瑞瑞:《人工智能时代背景下的刑事责任主体化资格问题探析》,载《江汉论坛》2021 年第 11 期。

97. 刘守芬、孙晓芳:《论网络犯罪》,载《北京大学学报(哲学社会科学版)》2001 年第 3 期。

98. 刘伟:《网络直播犯罪研究》,载《江西社会科学》2020 年第 5 期。

99. 刘文杰:《网络服务提供者的安全保障义务》,载《中外法学》2012 年第 2 期。

100. 刘宪权、房慧颖:《涉人工智能犯罪的前瞻性刑法思考》,载《安徽大学学报(哲学社会科学版)》2019 年第 1 期。

101. 刘宪权、石雄:《网络数据犯罪刑法规制体系的构建》,载《法治研究》2021 年第 6 期。

102. 刘宪权:《"互联网 3.0"时代计算机系统犯罪刑法规制的重构》,载《华东政法大学学报》2022 年第 5 期。

103. 刘宪权:《人工智能时代的"内忧""外患"与刑事责任》,载《东方法学》2018 年第 1 期。

104. 刘宪权:《人工智能时代机器人行为道德伦理与刑法规制》,载《比较法研究》2018 年第 4 期。

105. 刘宪权:《涉人工智能犯罪中研发者主观罪过的认定》,载《比较法研究》2019 年第 4 期。

106. 刘宪权:《罪数形态理论正本清源》,载《法学研究》2009 年第 4 期。

107. 刘艳红:《洗钱罪删除"明知"要件后的理解与适用》,载《当代法学》2021 年第 4 期。

108. 刘迎霜:《"使用即同意"规则与网络服务提供者的法律规制》,载《社会科学》2015 年第 7 期。

109. 卢尧:《计算机与网络犯罪含义的法律视角探析》,载《北京邮电大学学报(社会科学版)》2010 年第 1 期。

110. 陆旭:《网络服务提供者的刑事责任及展开——兼评〈刑法修正案(九)〉的相关规定》,载《法治研究》2015 年第 6 期。

111. 路鹃:《新媒体环境下侵入他人计算机系统窃取信息的侵权责任认定》,载《兰州大学学报(社会科学版)》2016 年第 4 期。

112. 米铁男:《基于法益保护的计算机犯罪体系之重构》,载《河南大学学报(社会科学版)》2014 年第 4 期。

113. 欧阳本祺:《论网络时代刑法解释的限度》,载《中国法学》2017 年第 3 期。

114. 欧阳本祺:《论虚拟财产的刑法保护》,载《政治与法律》2019 年第 9 期。

115. 彭文华:《人工智能的刑法规制》,载《现代法学》2019 年第 5 期。

116. 皮勇、黄琰:《论刑法中的"应当知道"——兼论刑法边界的扩张》,载《法学评论》2012 年第 1 期。

117. 皮勇:《互联网上淫秽信息涉罪的几个问题》,载《法学评论》2002 年第 3 期。

118. 皮勇:《论网络服务提供者的管理义务及刑事责任》,载《法商研究》2017 年第 5 期。

119. 皮勇:《论新型网络犯罪立法及其适用》,载《中国社会科学》2018 年第 10 期。

120. 皮勇:《人工智能刑事法治的基本问题》,载《比较法研究》2018 年第 5 期。

121. 钱叶六:《不作为犯的实行行为及其着手之认定》,载《法学评论》2009 年第 1 期。

122. 钱叶六:《双层区分制下正犯与共犯的区分》,载《法学研究》2012 年第 1 期。

123. 秦雪娜:《论正犯标准的规范性重构——从"实际作用"转向"规范能力"》,载《比较法研究》2020 年第 3 期。

124. 石魏、贾长森:《传播木马程序盗取身份认证信息后进行交易的定性》,载《人民司法》2017 年第 23 期。

125. 舒国滢、宋旭光:《以证据为根据还是以事实为根据?——与陈波教授商榷》,载《政法论丛》2018 年第 1 期。

126. 苏家成:《提供侵入、非法控制计算机信息系统程序、工具罪的认定》,载《人民司法》2013 年第 12 期。

127. 苏诺雅:《中国超算技术赶超发展模式探析》,载《国防科技大学学报》2021 年第 3 期。

128. 苏青:《认识网络犯罪:基于类型思维的二元视角》,载《法学评论》2022 年第 2 期。

129. 苏青:《数据犯罪的规制困境及其对策完善——基于非法获取计算机信息系统数据罪的展开》,载《法学》2022 年第 7 期。

130. 苏青:《网络谣言的刑法规制:基于〈刑法修正案(九)〉的解读》,载《当代法学》2017 年第 1 期。

131. 孙道萃:《非法利用信息网络罪的适用疑难与教义学表述》,载《浙江工商大学学报》2018 年第 1 期。

132. 孙笛:《人工智能体刑事主体资格否定论》,载《政法论丛》2022 年第 3 期。

133. 孙杰:《论人工智能体的刑法定位》,载《辽宁大学学报(哲学社会科学版)》2019 年第 4 期。

134. 孙杰:《数据爬取的刑法规制》,载《政法论丛》2021 年第 3 期。

135. 孙铁成:《计算机犯罪的罪名及其完善》,载《中国法学》1998 年第 1 期。

136. 孙万怀、卢恒飞:《刑法应当理性应对网络谣言——对网络造谣司法解释的实证评估》,载《法学》2013 年第 11 期。

137. 孙运梁:《客观归责理论的引入与因果关系的功能回归》,载《现代法学》2013 年第 1 期。

138. 唐长钧、杜毅仁:《第五代电子计算机概说》,载《电子技术》1983 年第 4 期。

139. 田宏杰、肖鹏、周时雨:《网络虚拟财产的界定及刑法保护》,载《人民检察》2015 年第 5 期。

140. 童德华、马嘉阳:《拒不履行信息网络安全管理义务罪之“义务”的合理性论证及类型化分析》,载《法律适用》2020 年第 21 期。

141. 涂龙科:《网络服务提供者的刑事责任模式及其关系辨析》,载《政治与法律》2016 年第 4 期。

142. 汪恭政:《非法利用信息网络罪的兜底性规定及其教义学限缩》,载《西南政法大学学报》2020 年第 2 期。

143. 汪恭政:《非法利用信息网络罪的法益识别与适用方向》,载《学术界》2023 年第 7 期。

144. 汪恭政:《论我国网络领域规范治理的法治化进程——以〈网络安全法〉的演变为视角》,载《西安电子科技大学学报(社会科学版)》2017 年第 4 期。

145. 汪恭政:《侵犯公民个人信息罪认定的应然转向》,载《西南政法大学学报》2022 年第 3 期。

146. 汪恭政:《网络交易平台刷单行为的类型梳理与刑法评价》,载《北京邮电大学学报(社会科学版)》2018 年第 3 期。

147. 汪恭政:《网络直播平台色情行为的刑法规制》,载《南京航空航天大学学报(社会科学版)》2018 年第 1 期。

148. 王爱鲜:《帮助行为正犯化视野下的帮助信息网络犯罪活动罪研究》,载《河南大学学报(社会科学版)》2017 年第 2 期。

149. 王彬:《事实推定中的后果考量》,载《法律科学》2021 年第 6 期。

150. 王充、董璞玉:《人工智能时代刑事责任主体之再审视》,载《广西社会科学》2020 年第 12 期。

151. 王华伟:《犯罪参与模式之比较研究——从分立走向融合》,载《法学论坛》2017 年第 6 期。

152. 王华伟:《网络服务提供者的刑法责任比较研究》,载《环球法律评论》

2016 年第 4 期。

153. 王华伟:《我国网络犯罪立法的体系性评价与反思》,载《法学杂志》2019 年第 10 期。

154. 王利明:《论个人信息权的法律保护——以个人信息权与隐私权的界分为中心》,载《现代法学》2013 年第 4 期。

155. 王若冰:《〈民法典〉视角下网络虚假信息的规制》,载《当代法学》2021 年第 6 期。

156. 王守俊:《编造并传播证券、期货交易虚假信息罪适用问题论析》,载《经济研究导刊》2016 年第 31 期。

157. 王帅:《拒不履行信息网络安全管理义务罪中的"责令采取改正措施"解读——基于行刑联动的思考》,载《法律适用》2022 年第 8 期。

158. 王天思:《大数据中的因果关系及其哲学内涵》,载《中国社会科学》2016 年第 5 期。

159. 王文华:《拒不履行信息网络安全管理义务罪适用分析》,载《人民检察》2016 年第 6 期。

160. 王彦强:《牵连关系的类型——基于刑事立法、司法解释规定的分析》,载《法学研究》2022 年第 3 期。

161. 王莹:《算法侵害责任框架刍议》,载《中国法学》2022 年第 3 期。

162. 王莹:《网络信息犯罪归责模式研究》,载《中外法学》2018 年第 5 期。

163. 王政勋:《论拒不履行网络安全管理义务罪的构成要件》,载赵秉志主编:《中国刑法改革与适用研究》,中国人民公安大学出版社 2016 年版。

164. 魏柏峰:《浅议刑罚的功能、局限性及其影响因素》,载《前沿》2010 年第 20 期。

165. 魏东:《人工智能算法安全犯罪观及其规范刑法学展开》,载《政法论丛》2020 年第 3 期。

166. 文铭、莫殷:《大数据杀熟定价算法的法律规制》,载《北京航空航天大学学报(社会科学版)》2023 年第 2 期。

167. 吴桂静:《网络犯罪的实质特征与传统犯罪的界限》,载《辽宁经济》2003 年第 2 期。

168. 吴江:《刑法分则中注意规定与法律拟制的区分》,载《中国刑事法杂志》2012 年第 11 期。

169. 吴情树:《京特·雅克布斯的刑法思想介评》,载赵秉志主编:《刑法论丛》第 21 卷,法律出版社 2010 年版。

170. 肖峰:《信息的实在性与非实在性》,载《哲学研究》2010 年第 2 期。

171. 肖峰:《重勘信息的哲学含义》,载《中国社会科学》2010 年第 4 期。

172. 谢望原:《论拒不履行信息网络安全管理义务罪》,载《中国法学》2017 年第 2 期。

173. 许秀中:《网络犯罪概念及类型研究》,载《江淮论坛》2002 第 6 期。

174. 阎二鹏:《干扰型破坏计算机信息系统罪的司法认定》,载《中国刑事法杂志》2022 年第 3 期。

175. 阎二鹏:《预备行为实行化的法教义学审视与重构——基于〈中华人民共和国刑法修正案(九)〉的思考》,载《法商研究》2016 年第 5 期。

176. 杨彩霞:《网络服务提供者刑事责任的类型化思考》,载《法学》2018 年第 4 期。

177. 杨新绿:《论拒不履行信息网络安全管理义务罪的法益》,载《北方法学》2019 年第 6 期。

178. 杨志琼:《非法获取计算机信息系统数据罪“口袋化”的实证分析及其处理路径》,载《法学评论》2018 年第 6 期。

179. 叶良芳、马路瑶:《英国网络犯罪刑事立法的发展及其镜鉴》,载《国外社会科学》2020 年第 5 期。

180. 易琦、梁燕宏:《提供侵入、非法控制计算机信息系统程序、工具罪的司法认定》,载《中国检察官》2018 年第 4 期。

181. 于冲:《帮助行为正犯化的类型研究与入罪化思路》,载《政法论坛》2016 年第 4 期。

182. 于冲:《网络犯罪罪名体系的立法完善与发展思路——从 97 年刑法到〈刑法修正案(九)草案〉》,载《中国政法大学学报》2015 年第 4 期。

183. 郭旨龙等:《“双层社会”与“公共秩序严重混乱”的认定标准》,载《华东政法大学学报》2014 年第 3 期。

184. 李源粒等:《大数据时代数据犯罪的制裁思路》,载《中国社会科学》2014 年第 10 期。

185. 吴尚聪等:《我国网络犯罪发展及其立法、司法、理论应对的历史梳理》,载《政治与法律》2018 年第 1 期。

186. 喻海松:《〈关于办理危害计算机信息系统安全刑事案件应用法律若干问题的解释〉的理解与适用》,载《人民司法》2011 年第 19 期。

187. 袁国何:《功能单一正犯体系的理论脉络及其检讨》,载《中外法学》2019 年第 1 期。

188. 詹红星、王李:《网络爬虫行为的入罪路径及其限度》,载《北京邮电大学学报(社会科学版)》2023 年第 1 期。

189. 张弛:《窃取虚拟财产行为的法益审视》,载《政治与法律》2017 年第

8 期。

190. 张丽霞、孙学军:《试析非法侵入计算机信息系统罪》,载《河北法学》2005 年第 6 期。

191. 张明楷:《法条竞合与想象竞合的区分》,载《法学研究》2016 年第 1 期。

192. 张明楷:《法益保护与比例原则》,载《中国社会科学》2017 年第 7 期。

193. 张明楷:《非法获取虚拟财产的行为性质》,载《法学》2015 年第 3 期。

194. 张明楷:《共同正犯的基本问题——兼与刘明祥教授商榷》,载《中外法学》2019 年第 5 期。

195. 张明楷:《论帮助信息网络犯罪活动罪》,载《政治与法律》2016 年第 2 期。

196. 张明楷:《论影响责任刑的情节》,载《清华法学》2015 年第 2 期。

197. 张明楷:《实质解释论的再提倡》,载《中国法学》2010 年第 4 期。

198. 张明楷:《也谈客观归责理论——兼与周光权、刘艳红教授商榷》,载《中外法学》2013 年第 2 期。

199. 张尹:《非法利用信息网络罪的司法适用》,载《法律适用》2019 年第 15 期。

200. 赵秉志、徐文文:《论我国编造、传播虚假信息的刑法规制》,载《当代法学》2014 年第 5 期。

201. 赵秉志等:《论非法侵入计算机信息系统罪》,载《法学研究》1999 年第 2 期。

202. 赵秉志、詹奇玮:《现实挑战与未来展望:关于人工智能的刑法学思考》,载《暨南学报(哲学社会科学版)》2019 年第 1 期。

203. 赵廷光:《信息时代的电脑犯罪与刑事立法》,载《法商研究》1997 年第 2 期。

204. 赵桐:《自洗钱与上游犯罪的处断原则及教义学检视》,载《西南政法大学学报》2021 年第 5 期。

205. 郑海燕:《因特网的历史发展和现状》,载《国外社会科学》1999 年第 4 期。

206. 周光权:《网络服务商的刑事责任范围》,载《中国法律评论》2015 年第 2 期。

207. 周加海、喻海松:《〈关于办理非法利用信息网络、帮助信息网络犯罪活动等刑事案件适用法律若干问题的解释〉的理解与适用》,载《人民司法》2019 年第 31 期。

208. 周啸天:《正犯与主犯关系辨正》,载《法学》2016 年第 8 期。

209. 周子实:《强人工智能刑事主体地位的折衷说——阶层论视域下"准主体"的教义学证成》,载《广西社会科学》2021 年第 8 期。

210. 朱凌珂:《赋予强人工智能法律主体地位的路径与限度》,载《广东社会科学》2021 年第 5 期。

211. 最高人民法院刑事审判第三庭:《〈关于办理利用信息网络实施诽谤等刑事案件适用法律若干问题的解释〉的理解与适用》,载《人民司法》2013 年第 21 期。

三、其他类文献

1. 储陈城:《人工智能可否成为刑事责任主体》,载《检察日报》2018 年 4 月 19 日,第 1 版。

2. 高艳东:《经同意买卖个人信息也属违法犯罪》,载《检察日报》2018 年 8 月 15 日,第 3 版。

3. 何春中:《传统犯罪活动日趋网络化》,载《中国青年报》2018 年 1 月 23 日,第 05 版。

4. 刘仁文:《在规范与事实之间寻求正义》,载《光明日报》2011 年 1 月 25 日,第 011 版。

5. 吕鸿:《跨越长城,走向世界》,载《人民日报》2007 年 9 月 22 日,第 3 版。

6. 孟亚旭:《去年起诉涉嫌网络犯罪 14.2 万人》,载《北京青年报》2021 年 4 月 8 日,第 A05 版。

7. 汪恭政、刘仁文:《以全链条思维治理虚拟币洗钱》,载《检察日报》2021 年 8 月 19 日,第 003 版。

8. 王延祥:《数据类犯罪与侵财类犯罪竞合属于法条竞合》,载《检察日报》2022 年 12 月 28 日,第 003 版。

9. 吴明瑜、杨乐、曾国屏:《科技强国之梦不再遥远》,载《光明日报》2009 年 9 月 2 日,第 5 版。

10. 缐杰、吴峤滨:《〈关于办理非法利用信息网络、帮助信息网络犯罪活动等刑事案件适用法律若干问题的解释〉重点难点问题解读》,载《检察日报》2019 年 10 月 27 日,第 003 版。

11. 张明楷:《破坏计算机信息系统罪的认定》,载《理论周刊》2022 年 3 月 3 日,第 5 版。

12. 张明楷:《如何使案件事实与构成要件相对应》,载《人民法院报》2005 年 11 月 30 日,第 B01 版。

13. 张黔林、张枫:《从首例虚拟财产案件看相关法律问题》,载《民主与法制时报》2003 年 12 月 16 日,第 009 版。

14. 预防犯罪和刑事司法委员会:《关于预防和控制高技术犯罪和与计算机有关的犯罪的有效措施的研究报告的结论》,2001 年 5 月 8 日至 17 日。

15. 中国互联网络信息中心:《第 51 次中国互联网络发展状况统计报告》,2023 年 3 月。

16. 中国人民银行:《金融数据安全　数据安全分级指南》,2020 年 9 月 23 日。

17. 北京市东城区人民法院刑事判决书,(2015)东刑初字第 00093 号。

18. 北京市海淀区人民法院刑事判决书,(2017)京 0108 刑初 392 号。

19. 福建省厦门市中级人民法院刑事裁定书,(2018)闽 02 刑终 168 号。

20. 广东省中山市第二人民法院刑事判决书,(2016)粤 2072 刑初 1944 号。

21. 广东省珠海市中级人民法院刑事判决书,(2020)粤 04 刑终 101 号。

22. 江苏省海安县人民法院刑事判决书,(2016)苏 0621 刑初 548 号。

23. 内蒙古自治区额尔古纳市人民法院刑事判决书,(2014)额刑初字第 38 号。

24. 陕西省西安市中级人民法院刑事判决书,(2016)陕 01 刑初 233 号。

25. 四平市铁东区人民法院民事判决书,(2017)吉 0303 民初 892 号。

后 记

计算机和网络的出现对于人类来说可谓一次深刻的革命,二者结合形成的计算机网络深刻改变和影响着人们的生活方式。可以说,如今人们的生活已经离不开计算机网络的积极作用。正如美国学者曼纽尔·卡斯特在《另一个地球:互联网+社会》(马克·格雷厄姆与威廉·H. 达顿著)一书的序言中所指出的那样:“互联网编织了我们的生活。互联网在信息社会中的重要地位如同发动机在工业社会中的地位。无论是战争还是和平,不管是朋友关系还是家庭关系,我们生活的方方面面——工作、商业、教育、健康、管理、娱乐、文化、政治、社会运动都与互联网息息相关。我们依赖互联网,依靠互联网,生活在互联网世界中。”

然而,计算机网络在人们的社会生活中带来积极作用的同时,也给犯罪分子大肆利用计算机网络实施网络犯罪创造了机会,使得网络犯罪已呈现出不断滋生、迅速蔓延的态势。在国际上,国际刑警组织发布的《2022 年全球犯罪趋势报告》指出,勒索软件、网络钓鱼和在线诈骗的网络犯罪位列当前全球五大犯罪威胁之列,超过 70% 的受访者预计,勒索软件和网络钓鱼攻击等网络犯罪数量在未来 3 到 5 年内或将显著增加。在国内,据公开数据显示,我国网络犯

罪数量已占犯罪总数的三分之一,且每年以30%左右的幅度增加,成为第一大犯罪类型。其中,仅2017年到2021年间,据中国司法大数据研究院在《涉信息网络犯罪特点和趋势(2017.1~2021.12)司法大数据专题报告》中的统计,“全国各级法院一审审结的涉信息网络犯罪案件共计28.20万余件,案件量呈逐年上升趋势”。

面对以上情形,致力于从刑法上研究网络犯罪正当其时。况且,这与国家重视“惩防网络犯罪、推进网络空间法治化建设”也是一致的。可以说,这也是为什么要写《网络犯罪的刑法原理》这本书的时代背景。而且,从我自身的角度而言,为什么要写此书,是与自己有研究网络犯罪的经历存在关系,特别是自本人就读博士以来,在本人导师的指导培养下,一直致力于研究网络犯罪,至今已有7年多的时间,研究期间针对网络犯罪的研究先后发表论文近二十篇,但囿于以论文的方式来关注网络犯罪存在问题研究的分散性,为了更好地表达本人对网络犯罪的系统认知,于是就强烈萌生出撰写此书的想法。

带着这份强烈萌生出的想法,历经一年多的时间,终于完成了本书的撰写。总体来看,虽然最终的定稿贯彻了当初设想的写作思路,但本人深知其中所研究的不少网络犯罪问题,如数据犯罪问题、人工智能犯罪问题,还有待继续保持关注。同时,考虑到刑法原理的博大精深,而本人研究网络犯罪的水平还需要进一步提升,书中难免存在疏漏和不当之处,借此机会,也敬请读者朋友们多批评指正。

本书作为本人主持的浙江省哲学社会科学规划年度课题“数字金融背景下金融诈骗犯罪的实证研究”的研究成果之一,有幸得到聂颖编辑的推介,让我荣幸地认识蒋橙编辑,在蒋老师的辛苦编校以及在本人主持的上述课题和我所在单位的资助下,才让本书顺利地在法律出版社出版,在此向上述各位老

师和单位表示由衷的感谢。同时,也要感谢我指导的硕士研究生薛怡晴、周芬、张品华、吴阳笑、黄英骁、李世纬以及本科生林微雨、林仕天诸位同学在本书文献整理上所给予的积极支持与配合。最后,我想说的是,本书的完成还要感谢含辛茹苦把我养大的父母,感谢无限支持、鼓励和包容我的妻子,正是因为得益于你们的无私帮助,才让我有了更大的动力投身到网络犯罪的刑法研究之中。

汪恭政

2023 年 9 月 10 日于钱塘江畔寓所